이 책 읽기 전에 글 쓰지 마라

이 책 읽기 전에 글 쓰지 마라

김창완 지음

계간문예

서문

나는 평생 글을 쓰고, 남의 글을 받아 정리하는 일을 하면서 살아왔습니다. 청탁받은 원고를 쓰기도 하고, 잡지사 기자로 기사를 쓰기도 하고, 출판사 직원으로 저명인사의 글을 정리하고 교정교열하는 일을 하면서 50여 년을 살았습니다. 필자의 개성을 존중하면서 우리말의 질서와 틀에 어긋나지 않게 정리해야 하는 작업 때문에 글을 바르고 정확하게 써야 한다는 생각을 늘 갖게 되었습니다.

그 결과 얻은 결론을 한마디로 줄인다면 "좋은 글이란 필자의 생각이 독자에게 정확히 전달되도록 쓴 글이고, 이런 글은 우리말의 질서와 문법의 틀을 잘 지킨 글"입니다. 이 책은 문장론도 아니고 문법책도 아니지만 문장을 이야기하고 문법을 들먹일 수밖에 없는 이유가 여기에 있습니다.

이런 나의 생각을 문우들과 함께 나누고 싶어 2015년부터 2023년까지 8년간 《계간문예》에 '당신의 문장은 건강합니까'를 연재했습니다. 이 글들을 모아 다시 정리해서 책으로 묶습니다. 연재하는 동안 동료 문인들이 응원해 주고 격려해 주어 보람을 느꼈습니다. 이 인연이 아까워 원고를 모아 상재합니다.

2024년 7월

김창완

차 례

서문 / 4

문장에 퍼진 갖가지 병
조선의 독립국임과 조선인의 자주민임을 선언하노라 / 11

긍정과 부정을 뒤죽박죽으로 만드는 병
너무너무 좋아서 죽겠어요 / 19

문장 성분을 생략하는 병
둘째아들의 부인이자 며느리 / 31

보조사 '만'을 잘못 쓰는 병
찰리 부대원들은 사람을 죽이는 짓만 하지 않았다 / 39

우리말 색이름을 고사시키는 병
신안군 안좌면 퍼플 아일랜드의 퍼플교 / 43

관형어를 여기저기 마구 쓰는 병
깨끗한 청소를 위해 이동 주차를 해 주시기 바랍니다 / 55

관형격 조사가 퍼뜨린 여러 가지 병
'선생님의 올바른 교육을 위해'와 '아이들의 올바른 교육을 위해' / 69

관형격 조사가 일으키는 병
'민주주의의 정의'라 쓰고 '민주주이에 정이'로 읽는다 / 79

주격 조사 '이/가'와 보조사 '은/는'을 잘못 쓰는 병
오늘은 윤동주 시가 읽고 싶다 / 95

부사격 조사를 잘못 쓰는 병
꽃에게 물을 주고 꽃에게서 꿀을 땄다 / 105

목적격 조사 '을/를'을 잘못 쓰는 병
지난 휴가 때 방콕을 갔다 / 111

인용 뒤에 '라고/라는/라며'를 쓰는 병
투표한다라는 것은 정치 행위다라고 말했다 / 115

부정문을 잘못 쓰는 병
손님이 다 오지 않았다 / 127

문장에 군살이 붙은 병
신춘문예에 당선했다니 기쁘게 생각한다 / 133

문장의 꼬리를 길게 늘어뜨린 병
지는 것이 이기는 것이라고 하지 않을 수 없다 / 145

논리에 맞지 않은 단어를 쓰는 병
고개가 땅에 닿을 정도로 허리 굽혀 인사했다 / 149

우리말 발음을 잘못하는 병
너는 나에게로 와서 '꼬시' 되었다 / 159

부사를 명사처럼 쓰는 병
통일을 향해 모두가 달려가야 한다 / 175

'들'을 아무 데나 붙이는 병
국민 여러분들이 안심하고 살도록 하겠습니다 / 185

숫자를 잘못 쓰는 병
사과 12개를 네 몫으로 나누어 봅시다 / 195

부호를 잘못 쓰는 병
『그리고, 사람은 「사랑」하지 않으면 살 수 없다.』 / 203

'이다'와 '아니다'를 잘못 쓰는 병
저 동물이 호랑이예요 아니예요 / 209

접속어를 잘못 쓰는 병
점심을 먹었다. 그리고 나서 커피를 마셨다. / 221

'-고 있다'와 '-에 있어서'를 마구 쓰는 병
나는 시에 있어서의 꽃에 대한 글을 쓰고 있다 / 233

높임말 유혹에 빠진 병
읽어 주시고 뽑아 주신 심사위원님께 감사드린다 / 239

피동형 바이러스 '되다/되어지다'에 감염된 병
대통령으로 선거될 수 있는 자 / 245

'-하도록'을 잘못 쓰는 병
지금부터 회의를 시작하도록 하겠습니다 / 253

정서법 자료 창고

1. 우리말의 짜임새를 알자 / 263
2. 맞춤법 핵심 정리 / 273
3. 띄어쓰기 핵심 정리 / 287
4. 잘못 적기 쉬운 말 / 303
5. 서로 다른 뜻을 가진 말 / 313

문장에 퍼진 갖가지 병
조선의 독립국임과 조선인의 자주민임을 선언하노라

　'문인文人'은 '문필에 종사하는 사람'이고, '문필文筆'은 '글을 짓는 일'입니다. 그러므로 문인이란 글을 짓는 일에 종사하는 사람입니다.
　글을 짓는 일에 종사하는 사람임에도 신문이나 잡지에 매일 글을 쓰는 기자를 문인이라고 하지 않고, 광고 문안을 쓰는 카피라이터나 논문을 쓰는 대학교수도 문인이라고 하지 않습니다. 그럼 누구를 가리켜 문인이라 할까요. 소설이나 시 등 창작에 생애를 건 사람을 문인이라고 합니다.
　문인은 글을 쓰되 오로지 모국어로 씁니다. 모국어만이 문인에게 유일한 창작 수단이므로 문인은 모국어를 가장 잘 표현할 수 있도록 자기 수련을 극대화하기 위해 노력해야 하고, 모국어를 바르게 써야 하는 선택할 수 없는 의무를 진 사람입니다.

'문장文章'은 생각이나 감정을 말과 글로 표현할 때 완결된 내용을 나타내는 최소의 단위이며, 주어와 서술어를 갖춘 것이 원칙이나 때로 생략할 수도 있습니다. 문장의 끝에는 '.' ',' '!' '?' 따위의 부호를 씁니다. 문인은 생각이나 감정을 글로 표현할 때 얼마나 정확한 단어와 문장으로 표현하는지, 자기 검열에 가혹할 정도로 엄정해야 합니다.

글을 쓸 때 내용에는 무던히 신경을 쓰고 그것만이 모두인 것처럼 생각하면서, 문장이 꼬이거나 우리말의 질서에서 벗어나거나, 외국어식 표현을 써서 우리말을 언어 식민화하는 데에 자기도 모르게 앞잡이가 되거나 하는 점에는 별로 신경 쓰지 않는 문인도 더러 있는 것 같습니다.

옛날에도 바탕(내용)에만 집중할 뿐 형식은 가벼이 생각하는 사람이 많았는지 중국 고사를 보면 예禮를 중요한 덕목으로 내세우는 유가儒家의 주장을 못마땅하게 여긴 위나라의 대부 극자성이 "군자는 본래의 바탕만 갖추면 되는 것이지 (예로써) 겉모습이나 형식을 꾸며서 무엇 하겠습니까?" 하자, 공자의 제자 자공이 "무늬도 바탕만큼 중요하고 바탕도 무늬만큼 중요합니다. 털 없는 호랑이 가죽과 털 없는 개 가죽은 뭐가 다르겠습니까." 하고 반박했다는 이야기가 있습니다.

호랑이 가죽이건 개 가죽이건 본질(내용)은 다 가죽입니다. 그러나 호랑이 가죽이 개 가죽보다 높이 평가받는 까닭은 털이라는 무늬(형식) 때문입니다.

　예가 몸에 배어 반듯하게 행동하고 자기 절제로 타인과 관계에 지켜야 할 명분을 분명히 하는 사람을 우리는 교양인 또는 군자라 하고, 예를 무시하고 자기 멋대로 행동하며 감정에만 충실하는 사람을 우리는 야만인 또는 소인배라고 합니다. 본질은 다 같은 사람임에도 형식이 사람의 가치를 결정합니다.

　글에서 문장은 털입니다. 문장은 본질-내용을 표현하는 형식입니다. 글을 쓰는 사람은 문장으로써 독자와 소통합니다. 필자가 자신의 생각이나 감정을 글로 표현하고 그 글을 독자가 읽을 때, 필자의 생각이나 감정이 온전히 독자에게 전달되어, 필자와 독자가 생각이나 감정을 공유한다면 그 글은 바르게 잘 쓴 글이라고 할 수 있습니다. 그러나 필자가 우리말의 문장 구조나 특성을 무시하고 써서 독자가 바르게 이해하지 못해서 오독하는 그런 글은 거친 글, 악문, 비문이라서 좋은 글이라고 하지 않습니다.

　문장을 바르게 쓰기 위해서는 우리말의 구조와 조직을 잘 이해해서 각 단어들이 자기 자리에서 자기 역할을 할 수 있게 써야 하고, 문장 안에서 각 단어들이 갖는 역할인 주어, 수식어(관형어, 부사어), 목적어, 서술어로서의 기능을 잘 이해하고 써야만 문장을 바르게 쓸 수 있습니다.

　제나라 경공이 공자에게 "어떻게 해야 나라를 잘 다스릴 수 있습니까?" 하고 묻자 공자는 "군군신신부부자자君君臣臣父父

子子"라고 대답했습니다. 임금은 임금답게, 신하는 신하답게, 아비는 아비답게, 자식은 자식답게 자기 역할을 잘 수행하면 나라도 잘 다스려진다는 뜻입니다.

　임금과 신하, 아버지와 자식 간에는 서로 해야 할 도리가 사회적 약속으로 정해져 있습니다. 이 약속을 지키지 않고 각자 자기 하고 싶은 대로 한다든지, 다른 나라의 풍습이나 이민족의 행동양식을 우리 것인 양 따른다면 그 사회는 가치관의 충돌로 혼란에 빠집니다.

　문장도 주어가 주어답지 않게 자리를 잡고 있다든지 서술어가, 목적어가, 관형어가, 부사어가 자기가 해야 할 일을 하지 않고 남의 역할을 빼앗아 행사하면 바른 문장이라고 할 수 없고, 이런 문장을 쓰는 사람은 모국어를 혼란에 빠뜨리는 원인 제공자가 됩니다.

　단어의 역할을 잘못 쓰는 한 가지 예로 격조사를 들 수 있습니다. 특히 관형격 조사 '의'를 일본어식으로 써서 우리말의 질서를 깨뜨려 버리는 일본어식 식민화의 암세포가 두렵게도 우리의 독립을 세계만방에 선포한 〈기미독립선언문〉의 들머리 "오등은 자에 아 조선의 독립국임과 조선인의 자주민임을 선언하노라."에도 나타납니다.

　'조선의 독립국' '조선인의 자주민'은 '의'를 주격 조사 '이'로 바꾸어 "오등은 자에 아 조선이 독립국임과 조선인이 자주민임을 선언하노라."로 써야 바른 문장이 됩니다.

　그뿐만이 아닙니다. 우리의 자랑스러운 헌법조차도 일본어식 문법이 곳곳에 살아 있습니다.

 헌법 제1조 제2항은 "대한민국의 주권은 국민에게 있고 모든 권력은 국민으로부터 나온다."고 돼 있습니다. 여기서 문제가 되는 단어는 '국민으로부터'입니다.

 '으로'는 격조사로서 ㄹ을 제외한 받침이 있는 체언 뒤에 붙어 ①움직임의 방향을 나타내고 ②움직임의 경로를 나타내고 ③변화의 방향을 나타내고 ④어떤 물건의 재료나 원료를 나타내고 ⑤어떤 일의 수단 도구를 나타냅니다. 그리고 '부터'는 어떤 일이나 상태 따위의 시작을 나타내는 보조사로서 흔히 뒤에 끝을 나타내는 '까지'가 와서 짝을 이룹니다.

 '으로부터'는 '으로'에 '부터'가 붙은 이중 조사인데, ㄹ을 제외한 받침 있는 체언 뒤에 붙어 어떤 행동의 출발점이나 비롯되는 대상임을 나타내는 격조사입니다. 이 설명대로라면 '국민으로부터'라는 말이 문제 될 것 없어 보입니다. 하지만 '으로부터'는 억지스러운 조합입니다. '으로'는 출발점이 아니라 지향점의 뜻이 강하고 '부터'는 출발점의 뜻이 강해서 서로 어울려 어떤 뜻을 만들어내기에는 부적절한 조합입니다. '부터'는 '까지'와 짝을 이루어야 완전체가 되는 조사인데 '국민으로부터' 나오는 권력은 '까지'와 짝을 이룰 수 없는 내용입니다.

 우리말 조사에는 "사람이나 동물 따위의 체언 뒤에 붙어 어떤 행동의 출발점이나 비롯되는 대상임을 나타내는" 말로 '에게서'가 있습니다. '아버지로부터 꾸중을 들었다'보다는 '아버지에게서 꾸중을 들었다'가 어울리고, '어머니로부터 편지를 받았다'보다는 '어머니에게서 편지를 받았다'가 어울리고, '선생님으로부터 칭찬을 들었다'보다는 '선생님에게서 칭찬을 들었다'가 어울리는 것처럼 '모든 권력은 국민으로부터 나온다'보다는 '모든 권력은 국민에게서 나온다'가 어울립니다.

헌법을 기초한 사람은 유진오이고 기미독립선언문을 기초한 사람은 최남선입니다. 이 두 사람 다 일본에서 공부한 사람들이므로 일본어식 표현이 몸에 배서 그렇게 쓰는 걸 당연히 여기는 사람들입니다. 이런 사람들이 쓴 문장을 우리는 아무런 의심 없이 따라 쓰는 실정입니다.

목적격 조사(을/를)를 써야 할 자리에 주격 조사(이/가)를 쓴 경우도 많습니다.

"이 가을에 나는 윤동주의 '시가' 읽고 싶다."

이 예문에서 '시'에 주격 조사 '가'를 붙여 '시가'라고 썼는데, 목적격 조사를 붙여 '시를'이라고 써야 합니다. "이 가을에 나는 윤동주의 '시를' 읽고 싶다."고 써야 바른 문장이 됩니다. 이 예문의 주어는 '나'이지 '시'가 아닙니다. '시'는 내가 읽고 싶은 대상(목적)입니다.

격조사 외에도 영어나 일본어의 영향을 받아 동사를 피동형으로 쓰는 버릇이 널리 퍼져서, 능동형으로 쓰면 오히려 어색해 보이기까지 하는 주객전도 현상이 만연해 있습니다.

"이 문장은 한글학회에 '자문 받아' '수정되었다'."

이 예문에서 '자문諮問'은 전문가에게 의견을 묻는다는 뜻이므로 '자문 받다'로 쓰면 이쪽이 전문가에게 의견을 묻는 것이 아니라 전문가가 이쪽에게 의견을 묻는 것이 됩니다. 의견을 묻는 주체가 바뀌어 뜻은 뒤죽박죽이 되고 문장은 성립할 수 없는데도 버젓이 이런 유형의 글이 행세합니다.

 피동형 '수정되었다'는 자기 의사와는 상관없이 누군가가 수정해 주었다고 수정의 책임을 남에게 전가해 버린 말입니다. "이 문장은 한글학회에 자문하여 수정했다." 이렇게 써야 누구에게 자문하여 수정했는지 주체가 분명하고 올바르게 호응하는 문장이 됩니다.

 심지어 "나에게는 서정주의 국화 옆에서가 가장 좋은 시라고 생각되었다." 같은, 스스로 생각하지 못하고 누군가 조종하는 대로 움직이는 무뇌인으로 전락해 버린 피동형 문장에 길들어 있기까지 합니다. "나는 서정주의 국화 옆에서가 가장 좋은 시라고 생각한다." 이렇게 피동형 '생각되었다'를 능동형 '생각했다'로 써야 자기 주체성을 살린 문장이 됩니다.

 우리가 쓰는 문장들 중에서 일본어에 매우 심하게 오염된 조사와 피동사 두 가지만 노루 꼬리만큼 살펴보았습니다. 이 밖에도 수없이 많은 외국어식 단어와 어법과 문장이 악성 암세포처럼 번식하며 우리말을 죽입니다.

 기분이 좋은 것을 기분이 업되었다고 말하고, 엉덩이가 탱탱한 모습을 엉덩이가 업되어 보인다고 말합니다. 하다못해 "이 멋있으신 옷을 입게 되면 핏이 다른 옷하고는 틀리세요. 너무너무 아름다우세요." 하고 생글생글 웃으면서 소비자를 현혹합니다.

옷에까지 존대어를 써서 '멋있으신 옷'이라고 우리말의 특징인 압존법을 이상야릇하게 비틀어 놓는가 하면, '입으면'을 '입게 되면'이라고 피동형으로 쓴 것도 모자라 이중 피동형으로 써야 만족할 만큼 피동형을 쓰는 병이 골수에 깊이 뿌리 뻗은 말을 태연히 아주 자연스럽다는 듯이 씁니다.

'다르다'고 해야 할 말을 '틀리다'로 씀으로써 '다른 것'은 모두 '틀린 것'으로 보는, 오로지 맞거나 틀린 이분법적 흑백 논리에 빠지게 합니다. 다름을 인정하지 않는 사회, 나와 다른 생각은 모두 틀린 생각으로 단정하는 사회, 이런 사회는 얼마나 무서운 사회일까요. 이런 획일화는 사고의 자유로운 다양성과 창조성을 압살하고, 민주주의를 부정하고 전체주의를 찬양하게 합니다. 우리나라가 왜 그렇게 극단적으로 보수와 진보가 싸우고, 여와 야가 싸우고, 사측과 노조가 싸우고, 지역과 지역이 싸우는지 그 원인의 일단이 이런 언어의 사용에 있지는 않은지 견강부회 해 봅니다.

글 쓰는 사람이라면, 일반인이 잘못 쓰는 말을 지적하여 고치도록 애를 쓰고, 우리말 속에 들어와 우리말의 목을 조르는 외국어식 문장이 아닌 모국어다운 바른 문장으로 글을 씀으로써 자존심을 지켜 가야 하지 않을까요.

긍정과 부정을 뒤죽박죽으로 만드는 병
너무너무 좋아서 죽겠어요

국립국어원은 대중이 쓰고 있다는 언어 현실만을 존중해서 어법에 맞지 않은 말을 사전에 올려 대접하는 일을 상습적으로 저지릅니다.

'하다'를 붙일 수 없는 말들에 '하다'를 붙인 '기초하다' '이름하다' '자리하다' 등을 인정한 것도 그렇고 2014년에는 '먹거리'를 표준어로 인정했습니다.

동사에 '거리'를 붙여서 쓰는 말은 어간에 목적격 어미 'ㄹ'이나 '을'을 덧붙이고 여기에 '거리'를 붙여야 합니다. '잡다'는 '잡을 거리'로, '입다'는 '입을 거리'로, '덮다'는 '덮을 거리'로, '웃다'는 '웃을 거리'로 쓰는 것처럼 '먹다'는 '먹을 거리'로 써야 합니다.

어간에 'ㄹ'이나 '을'을 덧붙이지 않고 바로 '거리'를 붙일 수 없습니다. '잠을 거리'를 '잠거리'로, '입을 거리'를 '입거리'로, '덮을 거리'를 '덮거리'로, '웃을 거리'를 '웃거리'로 쓸 수 없는 것처럼 '먹을 거리'도 '먹거리'로 쓸 수 없는데 이런 우리말의 규칙성을 모르는 일부 사람들이 '먹거리'라고 쓴다고 해서 이걸 고쳐 줄 생각은커녕 표준어로 인정했습니다. 우리말의 규칙성이 무너지고 예외가 자꾸 늘어나는 이 혼란을 어디까지 인정해야 할지 참으로 난감합니다.

그러더니 2015년에는 부정적인 내용과 어울려 쓰는 부사 '너무'를 긍정적인 내용과도 어울려 쓸 수 있게《표준국어대사전》의 내용을 수정했습니다.

'너무'는 원래 '너무 작다' '너무 힘들다' '너무 고르다 눈먼 사위 얻는다'처럼 부정적인 내용과 어울려 쓰는 부사로서 '너무 좋다' '너무 예쁘다' '너무 고맙다' '너무 사랑한다' 같은 긍정적인 말과 어울려 쓰면 논리가 성립되지 않으므로 쓰지 않지만 그래도 써야 한다면 긍정적인 말들 뒤에는 반드시 부정적인 내용이 와서 '너무 좋아서 잠을 자지 못했다' '너무 예뻐서 도화살이 보인다' '너무 고마워서 마음의 짐이 됐다' '너무 사랑해서 헤어지기로 했다' 처럼 부정적인 결과로 이어져야 말의 논리가 성립됩니다. 그런데 국립국어원은《표준국어대사전》에서 '너무'를 감탄사로 분류하여 긍정적인 내용과도 어울려 쓸 수 있게 함으로써 말의 논리를 허물어 버렸습니다.

'너무'를 감탄사처럼 써서 긍정적인 내용을 더욱 긍정적으로 강조해서 '너무너무 좋아요' '너무너무 예뻐요' '너무너무 고마

워요'처럼 쓰는 사람이 많은 건 사실이지만, 그것이 논리에 맞지 않은 잘못된 말인 걸 알고 쓰지 않는 사람도 많고, 잘못된 말이니 쓰지 말아야 한다고 고쳐 주려 애쓰는 사람도 많은데, 이렇게 내용을 잘 알기 때문에 지키려고 노력하는 사람들은 무시해 버리고, 잘못이 잘못인 줄조차 모르고 무의식적으로 써 대는 사람들 편을 들어 준다는 것은 올바른 심판이 할 일이 아닙니다.

부정적 의미에 써야 하는 말을 인제는 긍정적인 의미에도 써도 된다고 하니 이 사회가 부정과 긍정의 가치관이나 기준이 뒤섞이는 혼란을 겪지 않을까 지레 겁이 납니다. 왜냐하면 언어는 사고의 집이니까요.

이제 우리는 무엇이 옳고 무엇이 그른지를 따지며 살 필요가 없을지도 모릅니다. 우리의 언어가 그런 것 따지지 말고 이쪽에 붙기도 하고 저쪽에 붙기도 하면서 적당히 살라고 부추기는 쪽으로 가고, 국립국어원은 잘못 쓰는 언어를 바르게 쓰도록 계도하는 일을 포기해 버린 채 대중이 쓰니까 "그래그래 네 말이 맞다."고 오히려 부추기기 때문입니다. 이렇게 규칙에서 벗어난 말을 자꾸 인정하다 보면 우리말은 언젠가는 마구잡이로 써도 되는, 그래서 오히려 혼란스러워 배우기 힘든 말이 되고 마는지도 모릅니다.

부정과 긍정의 울타리가 무너진 가치관의 혼란은 벌써 문학 작품들 속에서 현실로 나타났습니다. 2014년 경향신문 신춘문예시 당선작 〈갈라진 교육〉이 그 좋은 예입니다. 시 부문 당선작이라고 하는데 화자가 어린이이고 내용이 어린이의 마음을 그린 작품이라는 점에서 동시로 분류해야 합니다. 그러니 이 작품은 장르의 장벽을 만들어 놓고 공모하는 신춘문예에서는 자기 장르가 아닌 다른 장르의 작품을 당선작으로 내놓은 셈이 되고 말았습니다. 한마디로 말해 심사위원이 작품의 장르조차 구분하지 못하는 까막눈으로 작품을 심사했다는 이야기가 됩니다. 이 작품을 읽어 보겠습니다.

　오빠 내가 화장실 가다가 들었거든, 내일 아줌마가 우릴 갖다 버릴 거래. 그 전에 아줌마를 찢어발기자. 우리가 죽인 토끼들 옆에 무덤 정도는 만들어 줄 생각이야. 토끼 무덤을 예쁘게 만들어 주는 건 오빠의 즐거움이잖아. 아줌마는 가슴이 크니까 그건 따로 잘라서 넣어야겠다. 그녀의 욕심만큼 쓸데없이 큰 젖. 여긴 아줌마가 오기 전부터 우리 집이었어. 난 절대 쫓겨나지 않을 거야.

　너 시들지 않는 새엄마를 시기하고 있구나. 아버지가 무능해서 고생하는 예쁜 나의 새엄마. 그녀가 나를 버려도 괜찮아. 개처럼 기어가서 굶겠다고 말하면 그만인걸. 그게 안 먹히면 그녀의 가슴을 빨고 엄마라고 부르면 되지. 잠 설치는 아이를 달래는 척 밤마다 날 찾을지도 몰라. 자꾸 커지는 나를 본다면 오히려 그녀는 아이가 되겠지. 아, 못생긴 엄마가 떠나면서 주고 간 선물.

예쁜 우리 새엄마!

 심사위원은 심사평에 이렇게 썼습니다.
 "심지현의 당돌함 앞에서 우리는 불편한 동시에 낯설다. 독자들도 그러할 것이다. 그의 시들은 어딘가 불균형한 듯하지만 그것을 상쇄하고도 남는 새롭고 생생한 발화로서의 매력을 지니고 있다. 정면으로 감당하기 쉽지 않을 삶과 세계의 잔혹과 비극성을 그는 피하지 않았다. 슬픔과 상처에 뿌리를 두고 있지만, 그의 언어들은 감상에 떨어지지 않는다. 우리는 노련과 안정감보다 심지현의 이 용기와 젊은 당당함 쪽을 선택했다."

 남다르기만 하면 그것이 새로운 발화이고, 해서는 안 될 말이라도 내뱉기만 하면 그것이 용기이고, 젊기만 하면 그것이 당당함일까요? 새로운 발화, 용기, 젊음의 당당함 같은 지엽적인 데 한눈팔다 시가 시이어야 하는 본질을 망각해 버렸습니다. 마치 소설의 한 장면을 발췌해 놓은 듯 산문적 수사로 이루어진 이 글은 기본부터 시와는 거리가 먼 작품입니다. 시를 고를 때는 먼저 시가 되는지 시가 안 되는지부터 살펴보고 나서 다른 지엽적인 장점들을 찾아야 하는 것이 순서일 것입니다.
 '시란 한마디로 말해서 사무사思無邪'라고 말한 공자의 말을 틀린 말이라고 부정하는 시각을 가지고 '시란 사유사思有邪'라고 우기는, 한마디로 말해서 시가 아닌 것을 시라고 착각한, 좀 더 아프게 말하자면 시가 무엇인지 모르는 사람들이 심사위원이라는 권력을 휘둘러, 분노와 증오에 차서 내뱉은 저주를, 딸은 계모를 죽이자고 제의하고 아들은 계모를 성적 대상으로 보는 비윤리적이다 못해 패륜적이기까지 한 막돼먹은 낙서를 "이게 좋은 시야." 하고 당선작으로 뽑아서 선양했습니다.

　이 시에 동원된 언어들을 보면 아직 시로 승화되지 못한 직설적 배설물입니다. 중국 청나라 때의 문인 오교吳喬는 "산문과 시가 나타내는 뜻을 쌀에 비유한다면, 산문은 쌀로 밥을 짓는 것이요 시는 쌀로 술을 빚는 것"이라고 말했습니다. 똑같은 쌀(단어)을 재료로 만든 음식(작품)이라 해도 밥(산문)은 쌀알이 그대로 남아 화학적 변화를 거치지 않은 것임에 비해 술(시)은 쌀알이 삭아서 없어지고 온전히 다른 형태의 음식으로 거듭난 것입니다. 밥은 우리를 배부르게 하지만 술은 우리를 취하게 합니다.

　심사평을 읽어 보면 심사위원들이 얼마나 시를 왜곡하고, 시가 지녀야 할 모든 전통적 기준과 품격을 낮아서 쓸모없는 것으로 간주하고, 인간이 인간다워야 하는 최소한의 가치마저 버린 채 동물이 되기를 권하면서 인간에 대한 예의를 무시해 버렸는지 알 수 있습니다.

　남아프리카공화국의 인종 격리 정책에 반대해 만델라와 함께 평생을 싸운 시인 오스월드 무샬리는 "시는 우리를 선량한 사람으로 만드는 힘이 있다."고 말했습니다.

　시는 악을 배척하고 선을 옹호합니다. 악에 바탕을 둔 악의 마음은 새로움, 용기 같은 말로 아무리 치장해도 시가 될 수 없습니다. 애초에 시가 아닌 것을 시라고 우겨대는 지록위마指鹿爲馬에 속으면 안 됩니다. 이른바 심사위원이 지록위마에 속아 말을 사슴이라고 우기듯이 시가 아닌 잡설을 시라고 우겨서 당선작으로 뽑는 웃지 못할 '사건'을 만들어 냈습니다.

오세영 시인도 "시가 인간을 인간답게 하는 데 기여해야지 인간의 존재를 해체하고 감수성을 분열시키고 파괴하는 것은 옳지 않다고 봐요. 건강한 정서는 시의 아름다운 덕목이 아닐까요." 하고 말했습니다.

토인비는 "시란 광부가 갱도에 갇혀 미칠 것 같은 불안 속에서 자기를 구해 줄 누군가가 오기를 기다리는 사람에게 주는 희망과 같은 것"이라 했고, 셸리는 "시는 가장 좋고 가장 훌륭한 순간의 기록"이라 했고, 아폴리레르는 "시는 예술 중에서 가장 아름다운 예술이다. 우리 안에 창조의 힘을 불러일으키고 우리를 신성으로 이끈다."고 했고, 워렌은 "시를 구성하는 두 개의 주요한 원리는 격조와 은유"라 했고, 보들레르는 "기쁨이든 슬픔이든 시는 항상 그 속에 이상을 좇는 신이 있다."고 했고, 또 "시는 어디에서나 부정不正을 부정否定한다."고 했습니다. 부정不正을 부정否定하지 않고 긍정肯定하는 비시非詩를 시라고 보는 사시斜視로 심사했음에 틀림없습니다.

〈갈라진 교육〉과 같은 시로 위장한 배설의 언어가 끼치는 해악이 인간의 정서에 미치는 악마적 영향을 생각하면 등골이 오싹해지고, 그런 악마적인 막말이 인간의 마음을 순화시키고 정서의 감동을 고양시키는 참된 시를 몰아내는 날이 오지 않을까 무섭습니다.

　경향신문 심사위원들과 같은, 가치 기준이 전도되어 시의 본질조차 거꾸로 보는 어른들에게서 영향을 받은 초등학생 어린이가 2015년에 동시집을 펴내 말썽이 되었는데, 이 동시집에 실린 이른바 '잔혹 동시'로 알려진 〈학원 가기 싫은 날〉을 읽어 보면 〈갈라진 교육〉과 그 정신세계가 놀랄 만큼 닮았다는 점에서 더욱 놀랍습니다.

　학원에 가고 싶지 않을 땐
　이렇게

　엄마를 씹어 먹어
　삶아 먹고 구워 먹어
　눈깔 파먹어
　이빨을 뽑아 버려
　머리채를 쥐어뜯어
　살코기로 만들어 떠먹어
　눈물을 흘리면 핥아먹어

　가장 고통스럽게

이런 폭언을 어떻게 동시라고 할 수 있을까요. 사악한 생각이 순간적으로 떠오를 수는 있겠지만 떠오르는 생각이 다 시가 되는 것은 아닙니다. 떠오르는 생각을 있는 그대로 토해 내는 폭언은 시가 될 수 없습니다. 시는 생각을 갈고 다듬은 다음 그것을 표현하는 언어까지도 갈고 다듬은 보석이기 때문입니다.

　다듬어지지 않은 날것 그대로는 자연일 뿐 예술이 아닙니다. 사람의 동작을 갈고 다듬어 새로운 몸짓으로 표현한 것이 무용이고, 사람의 목소리를 갈고 다듬어 새로운 소리로 표현한 것이 음악이고, 사람의 눈에 보이는 현상을 갈고 다듬어 새로운 형태와 색으로 표현한 것이 미술이고, 사람의 생각을 갈고 다듬어 새로운 언어로 표현한 것이 문학입니다. 그리고 모든 예술에는 시정신이라는 숭고한 가치가 핵으로 자리 잡고 있어야 합니다. 시정신의 농도에 따라 예술성의 수준도 정해집니다.

　이제 겨우 열 살밖에 안 된 초등학생이 마치 식인종이나 된 듯이(식인종도 동족은 절대로 먹지 않지요. 하물며 가족임에랴) 엄마를 씹어 먹고 삶아 먹고 구워 먹고 눈깔을 파먹고 심지어는 살코기로 만들어 떠먹겠다는 둥 뼛속 깊이 증오와 저주에 가득 찬 끔찍한 생각을 감히 동시라고 부르다니요. 생각에서 멈추지 않고 글로 써서 동시라는 탈을 씌워 발표하고 그것을 책으로 펴내다니요. 엄마라는 사람이 이런 자식을 부끄러워하기는커녕 자랑스럽게 여기며 영재라는 착각에 빠지다니요. 혹 〈학원 가기 싫은 날〉의 내용은 아이의 진심이 아니라 '동시'로서 썼을 뿐이니까 괜찮다고 생각하는 것은 아닐까요? 그렇다면 시란

'허위' 또는 '거짓'이라는 말인가요? 진실의 가장 순수한 결정체여야 할 시는 낡은 시일까요? 이런 질문들이 꼬리에 꼬리를 물고 일어납니다.

생각이 말이 되고 말이 행동이 된다고 했으니 이런 생각을 하다 보면 언젠가는 정말로 악마 같은 행동을 저지르고 말지도 모릅니다. 그러잖아도 우리 사회에는 부모를 죽이거나 학대하는 패륜아가 넘쳐나고, 사람을 죽여 토막 내서 유기하는 흉악범이 우리 주위를 맴돌고, 인육을 캡슐에 담아 판매한다는 소문이 떠돌고, 아버지가 딸을 성폭행한 사건이 빈발하는, 공포 영화보다 더 무시무시한 시대에 살고 있습니다. 이런 무시무시한 사회를 정화하는 데 기여하는 것이 시일까요, 이런 무시무시한 사회를 더 무시무시하게 하자고 부추기고 선동하는 것이 시일까요?

두 글이 도긴개긴이긴 하지만 〈학원 가기 싫은 날〉이 〈갈라진 교육〉보다 더 위험한 까닭은 다음과 같습니다.

첫째, 〈갈라진 교육〉을 쓴 사람은 성인이지만 〈학원 가기 싫은 날〉을 쓴 사람은 열 살밖에 안 된 어린아이입니다. 성인은 정신과 영혼이 오염되어 삿된 생각을 가질 수 있지만 어린이는 아직 오염되지 않은 순수함 그 자체로서 소중한 존재입니다.

둘째, 〈갈라진 교육〉은 계모를 저주하지만 〈학원 가기 싫은 날〉은 친엄마를 저주합니다. 예로부터 우리는 계모는 악의 표본일 수 있지만 친엄마는 선의 표본이라는 생각을 보편적으로 갖고 있습니다. 그러므로 계모를 저주할 수는 있지만 친엄마를 저주의 대상으로 보는 것은 건강한 관계에서는 일어날 수 없는 일입니다.

셋째, 〈갈라진 교육〉은 저주하는 이유가 '우릴 갖다 버릴' 거라는 절박함 때문인 데 비해 〈학원 가기 싫은 날〉은 '학원에 가라'고 잔소리하는 사소함 때문입니다. 이런 사소함에 저렇듯 분노에 찬 저주를 퍼붓는 것을 보면 무엇에 분노해야 하는지 모르는, 또는 분노의 수준을 어느 정도에서 조절해야 하는지 모를 정도로 상식적 판단력에 장애가 있다는 방증일 것입니다.

넷째, 〈갈라진 교육〉은 찢어발기더라도 '무덤을 만들어 주자'는 일말의 양심을 보여 준 데 비해 〈학원 가기 싫은 날〉은 무덤은커녕 잔인함의 극치인 눈깔을 파먹고 삶아먹고 구워먹겠다는 둥 훨씬 더 강도 높은 행위를 아무런 두려움이나 주저함 없이 당당하게 구체적으로 써서 양심이라고는 아예 싹조차 보이지 않습니다. 자기 생각을 전혀 제어하지 못하는 조절장애를 솔직한 것으로 착각하고 박수쳐 주는 어른들이 더 큰 문제입니다.

다섯째, 출판사까지도 상업주의에 눈이 멀어 이런 어린아이의 글을 책으로 펴내 돈벌이할 생각이나 하는 한심한 세상이 되고 말았습니다. 변명이랍시고 한다는 소리가 '표현의 자유'라고 합니다.

이런 표현의 자유는 너무 좋은 자유일까요 너무 나쁜 자유일까요, 아니면 너무 좋아서 오히려 나쁜 자유일까요 너무 나빠서 오히려 좋은 자유일까요?

이런 시는 너무 좋은 시일까요 너무 나쁜 시일까요, 아니면 너무 좋아서 오히려 나쁜 시일까요 너무 나빠서 오히려 좋은 시일까요?

'너무'가 너무 헷갈리게 해서 무엇이 진실인지 아리송해집니다.

문장 성분을 생략하는 병
둘째아들의 부인이자 며느리

　인터넷 신문 기사 한 편을 읽어 보겠습니다. 이 기사를 읽은 독자들은 이 기사를 쓴 기자의 생각과는 다른 뜻으로 해석할 수 있는 문장이 섞여 있습니다.

　[예문]
　사후 두 달여 뒤 알려진 천경자 화백의 이상한 부고를 둘러싸고 입길이 끊이지 않는다. 부고와 장례 과정에서 인륜을 벗어난 파행적 상황이 드러나면서 유족 사이에 갈등이 표면화될 조짐도 보인다.
　1998년 미국에 간 천 화백을 뉴욕 집에서 보살펴 온 맏딸 이혜선 씨가 구설의 한가운데에 놓였다. 그는 다른 유족들에게 알리지 않고, 일부 언론에 먼저 제보하는 상식 밖의 방식으로 타계 소식을 알렸다. 시신을 화장해 비밀리에 장례를 치른 뒤 8월 중순 유골함을 들고 한국을 찾아 서울시립미술관 2층의 기증 전시실을 돌았다고 한 언론 인터뷰에서 밝혔으나 유골 봉안처는 끝내 숨겼다.

미술관 쪽은 이혜선 씨의 행적을 알고서도 그의 부탁으로 함구했다가 타계 사실이 보도되자 뒤늦게 헌화대를 차리고 추모 행사를 준비하는 민망한 상황을 연출했다.

이혜선 씨를 뺀 다른 유족들은 타계 사실을 한참 동안 몰랐다. 고인의 둘째딸 김정희(54·미국 몽고메리칼리지 교수) 씨, 남편이자 고인의 사위인 문범강(61·미국 조지타운대 교수) 씨, 작고한 둘째아들 김종우 씨의 부인이자 며느리인 서재란(52·세종문고 대표) 씨는 지난 27일 기자회견을 자청해 이달 중순에야 모친의 타계를 알게 됐다고 밝혔다. (한겨레신문 2015. 10. 31.)

이 기사를 읽으면 뒤쪽에 이르러 멈칫거리지 않을 수 없습니다. '고인의 맏딸 이혜선 씨와 둘째딸 김정희 씨'라고 쓴 문장에서 독자들은 어리둥절해집니다. 맏딸 이혜선 씨와 둘째딸 김정희 씨는 왜 성이 다른지, 기자는 천경자 화백의 가족 내력을 아니까 이렇게 썼겠지만 천경자 화백의 가족 내력을 다 꿰고 있는 독자가 과연 얼마나 있을까요. 수많은 독자는 '기자가 고인의 자녀의 성을 잘못 썼나?' 하고 의심할지도 모릅니다.

다음 문장 '남편이자 고인의 사위인 문범강 씨'라니 '남편이자 고인'이면 고인이 곧 남편이라는 말인지, 그렇다면 문범강 씨가 남편이라는 말인지 사위라는 말인지 아리송한 문장입니다. 고인의 둘째딸의 남편이면 당연히 고인의 사위인데 굳이 '남편이자 고인의 사위'라고 써서 독자를 혼란스럽게 만드는 문장입니다.

'둘째딸 김정희 씨의 남편이니 고인이신 천경자 화백의 사위가 되는 문범강 씨'라는 뜻으로 썼을 터인데 '둘째딸 김정희 씨,'라고 쉼표가 찍혀 있어 독자들은 그 뒤의 문장 "남편이자 고인의 사위인 문범강 씨"를 별도의 문장으로 이해하게 됩니다. 그러니 남편이기도 하고 사위이기도 하다는 말로 받아들일 수도 있습니다. 그러나 이 문장은 다음 문장보다는 낫습니다.

다음 문장인 '작고한 둘째아들 김종우 씨의 부인이자 며느리인 서재란 씨'는 정말 최악입니다. 서재란 씨가 김종우 씨의 부인이기도 하고 며느리이기도 하다는 뜻으로 받아들일 수밖에 없습니다. 이 문장도 고인의 둘째아들의 부인이면 당연히 고인의 며느리인데 '작고한 둘째아들 김종우 씨의 부인이자 며느리'라고 써서 '서재란 씨'는 고인의 며느리가 아니라 작고한 김종우 씨의 며느리가 되고 말았습니다.

기자가 우리말을 쓰는 데 조금만 신경을 썼더라면 이런 천륜을 어기는 문장을 쓰지는 않았겠지요.

한 문장 안에서 문장 성분들이 매끄럽게 호응하도록 상호 관계를 설정하여 말하고자 하는 내용을 바르게 전달해야 하는데, 문장 성분들의 상호 관계를 잘못 이어 놓거나 잘못 생략하면 말하고자 하는 내용이 헝클어지고 맙니다. 이 기사는 생략하지 말아야 할 문장 성분을 생략하거나 불필요한 성분을 나열했기 때문에 이런 오류를 범했습니다.

문장 성분을 생략할 때 조심해야 할 사항

첫째, 앞 문장의 주어와 뒤 문장의 주어가 다른 경우 주어를 생략하면 안 됩니다.

"고양이가 앞발을 들어 할퀴려고 했다. 그 결기에 눌렸는지 꼬리를 내렸다"에서 앞 문장인 '고양이가 앞발을 들어 할퀴려고 했다.'의 주어는 고양이이지만 뒤 문장 '그 결기에 눌렸는지 꼬리를 내렸다.'의 주어는 고양이가 아니라 고양이를 본 다른 누구입니다. 그가 누구인지는 주어를 생략해서 알 수 없기 때문에 "고양이가 앞발을 들어 할퀴려고 했다. 강아지는 그 결기에 눌렸는지 꼬리를 내렸다."처럼 뒤 문장의 주어를 살려서 써야 합니다. 이어지는 두 문장에서 앞 문장의 주어와 뒤 문장의 주어가 같을 때는 뒤 문장의 주어를 생략해도 되지만 뒤 문장의 주어가 앞 문장의 주어와 다를 때는 생략하면 안 됩니다.

둘째, 이어진 문장에서 각 절의 주어가 다를 경우 주어를 생략하면 안 됩니다.

"아이가 아이스크림을 달라고 떼를 쓰지만 아이스크림을 주지 않았다." 이 문장에서 앞 절 '아이가 아이스크림을 달라고 떼를 쓰지만'의 주어는 아이이지만 뒤의 절 '아이스크림을 주지 않았다'는 주어를 생략했기 때문에 누가 아이스크림을 주지 않았는지 알 수 없으므로 "아이가 아이스크림을 달라고 떼를 쓰지만 오빠는 아이스크림을 주지 않았다."처럼 뒤에 오는 절에 '오빠'라는 주어를 살려 써야 합니다.

셋째, 주어를 생략하고 주어를 서술어로 만들어 쓰면 안 됩니다.
"영수와 순이가 처음 만난 것은 새 학기가 시작되는 날이었다."에서 서술어로 쓴 '새학기가 시작되는 날'을 부사어로 써서 "영수와 순이는 새 학기가 시작되는 날 처음으로 만났다."처럼 써야 문장 성분이 제대로 갖추어지고, 어색하게 결합한 관형어 '만난 것은'을 서술어로 써야 불완전 명사 '것'에 떠넘긴 과도한 의미의 짐을 덜어 줄 수 있습니다.

넷째, 서로 다른 관형어는 생략하면 안 됩니다.
"노란 참외와 토마토를 색색으로 예쁘게 접시에 담아 왔다." 이 문장에서 '노란'은 참외만 수식하는데 토마토까지도 수식하여 마치 '노란 토마토'로 오해할 수 있습니다. 토마토를 수식하는 관형어 '빨간'을 생략했기 때문입니다. 이럴 경우에는 "노란 참외와 빨간 토마토를 색색으로 예쁘게 접시에 담아 왔다."고 써야 혼란을 방지할 수 있습니다. 만약 접시에 담아 온 두 가지 과일의 색이 같다면 "노란 참외와 바나나를 접시에 담아 왔다."처럼 바나나를 수식하는 말은 생략해도 괜찮겠지요.

"모차르트는 낡은 바이올린과 초청장을 들고 집을 나섰다." 에서 우리는 바이올린과 초청장 두 가지를 다 '낡은' 것으로 받아들이기 쉽습니다. 그렇지만 '낡은 초청장'이라니 얼른 이해가 가지 않습니다. 이 문장은 "모차르트는 낡은 바이올린과 ○○○가 보낸 초청장을 들고 집을 나섰다."처럼 써야 합니다. '낡은'은 바이올린만을 수식할 뿐 초청장은 수식하지 않기 때문에 초청장을 수식할 말을 따로 써야 바른 문장이 됩니다.

다섯째, 서로 다른 서술어는 생략하면 안 됩니다.
"오늘은 강한 바람과 많은 비가 내리겠습니다." 이 문장에서 '바람'과 '비'를 받는 서술어는 '내리겠습니다' 하나입니다. 하지만 '내리겠습니다'는 비와 호응할 뿐 바람과는 호응하지 않습니다. 바람과 호응하는 서술어는 '불다'인데 이 말을 생략했기 때문에 '바람이 내린다'가 되어 문장이 이상해졌습니다. "내일은 바람이 강하게 불고, 비가 많이 내리겠습니다."처럼 '바람'을 받는 서술어 '불고'를 생략하지 않아야 바른 문장으로 성립할 수 있습니다.
"임꺽정은 아우들이 있는 산채를 찾아 산과 강을 건넜다." 같은 문장도 마찬가지입니다. 산은 건너는 것이 아니라 넘는 것인데 뒤에 오는 강에만 호응하는 '건넜다' 하나로 서술어를 삼았기 때문에 '산을 건넌다'와 같은 이상한 말이 되었습니다. 이 문장 또한 산과 호응하는 서술어 '넘다'를 생략하지 말고 살려서 "임꺽정은 아우들이 있는 산채를 찾아 산을 넘고 강을 건넜다." 처럼 써야 바른 문장이 됩니다.

여섯째, 새로운 정보를 요구하는 물음에 답할 때는 주어를 생략하면 안 됩니다.

"무슨 일이 일어났어요?" 하는 새로운 정보를 요구하는 물음에 답할 때는 "철수가 교통사고를 당했어요."처럼 '누가' 교통사고를 당했는지 밝혀서 답해야 하는데 주어인 철수를 생략하면 '교통사고를 당했다'는 일반적인 사실만 전달되므로 "누가 교통사고를 당했습니까?" 하는 다음 질문을 또 하게 됩니다.

선생님이 "너희는 왜 웃는 거니?" 하고 물었다면 "철수가 빗자루에 걸려 넘어져서요." 하고 대답해야 하는데 주어인 철수를 생략하면 '빗자루에 걸려서 넘어졌다'는 행위만 전달되므로 누가 넘어졌는지를 다시 묻게 됩니다.

생략하면 안 되는 문장 성분을 생략하는 오류는 몰라서라기보다는 부주의 때문에 아차 하는 사이 지나치기 쉬워서 일어납니다. 문장 성분을 나도 모른 채 생략해 버리지는 않았는지 늘 꼼꼼히 살펴보아야 합니다.

보조사 '만'을 잘못 쓰는 병

찰리 부대원들은
사람을 죽이는 짓만 하지 않았다

신문 기사를 하나 읽어 보겠습니다.

[예문]

　1968년 3월 16일, 미 찰리 중대 소속 병사 150명이 남베트남의 밀라이 마을로 들어왔다. 이어 윌리엄 캘리 중위의 명령에 따라 미군은 베트콩이 아닌 이 마을 민간인 500여 명을 무참히 학살한다. 아무런 저항도 없었다. 하지만 미군은 남녀노소를 가리지 않고 죽였다. 장난처럼 사람을 죽였고 도망가는 이들을 쫓아가 또 난사했다.
　찰리 부대원들은 사람을 죽이는 짓만 하지 않았다. 죽은 사람의 가슴에 '찰리 중대'라는 영문을 군용 대검으로 새겼다. 자신들의 부대 이름이었다. 그렇게 죄도 없는 민간인을 죽이고 또 죽인 찰리 부대원들은 마지막 순간 마을 전체를 화염방사기로 불태웠다. 도대체 미군은 왜 이처럼 잔혹한 범죄를 저지른 것일까. 놀랍게도 이유는 없었다. 그저 베트콩이 숨어 있을지도 모른다는 막연한 의심이 전부였다. (2015. 9. 28. 오마이뉴스)

이 기사에서 '찰리 부대원들은 사람을 죽이는 짓만 하지 않았다.'는 '다른 짓은 다 했지만 사람만은 죽이지 않았다.'로 오독할 수 있습니다. '사람을 죽였을 뿐 아니라 다른 못된 짓도 했다.'는 뜻으로 썼는데, 독자가 기자의 생각과는 다른 뜻으로 받아들일 수 있는 문장입니다.

"찰리 부대원들은 죽이는 짓만 하지 않았다."에서 '만'은 보조사로서 무엇(죽이는 짓)을 강조하는 의미로 썼습니다. 그런데 뒤에 오는 부정사 '않았다'와 올바르게 호응하지 못해 뜻이 모호해졌습니다. 여기에는 부정사를 '아니다'로 써서 "찰리 부대원들은 사람을 죽이는 짓만 한 것은 아니다."처럼 바꾸어야 바르게 호응합니다.

이렇게 오독을 부르는 주범은 '죽이는 짓만 하지 않았다.'에 쓴 보조사 '만'과 '하지 않았다'고 쓴 부정사입니다. 이 둘의 호응 관계를 잘못 썼기 때문에 필자와 독자 사이에 오독이라는 다리를 놓는 결과를 가져왔습니다.

'만'은 어떤 경우에 쓰는지 살펴보겠습니다.

첫째, '만'을 의존명사로 쓰는 경우 두 가지 용법이 있습니다.

① "우리는 학교를 졸업한 지 10년 만에 선생님을 만나 뵈었다." "버스를 기다린 지 무려 40분 만에 버스가 왔다."처럼 시간이 얼마간 이어짐을 나타낼 때 씁니다.

② "그 사람이 먼저 반말을 했으니 당신이 화를 낼 만도 하다." "영희가 왜 저렇게 서럽게 우는지 그 까닭을 짐작할 만은 하다." 처럼 앞에 오는 말이 뜻하는 동작이나 행동에 타당한 이유가 있거나 그럴 수 있음을 나타낼 때 씁니다.

의존명사는 띄어 쓰므로 이럴 때의 '만'은 띄어 써야 합니다.

둘째, '만'을 보조사로 쓰는 경우 다섯 가지 용법이 있습니다.

① "아버지는 어이가 없으신지 그저 웃기만 할 뿐이었다."처럼 다른 것에서 제한하여 어느 것을 한정할 때 씁니다.

② "그녀와 반드시 결혼해야만 할 것 같다."처럼 무엇을 강조할 때 씁니다.

③ "하루에 한 끼만 먹어도 좋을 것 같았다."처럼 무엇을 기대하는 마지막 선을 나타낼 때 씁니다.

④ "이미자만 못하지만 노래를 참 잘 부른다."처럼 '하다/못하다'와 함께 써서 앞에 오는 말이 나타내는 대상이나 내용의 정도에 달하거나 달하지 못함을 나타낼 때 씁니다.

⑤ "나는 돈만 있으면 새 자동차를 사고 싶어진다."처럼 '-어도/-으면' 앞에 써서 어떤 것이 이루어지거나 어떤 상태가 되기 위한 조건을 나타낼 때 씁니다.

조사는 붙여 쓰므로 이럴 때의 '만'은 붙여 씁니다.

셋째, '만'을 보조 형용사 '만+하다'로 쓰는 경우 두 가지 용법이 있습니다.
① "금강산은 평생에 한 번쯤 가 볼 만한 명승지이다."처럼 어떤 대상이 앞에 오는 말이 뜻하는 행동을 하는 데에 타당한 이유를 가질 정도로 가치가 있을 때 씁니다.
② "영희는 그 대학에 합격할 만한 실력이 있다."처럼 앞에 오는 말이 뜻하는 것을 할 수 있을 때 씁니다.

우리말 색이름을 고사시키는 병
신안군 안좌면 퍼플 아일랜드의 퍼플교

　우리나라 식물 이름 중에는 색깔에서 따 온 예쁜 이름이 많습니다. 꽃이나 잎 또는 줄기가 금빛이어서 금떡쑥, 금방망이, 금붓꽃, 금새우난초, 금꿩의다리라고 부르고, 치장한 광대처럼 울긋불긋하다고 해서 광대버섯, 광대수염, 광대싸리라고 부르고, 매화는 꽃 색깔이 옥빛 같다고 해서 옥매, 노랗다고 해서 황매, 빨갛다고 해서 홍매라고 부릅니다.
　물푸레라는 예쁜 이름을 가진 나무가 있습니다.
　"나뭇가지 꺾어 물에 담그면/ 파르스름한 빛깔의 물로 변하는 물푸레나무// 물푸레 물푸레 물푸레나무/ 그 이름은 바로 당신/ 당신이 내 마음속에 들어오니/ 나까지 푸르러집니다"
　차윤옥 시인이 쓴 〈나의 물푸레나무〉라는 시의 한 부분입니다.

'물푸레'라는 이름만으로도 우리의 마음과 정서를 파르스름하게 물들여 주는 듯합니다. 우리말의 아름다움이 오롯이 전해지는, 그래서 자꾸만 물푸레 물푸레 하고 되뇌고 싶은 이름입니다.

새 이름에도 파랑새를 비롯해 색깔에서 따 온 아름다운 이름이 많습니다.

붉은머리오목눈이, 노랑지빠귀, 흰꼬리딱새, 붉은어깨도요, 검은머리물떼새, 노랑부리저어새, 흰뺨검둥오리, 노랑눈썹솔새 등등 헤아리기 벅찰 정도로 많습니다.

이 새 이름들을 보면 어떤 것은 형용사의 관형형인 '붉은, 흰, 검은' 등을 붙였고, 어떤 것은 명사인 '노랑' '빨강' 등을 붙였습니다.

이처럼 색깔을 동식물의 이름에 붙일 경우 노란잠자리, 노란팽나무, 노란곰팡이, 노란담비, 노란실잠자리 등은 형용사 '노랗다'의 관형형인 '노란'을 붙였고, 노랑가슴먼지벌레, 노랑가오리, 노랑개불알꽃, 노랑나비, 노랑딱새, 노랑매미꽃, 노랑할미새, 노랑투구꽃 등은 명사인 '노랑'을 붙였습니다.

빨간씬벵이, 빨간집모기 등은 '빨간'을 붙였고, 빨강불가사리, 빨강올벚나무 등은 '빨강'을 붙였습니다.

검정겨이삭, 검정깨, 검정넓적꽃등에, 검정물방개, 검정비늘고사리 등은 '검정'을 붙였고, 검은코뿔소, 검은호랑나비, 검은재나무, 검은지빠귀 등은 '검은'을 붙였습니다.

왜 이렇게 두 가지를 섞어 썼는지 그 이유가 명확하지 않습니다.

몇 해 전 유월 초순에 전남 신안군 안좌면 소속 작은 섬 반월도와 박지도에 다녀왔습니다. 가깝게 마주 보고 있는 이 두 섬은 섬 전체를 보라색으로 꾸며 보라섬이라는 별칭으로 널리 알려졌고, 색깔로 이미지를 만들어 성공한 사례가 되었는데 유네스코가 세계의 아름다운 섬으로 뽑아 세계적으로 유명해졌습니다.

섬 안의 집들은 모두 지붕을 보라색으로 칠했고, 공중전화박스, 공중화장실, 가게 들도 모두 보라색으로 통일해 꾸몄습니다.

길가와 밭둑과 언덕과 빈터에는 보라색 라벤더꽃과 마령초를 심어 온 섬이 보랏빛 꽃으로 일렁입니다.

관광객을 싣고 섬을 한 바퀴 도는, 골프장에서 쓰는 카트도 보라색으로 칠했고, 섬을 방문하는 관광객이 보라색 옷이나 장신구를 한 가지라도 갖추었으면 입장료를 면제해 주어 섬에서 돌아다니는 사람들까지 보라색인 섬입니다.

반월도와 박지도를 잇는 다리도 교각이며 난간 등 다리 전체를 보라색으로 칠했는데 썰물 때면 끝 모르게 드러난 갯벌 위를 걸으며 게, 짱뚱어, 갯지렁이 등을 가까이서 볼 수 있고, 밀물 때면 바다 위에 놓인 다리가 되어 바닷물에 비친 구름, 섬, 통통배 등을 보며 바다 위를 걸어 다닐 수 있습니다.

이 다리에 '퍼플교'라는 영어식 이름의 간판을 붙여 놓았고, 섬 초입에 세워 놓은 커다란 돌에는 아예 영어로 'Purple Island'라고 새겨 놓았습니다. 외국인 관광객을 위한 배려겠거니 하고 선의로 이해하려 애쓰면서도 보라교, 보라섬이라는 아름다운 우리말을 쓰지 않고 영어로 쓰다니, 혀를 끌끌 차면서 돌아보았습니다.

　퍼플교, 퍼플 아일랜드의 예에서 보다시피 우리말 색이름이 영어 색이름에 치여서 밀려나는 현상이 우리 사회 곳곳에서 급속도로 진행되어 인제는 걷잡을 수 없는 지경에 이르렀는데, 대중적 영향력이 큰 방송 언어에서 더욱 심합니다.
　텔레비전을 켜면 뉴스 방송보다 많은 홈쇼핑 방송들이 온갖 물품을 파는 시대에 우리는 삽니다. 홈쇼핑 방송에서 물건을 소개하고 파는 진행자들의 입에서 영어 색이름이 중구난방으로 쏟아져 나옵니다. 옷처럼 색깔에 민감한 상품을 소개하는 말은 더욱 심해서 이 방송 저 방송 채널을 돌려 가며 들어도 우리말 색이름으로 상품을 소개하는 진행자는 단 한 명도 보지 못했습니다. 한국인을 상대로 물건을 파는 방송인지 외국인을 상대로 물건을 파는 방송인지 모를 지경입니다. 이들이 하는 말을 귀에 들리는 대로 몇 가지 받아 적어 보았습니다.

　[예1] 속옷
　이번 여름 남자 속옷 열 벌을 5년 전 가격에 여러분께 드릴게요. 먼저 컬러를 보면 윗줄 맨 왼쪽이 블루 체크고요 그 옆이 시원해 보이는 캔디 민트, 그 옆이 지적인 차콜 그레이, 속옷이 지적이면 어떻게 되나요? 그리고 피코크 블루, 그 옆이 로열 블루입니다. 여름이라 그런지 블루 계열이 많습니다. 그리고 아래쪽 줄에 레드, 연한 옐로우, 화이트 앤 블랙의 스트라이프 패턴,

도트 패턴의 브라운, 맨 오른쪽에 있는 것이 아이보리입니다. 남자 속옷 컬러감이 여자 옷 못지않네요.

[예2] 원피스
네이비 롱 베스트는 기본으로 다 드리고요, 원피스는 딥 그린, 브릭 레드, 플라워 패턴의 체리 핑크, 라벤더 향이 풍길 것 같은 퍼플 이렇게 4종 중에 하나를 선택하면 베스트와 함께 두 벌을 이 가격에 드립니다. 네이비 롱 베스트와 매칭하는 원피스들의 컬러감이 너무 좋지 않나요. 그리고 이쪽에 있는 블랙 카디건과 매칭한 원피스는 마랑 블랙, 페이즐리 레드, 오디브 네이비, 오션 블루 이렇게 4종이 있는데 이 4종 중에 하나를 선택하면 카디건과 함께 두 벌을 드려요. 다른 데서는 찾아볼 수 없는 독보적인 퀄리티의 쉬폰 소재라서 이번 여름을 시원하게 보낼 수 있을 거예요.

[예3] 블라우스
먼저 블라우스를 볼게요. 이 올리브 그린 컬러 어떠세요? 그 옆에 있는 입으면 얼굴이 화사해 보일 수 있는 머스타드도 괜찮지요? 머스타드에는 블랙 팬츠가 산뜻하게 어울리고요, 올리브 그린에는 화이트 팬츠가 깨끗해 보이지 않나요? 우리 눈길을 먼저 빼앗는 것은 소재도 소재지만 컬러감이 먼저 아닌가요?

[예4] 운동화

저는 데님에 스니커즈를 신었습니다. 쿠션감이 굿굿이어서 이렇게 펄쩍펄쩍 뛰어도 발에 데미지가 없습니다. 남성용을 저는 그레이 컬러를 신었습니다. 다른 하나는 블랙입니다. 블랙은 톤 온 톤으로 밑창을 그레이로 해서 변화를 주었고요. 사이즈는 정사이즈로 들어오세요. 여성용은 아이보리, 라이트 그레이, 화이트 등 오늘 밝은 컬러를 선택하는 분이 많습니다.

[예5] 잠옷

여성용 같은 경우에 육부 길이에다 삼부 팬티가 따라가는데, 아예 세트로 약간 살색이 도는 체크 패턴과 피치 핑크가 있고, 남성용은 에어 블루에다 여기 보이는 체크 패턴의 네이비가 있습니다. 살다 보면 부부가 서로 꼴보기 싫을 때가 있잖아요. 그럴 때 잠옷이라도 요런 예쁜 옷을 입으면 겨울바람이 봄바람으로 바뀌지 않을까요?

[예6] 마스크

메이드 인 코리아, 우리나라 국산 필터와 소재로 우리나라 현지에서 만든 마스크입니다. 무려 200매를 드리는데 한 장당 200원에도 못 미치는 횡재하는 시간입니다. 컬러도 화이트, 아이보리, 피치 핑크, 라이트 그레이, 차콜 그레이 다섯 가지를 드리니까, 그날 기분에 따라 골라 쓸 수 있습니다. 피치 핑크는 따님에게 주어도 좋고, 아드님에게는 라이트 그레이, 엄마는 아이보리나 화이트, 아빠는 차콜 그레이를 골라 온 가족이 취향대로 쓸 수 있습니다.

아무리 귀를 기울이고 또 귀를 씻고 들어도 우리말 색이름은 한마디도 들리지 않고, 그저 영어 색이름만 들립니다. 분홍 블라우스는 없고 핑크 블라우스만 있고, 남색 저고리는 없고 네이비 재킷만 있고, 검은 바지는 없고 블랙 팬츠만 있는, 색깔이라는 말조차 완전히 컬러라는 말로 바뀌어 버린 이 참담한 현상을 어떡하면 좋을까요?
색이름에도 국가기술표준원이 정한 표준이 있고, 이 표준에 따라 교과서도 만들고, 학교에서도 가르치고, 색과 관련 있는 모든 산업 분야에서도 쓴다는 사실을 모르는 사람이 많은 것 같습니다.

색이름 하나가 얼마나 민감한 문제를 일으키는지 그 실례를 하나 들겠습니다.
지난 2018년 국가인권위원회는 특별한 권고를 결정해서 우리의 눈길을 끌었습니다. 이때 함께 공개한 권고 결정 서른 가지 중 첫 번째가 크레파스 색이름 중 '살색'을 다른 이름으로 바꿔 달라는 진정에 대한 권고 결정이었습니다.
아프리카의 가나 사람을 비롯한 외국인 네 명과 성남 외국인 노동자의 집 김해성 목사는 어린이들이 많이 사용하는 크레파스의 색깔 이름 중 '살색'에 대해 "특정 인종과 유사한 색을 '살색'

으로 표기한 것은 피부색이 다른 사람들에 대한 차별 행위를 조장한다."며 산업자원부 기술표준원장과 크레파스 제조업체 세 곳을 상대로 '살색'이라는 색이름을 바꿔 달라는 진정을 냈습니다.

이 진정에 따라 인권위는 크레파스 등 물감의 특정색을 '살색'으로 이름 붙인 것은 "헌법 제11조의 평등권을 침해한 것"이라며 한국산업규격(KS)을 개정토록 권고하면서 그 이유로 "기술표준원이 정한 '살색' 색명은 특정 피부색을 가진 인종에게만 해당하고 황인종이 아닌 인종에 대해 합리적 이유 없이 헌법에 보장된 평등권을 침해할 소지가 있으며, 인종과 피부색에 대한 차별적 인식을 확대할 수 있다."고 설명했습니다. 기술표준원은 이 권고를 받아들여 '살색'을 '살구색'으로 바꾸었습니다.

왜 '살색'이 불평등한 색이름인지 생각해 보았습니다. 크레파스에서 '살색'은 우리 동양인의 살색입니다. 백인의 살색은 하양이고, 흑인의 살색은 검정이니 크레파스에 쓰인 '살색'과는 다릅니다. 이렇게 사람에 따라 다른 살색을 표준 색이름으로 쓴다는 것은 분명 불평등한 일인 것 같습니다. 우리 사회가 이미 다문화 다인종 사회로 접어들었으므로 이런 미묘한 갈등을 해소해 가는 지혜를 발휘해야 하겠습니다.

국가기술표준원은 지난 1964년에 처음으로 색이름 체계를 만들어 공식화했는데 이때 일본식 색이름 체계를 기준 삼아 번역하여 공식적으로 써 오다 40여 년이 지난 2003년에 와서야 우리말로 대폭 개정하면서 "국민에 대한 색 인지도 조사와 색채 심리 및 국어학 등 각 분야 전문가들의 의견을 종합해 색상 표현 방법을 과학적으로 분류하고, 한국 어문 체계에 맞춰 쉽게 사용할 수 있도록 정했다."고 설명했습니다. 그 후 2018년에 다시 개정하여 유채색인 빨강, 주황, 노랑, 연두, 초록, 청록, 파랑, 남색, 보라, 자주, 분홍, 갈색 등 열두 가지에 무채색인 하양, 회색, 검정 등 세 가지를 더해 기본색을 열다섯 가지로 정했습니다. 기본색 열다섯 가지의 이름을 표로 정리하면 다음과 같습니다.

기본색	색이름
유채색 12	빨강, 주황, 노랑, 연두, 초록, 청록, 파랑, 남색, 보라, 자주, 분홍, 갈색
무채색 3	하양, 회색, 검정

이때 '흰색'으로 써 오던 것을 '흰'은 수식어로만 사용키로 하여 '하양'으로 바꾸고, '녹색'은 한자어일 뿐만 아니라 색 수식어로 부적절하다고 판단하여 '초록'으로 바꾸었습니다.

기본색 열다섯 가지를 더욱 섬세하게 표현할 경우 기본색 이름 앞에 수식어를 덧붙이는데, 기존에 써 온 '~띤'을 버리고 '~ㄴ'이나 '~빛'으로 체계화했습니다. 예를 들면 '빨강 띤 주황'은 '빨간 주황'으로, '노랑 띤 갈색'은 '황갈색'으로, '녹색 띤 연두'는 '초록빛 연두'로 쓰기로 했습니다.

명도나 채도를 표현하는 수식어는 기존에 써 오던 '해맑은'

51

'짙은' '칙칙한' 등 개인적 느낌이나 감정에 따라 편차가 큰 단어를 버리고, '선명한' '진한' '탁한' '흐린' 등 비교적 개인에 따른 느낌의 편차가 작은 단어를 쓰기로 하여, '해맑은 파랑' '짙은 빨강' '칙칙한 갈색' 등은 쓰지 않고 '선명한 파랑' '진한 빨강' '탁한 갈색' '흐린 회색'처럼 쓰기로 했습니다. 그리고 잘 쓰지 않는 '철감색' '국방색' 등은 아예 쓰지 않기로 했습니다.

* 수식형 색이름의 종류

기본 색이름의 수식형	빨간 ~, 노란 ~, 파란 ~, 흰 ~, 검은 ~
단음절 색이름의 수식형	적~, 황~, 녹~, 청~, 자~, 남~, 갈~, 회~, 흑~
'빛'을 붙인 수식형	초록빛 ~, 보랏빛 ~, 분홍빛 ~, 자줏빛 ~, 연둣빛 ~, 청록빛 ~

* 수식어의 사용

사용 않음	해맑은 ~, 밝은 ~, 짙은 ~, 연한 ~, 칙칙한 ~, 어두운 ~
사용함	선명한 ~, 흐린 ~, 탁한 ~, 밝은 ~, 어두운 ~, 진(한) ~, 연(한) ~, 흰 ~, 검은 ~

이와 함께 영어식 색이름은 우리말로 바꾸어 쓰기로 했습니다. 예를 들면 핑크는 분홍으로, 브라운은 갈색으로, 로즈는 장미색으로, 피치는 복숭아색으로, 블론드는 금발색으로, 스칼릿은 진홍색으로, 스트로베리는 딸기색으로 등입니다.

그런데, 그런데 말입니다. 이렇게 국가가 표준을 세워 정해 놓은 색이름을 우리는 얼마나 알고 쓸까요.

앞의 홈쇼핑 진행자들이 하는 말을 받아 적은 예에서 보다시피 중구난방으로 쓸 뿐만 아니라, 영어식 색이름이 우리말 색이름을 완전히 쫓아내고 완벽하게 점령하여 우리말 색이름의 존재조차 알 수 없는 지경에 이르렀습니다. 외래종 황소개구리가 우리 토종 생태계를 망가뜨린 환경 파괴의 예와 무엇이 다를까요.

우리 문인들은 글에서 색이름을 어떻게 쓸까요? 어떤 작가 의식을 가지고 쓸까요? 색이름이 많이 나오는 글을 만나지 못해 방송 언어를 예로 들면서 우리말 색이름의 사용 실태를 살펴 보았습니다. 머잖아 우리말에서 우리말 색이름이 사라져 버릴 는지도 모른다는 불안감이 머릿속에서 떠나지 않습니다. 왜냐하면 국립국어원은 대중이 사용하는 말이라면 그 말이 어법에 맞거나 맞지 않거나 따지지 않고 인정해 주는 결정을 여러 차례 반복해 왔을 뿐 아니라, 지식인들이 자기과시를 위해 사용하는 영어식 용어를 우리말로 바꾸는 작업을 하기는 하지만 사용하도록 하는 일에는 매우 소극적이어서 국립국어원이 권하는 말을 따르는 신문방송이나 지식인을 본 적이 없기 때문입니다. 우리말을 영어 식민화하는 데 첨병 노릇을 하는 신문방송의 자각과 반성이 가장 중요하다는 걸 색이름 사용 실태에서 명확하게 알 수 있었습니다.

관형어를 여기저기 마구 쓰는 병
깨끗한 청소를 위해 이동 주차를 해 주시기 바랍니다

"관리사무소에서 알립니다. 내일 오전 아홉시부터 지하 주차장 청소를 실시합니다. 깨끗한 청소를 위해 이동 주차를 해 주시기 바랍니다."

우리 아파트 관리사무소에서 이렇게 방송합니다. 이 방송을 들으며 나는 쯧쯧쯧 하고 혀를 찹니다. '아홉시부터'라는 말도 못마땅하고, '이동 주차를 해 주시기 바랍니다'도 못마땅하고, '깨끗한 청소를 위해' 같은 말은 더더욱 못마땅하기 때문입니다. 그러고 보니 이 방송은 어느 한 구절 내 귀에 거슬리지 아니한 데가 없는 문장으로 이루어졌습니다. 왜 귀에 거슬리고 못마땅하냐고요?

첫째, 우리 아파트 지하 주차장 청소를 시작하는 시간은 '아홉시부터'가 아니고 '아홉시'이기 때문입니다.

'부터'는 체언이나 부사어 또는 일부 어미에 붙어 어떤 일이나 상태 따위에 관련된 범위의 시작을 나타내는 보조사로서 뒤에 오는 '까지'와 짝을 이룹니다. 예를 들면 '아홉시부터 열시까지'처럼 씁니다.

청소를 '아홉시부터 시작'한다면 시작의 계속성을 말하기 때문에 아홉시에도 시작하고 아홉시 반에도 시작하고 열시에도 시작한다는 말이 되지요. 어떤 일이나 시작은 한 번뿐이므로 시작하는 시점이 아홉시이면 '아홉시에' 시작한다고 써야 합니다. 만약 아침 아홉시부터 저녁 여섯시까지 청소를 한다면 일의 범위가 아홉시에서 저녁 여섯시까지이므로 '아홉시부터'라고 써도 되겠지요. 위에 인용한 방송에서는 시작하는 시간을 말하였으므로 '아홉시에'라고 해야 합니다. "청소는 몇 시에 시작합니까?" "아홉시에 시작합니다." 이렇게 대화하는 것과 같습니다.

시작이라는 뜻을 가진 한자 초初는 옷 의衣 옆에 칼 도刀자가 붙어 있습니다. 옷을 짓기 위해 가위를 옷감에 대고 자르는 순간을 상징하는 글자입니다. 옷을 지으려면 옷감을 마름하는 일부터 시작해야 하니까요. 그런데 가위를 옷감에 대고 있지만 아직 눈곱만큼이라도 자르지 않았다면 그건 시작하기 전이고, 만약 가위가 옷감을 눈곱만큼이라도 잘랐다면 그건 이미 시작하고 난 뒤의 상황이므로 시작은 과거가 되기 때문에 이 또한 시작이 아닙니다. 그러므로 시작이란 없다고까지 말하는 사람도 있습니다.

둘째, '주시기 바랍니다'는 '주시기'도 높임말이고 '바랍니다'도 높임말로서 단어마다 높임말을 써서 상대를 지나치게 높이는 말입니다. 한 문장 안에서 높임말은 맨 끝에 한 번만 써도 됩니다.

옛날에 막내딸을 시집보내는 아버지가 딸에게 이렇게 가르쳤습니다.

"시집 식구들한테는 손아랫사람에게도 존댓말을 써야 한다. 여자아이는 애기씨라 하고 남자아이는 도련님이라고 한단다."

이 말을 가슴에 새기고 시집간 막내딸이 어느 날 아침 부엌에서 밥을 짓고 있는데 이웃집 송아지가 마당으로 뛰어들자 강아지가 짖어 댔습니다.

시아버지가 "새아가, 왜 강아지가 저렇게 시끄럽게 짖느냐?" 하고 물었습니다.

"네, 아버님. 송아지 애기씨가 거적을 쓰시고 마당으로 들어오시니 강아지 도련님이 보시고 짖으십니다."

이렇게 대답했다는 우스개가 있습니다. 존댓말을 써야 한다는 강박관념에 못 이겨 송아지와 강아지 같은 짐승에게까지 존댓말을 쓰고 말았습니다.

이 이야기의 주인공보다 더 우스꽝스럽게 존댓말을 쓰는 사람들이 우리 주변에 흔합니다. 특히 판매직 사람들이 쓰는 말은 포복절도할 수준입니다. "이 사과는 정말 맛이 좋으세요." 하고 사과에 존댓말을 쓰기도 하고, "이 스카프는 프랑스제시거든요. 무늬가 멋있으시지요?" 하고 스카프에 존댓말을 쓰기도 합니다. 고객에게 존댓말을 써야 한다는 생각에 짓눌려 그만 물건에까지 존댓말을 쓰고 말았겠지 하고 이해할 수는 있습니다.

옛날이야기의 주인공은 그나마 살아 있는 짐승을 존중하였지만, 요즘 사람들은 아예 사과나 스카프 같은 물건에까지 존댓말을 쓸 만큼 소비자를 왕으로 모시겠다는 갸륵한 마음씨를 가진 우리 이웃들이 넘쳐나는 시대에 우리는 살고 있습니다.

우리말에서 존댓말은 매우 쓰기 까다롭고 어렵습니다. 한 문장 안에서 존댓말은 맨 마지막 단어에서 한 번만 써도 실례가 되지 않습니다. 말끝마다 존댓말을 써서 이 이야기에 나오는 막내딸 같은 웃음거리가 되지 않도록 조심해야 합니다.

셋째, '깨끗한 청소'라는 말입니다.

이 말은 관형어(깨끗한)+체언(청소)으로 구성되었습니다. 관형어는 체언을 수식합니다. 그런데 서술어를 수식하는 부사어로 써야 할 말을 관형어로 바꾸어 쓰는 사람이 많습니다.

쓰임새가 서로 다른 관형어와 부사어의 수식 영역을 혼동해서 쓰는 거지요. 관형어는 아버지가 쓰는 모자이고 부사어는 어머니가 쓰는 모자인데, 어머니가 쓰는 모자를 아버지가 쓴 꼴이니 그 모습이 영 어울리지 않겠지요.

가만히 생각해 봅시다. '깨끗한 청소'라는 말이 성립된다고 생각하는지요. '청소'는 '더럽거나 어질러진 것을 깨끗하게 한다'

는 뜻입니다. 그러니까 '청소'는 깨끗하게 쓸고 닦고 하는 일인데 굳이 또 '깨끗한'이라는 수식어를 쓸 필요가 있을까요? '더러운 청소'라는 말이 성립하지 않은 것처럼 '깨끗한 청소'라는 말도 성립하지 않습니다. 이렇게 성립하지 않은 말을 쓰니까 '깨끗한 청소를 위해'처럼 어색한 말이 되고 맙니다.

'청소하다'는 '청소'에 '하다'를 붙여서 쓰는 동사입니다. 동사이니까 부사어가 앞에 와서 수식해야겠지요. 그런데 '청소'와 '하다'를 분리해서 쓰려고 하기 때문에 '청소' 앞에 관형어 '깨끗한'을 써서 '깨끗한 청소'라고 이상하게 말을 만들어 씁니다. 이 말을 바르게 쓰려면 '깨끗이 청소하기 위해서'처럼 '깨끗한'을 '깨끗이'로 바꾸어 부사어로 써야 합니다.

우리말에는 부사어로 써야 할 말을 관형어로 쓰는 버릇이 고질병으로 퍼졌는데도 우리가 알아차리지 못한 게 더 큰 문제입니다.

이 병은 일본어식 문장에서 온 전염병입니다. 일본어의 특징 중 하나가 관형어를 많이 쓴다는 점입니다. 일본책을 보면 우리말 관형격 조사 '의'에 해당하는 'の'라는 글자가 유난히 많이 보입니다. 일본어는 거의 모든 복합어에 이 말을 쓸 만큼 유난히 관형어를 많이 사용합니다.

우리가 날마다 시청하는 텔레비전 일기예보에서 아나운서들이 하는 말을 들으면 "많은 비가 내리겠습니다." "흐린 날씨가 되겠습니다." "맑은 날씨를 보이겠습니다." "약한 바람이 불겠습니다."

"적은 눈이 오겠습니다." 하고 관형어로 꾸민 말을 자주 듣습니다. 이렇게 말하는 아나운서도, 이렇게 원고를 써 준 기자도, 이런 방송을 보고 듣는 시청자도 잘못 쓰는 말인 줄 모를 만큼 이런 일본식 어법에 우리는 익숙해져 버렸는지도 모릅니다.

"약한 바람이 불겠습니다."에서 중요한 정보는 '어떤 바람'이 부느냐가 아니라 바람이 '어떻게 부느냐'입니다. 그러므로 바람이 '약하게' 불겠다고 정보를 전해야 합니다. 또 "적은 눈이 오겠습니다."는 깊이 따져 보지 않아도 잘못된 말임을 알 수 있습니다. 아예 처음부터 적은 눈, 많은 눈이 정해져서 내리는 것은 아니니까요. 눈이 내리는데 그 양이 적을 것인지 많을 것인지 정보를 알려주는 말이므로 '적게' 내리거나 '많이' 내리겠다고 해야 합니다.

특히 "흐린 날씨가 되겠습니다." "맑은 날씨를 보이겠습니다." 등은 더 이상한 구조로 짜인 문장입니다. "날씨가 흐리겠습니다."처럼 '흐리다'를 서술어로 쓰면 단순 명쾌한 문장이 되는데 '흐린'이라는 관형어를 썼기 때문에 "흐린 날씨가 되겠다."처럼 어색하기 짝이 없는 서술어 '되겠다'를 가져와서 덧붙여야 합니다.

"맑은 날씨를 보이겠습니다."도 마찬가지입니다. "날씨가 맑겠습니다." 하고 '맑다'를 서술어로 쓰면 될 말을 '맑은'이라고 관형어로 썼기 때문에 '보이겠습니다' 같은 엉터리 서술어를 가져와야 합니다. 날씨를 보이다니요?

관형어 또는 관형절로 쓰는 버릇은 다음과 같은 세 가지 경우가 있습니다. 이 세 경우를 숙지하고 비켜 가면 병들지 않은 건강한 문장을 쓸 수 있습니다.

첫째, 서술어로 써야 할 말을 관형어로 쓰는 버릇입니다.
위에 예로 든 "맑은 날씨를 보이겠습니다."는 "날씨가 맑겠습니다." 하고 '맑다'를 서술어로 써야 하는데 관형어 '맑은'으로 써서 '날씨'를 꾸미게 함으로써 "맑은 날씨를 보이겠습니다."와 같이 불필요한 서술어 '보이겠습니다'를 따로 만들어 써야 합니다.

둘째, 부사어로 써야 할 말을 관형어로 쓰는 버릇입니다.
"사람이 많이 모였다."처럼 부사어 '많이'로 써야 할 말을 "많은 사람이 모였다."처럼 관형어 '많은'으로 쓰는 경우입니다. 사람이 얼마만큼 모였는가 하는 정보를 알려주는 말이라면 "사람이 많이 모였다."고 해야 합니다. 어떠한 사람들이 모였는가 하는 정보를 알려주는 말이라고 해도 '많은 사람'은 성립되지 않은 정보입니다. 왜냐하면 '많은'은 '어떠한'과 같은 성상性狀과는 호응하지 않기 때문입니다. '많은'은 '얼마나'와 같은 수량과 호응하는 말입니다.

셋째, 부사어로 써야 할 말을 관형어로 바꾸고, 서술어로 써야 할 말을 목적어로 쓰는 버릇입니다.

여기에는 '체언+하다' 형으로 쓰는 동사가 해당합니다. 예를 들어 '운동'에다 '하다'를 붙여 '운동하다'로 쓰는 동사를 굳이 둘로 나누어 '운동'을 목적어로 만들고 '하다'를 서술어로 만들어서 '운동을 하다'처럼 쓰는 경우를 말합니다. 이렇게 쓰면 한 단어로 써도 될 말을 두 단어로 늘려야 합니다.

"평화적인 시위를 했다."는 문장은 "평화롭게 시위했다."처럼 '평화롭게'라고 부사어로 쓰면 되는데 '평화적인'이라고 관형어로 만들어 쓰기 때문에 "평화적인 시위를 했다."처럼 '시위'는 목적어 '시위를'이 될 수밖에 없고 그러니 '하다'를 떼어내서 서술어로 쓸 수밖에 없습니다.

앞에 부사어가 있는 말이라면 더욱더 '하다'가 붙은 서술어는 그대로 두어야 하는데 굳이 목적어를 만들어 쓰는 버릇도 있습니다. "꽃으로 장식했다."처럼 '꽃으로'라는 부사어가 있으면 '장식했다'는 서술어를 그대로 써야 하는데 "꽃으로 장식을 했다."처럼 '장식'을 목적어로 만들어 쓰는 버릇이 있습니다. "힘차게 망치질했다."와 "힘차게 망치질을 했다.", "계속해서 연구했다."와 "계속해서 연구를 했다." 등을 비교해 보면 금세 알 수 있습니다.

이런 문장들에서 목적격 조사를 붙이면 여러 가지 중에서 선택했다는 뜻이 강해집니다. "꽃으로 장식했다."고 쓰면 오로지 장식만 했다는 뜻이 되지만 "꽃으로 장식을 했다."고 쓰면 꽃으로 차를 달일 수도 있고 선물할 수도 있지만 장식을 했다고 강조하는 선택의 뜻이 강해집니다.

체언에 하다를 붙여 만든 동사를 위의 예처럼 잘못 쓰는 버릇이 점점 깊어져 심지어 두 단어를 한 단어로 묶어서 목적어로 만들어 쓰기까지 합니다.

앞의 우리 아파트 방송에서도 나온 '이동 주차'와 같은 말입니다. 이 말은 '이동하여 주차하다' 즉 '이동'은 부사어가 되고 '주차'는 '하다'를 붙여 서술어가 되는 구조입니다. 그런데 이동과 주차를 한 낱말처럼 써서 '이동 주차를'처럼 목적어로 만들고 그 뒤에 '하다'를 서술어로 삼아서 씁니다.

'조직 개편' '의안 상정' '문제 제기' '교통 통제' '결과 보고' 등도 마찬가지입니다. 앞의 단어는 목적어 또는 부사어가 되고 뒤의 단어는 '하다'를 붙여 서술어가 되는데, 서술어의 기능을 무시하고 두 단어를 하나로 묶어 목적어로 만들기 때문에 다른 서술어를 가져와서 써야 합니다.

"우리 회사가 조직 개편을 단행했다." 같은 문장이 그러합니다. "우리 회사가 조직을 개편했다."처럼 '조직'은 목적어로 쓰고 '개편'은 '하다'를 붙여 서술어로 쓰면 간단하고 명쾌한 문장이 되는데 '조직 개편'을 하나로 묶어 목적어로 만들었기 때문에 '단행했다' 같은 불필요한 말을 가져와서 서술어를 만들어야 합니다.

"은행이 구조를 조정했다." "교통을 통제했다." "결과를 보고했다." "문제를 제기했다." "의안을 상정했다."로 쓰면 되는데 "은행이 구조 조정을 단행했다." "교통 통제를 실시했다." "결과 보고를 했다." "문제 제기를 했다."처럼 목적격 조사의 위치를 바꾸어 쓰면 문장이 길어지거나 기형적인 형태가 됩니다.

'하다'가 붙는 동사는 그대로 서술어로 쓰면 됩니다. 구태여 분리해서 목적어 또는 부사어와 서술어로 나눌 필요가 없습니다.

"많은 노력을 경주해서 그 문제를 해결을 했다."와 같은 문장은 어떻게 고치면 깔끔해질 수 있을까요. "열심히 노력해서 그 문제를 해결했다."고 쓰면 어떨까요. '많은 노력을 경주하다'를 '열심히 노력하다'로 바꾸었고, '해결을 했다'를 '해결했다'로 바꾸었을 뿐입니다.

말이 나온 김에 '하다'를 붙일 수 있는 단어와 붙일 수 없는 단어들은 어떤 것이 있는지 알아보겠습니다.

첫째, '하다'를 붙이면 동작이 되는 우리말 명사가 있습니다.
일에 하다를 붙이면 '일하다'가 됩니다. 자랑하다, 노래하다, 이야기하다 같은 단어들입니다. 이런 단어는 일, 자랑, 노래, 이야기 같은 우리말 명사에 '하다'를 붙여 동사로 만든 단어입니다.

둘째, '하다'를 붙여 그 물건을 마련하거나 이용하는 동작을 나타내는 우리말 명사가 있습니다.
밥하다, 나무하다, 양념하다, 김장하다 같은 단어들입니다. 밥, 나무, 양념, 김장 같은 우리말 명사에 '하다'를 붙여 그 해당 명사를 마련하거나 이용하는 동작을 나타내는 동사로 만든 단어입니다.

 셋째, 위의 두 경우를 제외하고는 우리말 명사에는 '하다'를 붙여 쓰지 않습니다.
 '하늘하다, 사람하다, 짐승하다, 구름하다' 등으로는 쓰지 않는 것과 같습니다. 그런데 '이름하여, 자리한, 바탕한'처럼 우리의 언어 현실에서 실제로 쓰는 단어도 몇 개 있습니다. 이건 분명히 잘못 쓰는 경우이지만 일반적으로 많이 쓰기 때문에 그 언어 현실을 인정하여 국립국어원이 펴낸 《표준국어대사전》에 당당히 표제어로 올려놓았습니다.

 넷째, 동사나 형용사의 명사형에 '하다'를 붙이면 의미가 확장되거나 달라집니다.
 뒷받침하다, 나들이하다, 눈가림하다, 다림질하다, 마감하다, 몸조심하다, 밭갈이하다, 입가심하다, 집들이하다, 뒤풀이하다 같은 단어들입니다.

 다섯째, 서술어를 안고 있는 한자 단어에는 '하다'를 붙여 씁니다.
 예를 들면 등산登山은 '오를 등'자와 '메 산'자로 이루어진 '산을 오른다'는 뜻을 가진 단어입니다. 이 단어는 '오른다'와 같이 서술어 역할을 하는 등登자를 안고 있기 때문에 '하다'를 붙여 '등산하다'처럼 쓸 수 있습니다. 특별特別도 마찬가지입니다.

'특히 다르다'는 뜻인데 '다르다'와 같이 서술어 역할을 하는 별別 자를 안고 있기 때문에 '특별하다'처럼 '하다'를 붙여 쓸 수 있습니다.

여섯째, 서술어를 안고 있지 않은 한자어, 동작이나 상태와 관련이 없는 한자어에는 '하다'를 붙이지 않습니다.

원인原因, 특징特徵, 토대土臺 같은 단어에는 '하다'를 붙이지 않습니다. 원인하다, 특징하다, 토대하다처럼 쓰지 않는 이유는 이런 단어에는 서술어 역할을 하는 말이 들어 있지 않기 때문입니다. 그런데도 근거根據하다, 위치位置하다, 인근隣近하다, 기초基礎하다, 기능機能하다 같은 몇 가지 단어는 우리의 언어 현실에서 많이 쓰고 있어 《표준국어대사전》에 표제어로 올라 있습니다.

끝으로 관형어 과다 사용증에 걸린 문장 열 개를 아래에 제시하였습니다. 바르게 고쳐 써 보시지요. (한 문장에 10점씩입니다.)

1. 많은 이용 있으시기 바랍니다.
2. 알찬 휴가를 보냈다.
3. 정중한 인사를 했다.
4. 반듯한 줄을 그었다.
5. 보람된 삶을 살았다.
6. 작년과 같은 교통사고 사망자 수를 유지했다.
7. 북한의 정확한 현실을 이해해야 한다.

8. 손흥민 선수가 골을 넣으며 산뜻한 출발을 했다.

9. 힘겨운 삶을 지탱하고 있다.

10. 자동차 산업이 큰 폭의 성장을 보였다.

11. 관리사무소에서 알립니다. 내일 오전 아홉시부터 지하 주차장 청소를 실시합니다. 깨끗한 청소를 위해 이동 주차를 해 주시기 바랍니다.

위의 예문들을 바르게 정리하면 다음과 같습니다.

1. 많이 이용해 주십시오.

2. 휴가를 알차게 보냈다.

3. 정중히 인사했다.

4. 줄을 반듯하게 그었다.

5. 보람 있게 살았다.

6. 교통사고 사망자 수가 작년과 비슷하다.

7. 북한의 현실을 정확히 이해해야 한다.

8. 손흥민 선수가 골을 넣으며 산뜻하게 출발했다.

9. 힘겹게 살고 있다.

10. 자동차 산업이 큰 폭으로 성장했다.

11. "관리사무소에서 알립니다. 내일 오전 아홉시에 지하 주차장 청소를 시작할 예정입니다. 청소를 깨끗이 할 수 있도록 차량을 다른 곳으로 옮겨 주기 바랍니다."

관형격 조사가 퍼뜨린 여러 가지 병
'선생님의 올바른 교육을 위해'와 '아이들의 올바른 교육을 위해'

작가 안문길이 쓴 단편소설 〈눈깔망둥이〉는 이렇게 시작합니다.

삐르륵, 삐르르륵, 삐르르륵, 아내의 벨이 울렸다.
병수는 놀라 깨어 일어나 앉았다. 앞 동에서 스며든 불빛에 방 안의 물건들이 나름대로의 형체를 드러낸 채 자리 차지를 하고 있었다. 무변화, 병수는 다시 이불을 뒤집어썼다. 넓디넓은 세상 가운데 그가 누릴 수 있는 곳은 이 세 폭 자락 이불뿐이다. 병수는 이불을 뒤집어쓴 채 몸을 웅크렸다. 태반에서부터 시작된 이 웅크림이야말로 편안함의 극치다. 온갖 잡념이 머릿속을 혼란시킬 때면 병수는 곧잘 이런 자세를 취했다. 그러면 동면하는 늙은 곰의 평안함이 그에게도 찾아왔다. 사실 이런 시간에 아내가 벨을 누를 것이란 건 턱없는 기대였다.

여기까지 읽으면서 첫 문장에 나오는 '아내의 벨'이 무슨 뜻인지 정확히 이해하고 나서 다음 문장으로 넘어갔는지요? 아내가 가지고 있는 벨이 스스로 소리를 내어 울렸다는 뜻인지, 아내가 벨을 울렸다는 뜻인지, 아니면 다른 누군가가 아내가 가지고 있는 벨을 울렸다는 뜻인지, 그보다 먼저 의성어 삐르륵 삐르륵으로는 어떤 벨인지 벨의 정체를 짐작할 수 없습니다.

'도대체 아내의 벨이 무슨 뜻이야?' 이런 의문을 가진 채 자그마치 아홉 문장을 거쳐 마지막 문장 "사실 이런 시간에 아내가 벨을 누를 것이란 건 턱없는 기대였다."를 읽기까지 독자는 '아내의 벨'이 무슨 뜻인지 정확하게 알 수 없습니다.

왜냐하면 '아내의 벨'이 어떻게 '아내가 누른 벨'이 되는지, 그리고 그 벨이 어떻게 '현관문의 초인종'인지, 초인종 소리가 딩동이 아니고 어째서 삐르륵인지 당최 모호하기 때문입니다.

'아내의 벨'을 이렇듯 불명확한 뜻으로 만든 주범은 관형격 조사 '의'입니다. 이 소설도 "딩동, 딩동, 딩동, 아내가 누른 초인종 소리가 울렸다."고 썼다면 독자들은 괴롭힘을 당하지 않고 읽었을 것입니다.

여러 가지 뜻으로 해석되는 '의'

우리는 알게 모르게 또는 무의식적으로 관형격 조사 '의'에 너무 많은 의미를 부여하고, 그 '의'가 내가 말하고자 하는 모든 의미를 해결해 주겠지 하는 안일한 착각에 빠진 것은 아닐까요? 하지만 '의'가 얼마나 무책임한 조사인지 다음 예문을 읽어 보면 금세 알 수 있습니다.

[예문] 이것은 민수의 사진이다.

이 예문은 주어 '이것은'과 관형어 '민수의'와 서술어 '사진이다' 등 단 세 마디로 이루어진 아주 간단한 문장입니다. 이렇게 짧고 단순한 기본 문장인데도 독자는 그 뜻을 정확히 이해하기 어렵습니다. 여러 가지로 해석할 수 있기 때문입니다. 이 문장을 읽은 독자들은 다음과 같은 세 가지 중 하나를 그 뜻으로 받아들입니다.

① 이것은 민수의 사진이다. ⇨ 이것은 민수가 찍은 사진이다.
② 이것은 민수의 사진이다. ⇨ 이것은 민수의 모습을 찍은 사진이다.
③ 이것은 민수의 사진이다. ⇨ 이것은 민수가 소유한 사진이다.

여러분은 이 세 가지 중 어느 것이 옳다고 생각합니까?
정답을 찾으려고 애쓸 필요는 없습니다. 문장으로 봐서는 세 가지 다 정답이니까요. 그러나 이 글을 쓴 이는 이 세 가지를 다 아우른 생각을 쓴 것이 아니라 이 중 어느 한 가지만 생각하고 썼겠지요. 나머지 두 가지는 독자가 글쓴이의 생각과 다르게 받아들였다고 할 수 있습니다. 그러므로 이건 좋은 문장, 올바른 문장이라고 할 수 없습니다. 왜냐하면 글쓴이의 생각이 독자에게 바르게 전달되지 않은 문장이기 때문입니다. 글이란 글을 쓰는 이가 자기 생각을 문자라는 매개체를 통해 독자에게 전하는 수단인데, 만약 독자가 글을 쓴 이의 생각을 올바르게 받아들이지 못했다면 그 글은 잘못 쓴 글이라고 할 수밖에 없겠지요.

여러 사람에게 이 문장을 제시하고 어떤 뜻으로 받아들였는지 조사해 보았더니 ①번이라고 대답한 사람이 25퍼센트, ②번이라고 대답한 사람이 20퍼센트, ③번이라고 대답한 사람이 55퍼센트로 나왔습니다. 가장 많이 선택한 ③번을 기준으로 삼아도 전체의 반 정도가 글쓴이의 의도와는 다른 뜻으로 이 문장을 이해했다는 결과가 나왔습니다. 만약 글쓴이가 ②번을 생각하고 썼다면 무려 80퍼센트나 되는 독자들이 오독했다는 처참한 결과가 됩니다. 이 정도라면 이런 글은 쓰지 않는 게 나을지도 모릅니다.

다른 예문을 하나 더 읽어 볼까요?

[예문] "바람의 아들 이종범, 도루왕 예약"과 "바람의 딸 한비야, 지구 세 바퀴 반 돌다."

이 두 예문에서 '바람의 아들'과 '바람의 딸'은 똑같은 구조로 된 구입니다. '바람의 아들'은 아마도 '바람처럼 빠른 이종범'이라는 뜻이겠지요. 한때 우리나라 야구 선수 중 도루를 가장 잘하는, 그래서 바람처럼 빠르다고 해서 바람의 아들이라는 별명을 얻은

이가 이종범 선수이지요.

그렇다면 '바람의 딸'도 '바람처럼 빠른 이종범'과 같이 '바람처럼 빠른 한비야'라는 뜻으로 썼을까요? 장담하지만 그렇지 않습니다. 여기서는 '바람처럼 떠돌아다니는 한비야'라는 뜻으로 썼습니다.

한비야 씨는 세계 각지를 누비고 다니는 여행가이고 그가 낸 책이 《바람의 딸 지구 세 바퀴 반》입니다. 이름조차 한비야韓飛野로 날비자가 이름에 들어 있습니다.

이 예문들은 바람의 속성 중에서 하나는 '빠르다'를 선택하고 다른 하나는 '떠돌다'를 선택해서 '의'에 떠넘겨 썼기 때문에 독자들은 '의'가 어떤 뜻으로 쓰였는지 마치 암호를 풀듯이 읽어야 합니다. 해석을 바르게 한 독자는 글쓴이의 의도와 맞게 문장을 이해하겠지만 잘못 해석한 독자는 글쓴이의 의도와는 전혀 다른 뜻으로 받아들이고 맙니다.

다음 문장도 비교해 읽어 봅시다.
[예문] "선생님의 올바른 교육을 위해"와 "아이들의 올바른 교육을 위해"

이 두 문장도 똑같은 구조입니다. 그런데도 뜻은 정반대입니다. '선생님의 올바른 교육을 위해'는 '선생님이 교육을 올바르게 하기 위해'라는 뜻입니다. 그렇다면 '아이들의 올바른 교육을 위해'도 '아이들이 교육을 올바르게 하기 위해'라는 뜻일까요? 이 문장은 '아이들을 올바르게 교육하기 위해'라는 뜻입니다.

왜 이렇게 다를까요? 이것도 원인은 '의'에 있습니다. '선생님의'에서는 '의'가 주격 조사 '이/가'의 자리를 빼앗았고, '아이들의'에서는 '의'가 목적격 조사 '을/를'의 자리를 빼앗았기 때문입니다. 그 결과 부사어로 써야 할 '올바르게'까지도 관형어 '올바른'으로 써서 문장을 온통 기형으로 만들어 버렸습니다.

다음에 제시하는 예문들은 모두 똑같이 '역사의'라는 관형어를 가지고 있습니다. 그런데 '의'가 가리키는 뜻은 모두 다릅니다.
* 명성황후 시해 사건, 역사의 진실은 무엇인가?
  ⇨ 역사 속에 감추어진 진실
* 신라의 삼국 통일이 주는 역사의 교훈
  ⇨ 역사에서 배우는 교훈
* 노벨평화상을 받은 김대중 대통령은 역사의 인물이다.
  ⇨ 역사에 남을 인물
* 역사의 현장을 찾아가는 여행
  ⇨ 역사가 이루어진 현장
* 고분 발굴과 역사의 연구
  ⇨ 역사에 관한 연구

예로 든 문장마다 독자들은 '의'를 해석하며 읽어야 합니다. 한 단어가 이렇게 다양한 뜻으로 쓰인다면, 그 단어야말로 문장을 애매모호하게 만드는 병균이 아닐 수 없습니다.

다른 조사의 자리를 빼앗은 '의'

관형격 조사는 위의 예처럼 여러 가지 뜻으로 쓰일 뿐 아니라 주격 조사나 목적격 조사 같은 다른 격조사가 있어야 할 자리를 빼앗아 자기가 그 역할을 하겠다고 억지를 부리기도 합니다. 아주 탐욕스럽고 못된 버릇을 가졌지요.

나의 살던 고향은 꽃 피는 산골
복숭아꽃 살구꽃 아기 진달래
울긋불긋 꽃 대궐 차리인 동네
그 속에서 놀던 때가 그립습니다.

이원수 선생이 짓고 홍난파 선생이 곡을 붙인 〈고향의 봄〉입니다. 아마도 이 노래를 모르는 사람은 없겠지요. 소파 방정환 선생이 펴낸 잡지 《어린이》에 실린(1926년) 동시에 작곡가 홍난파 선생이 곡을 붙여 이듬해(1927년)에 발표하였으니 올해(2023년)를 기준으로 96년 전 일입니다.

이 노래는 우리나라의 역사적 사회적 상황과 맞물려, 일제 강점기에는 고향에서 살 수 없어 남부여대하고 만주로 사할린으로 가서 살던 사람들, 노무자로 끌려가 탄광이며 군수 공장에서 일하던 사람들, 병사로 끌려가 이국 전선에서 죽음 앞에 놓인 젊은이들, 성노예자로 끌려가 인간이기를 포기하며 살아야 했던 소녀들이 고향을 그리워하며 부른 노래이고, 6·25전쟁

이후에는 북에서 내려온 실향민들이 그리고 산업사회로 접어든 1970년대에는 고향을 떠나 서울로 서울로 올라온 젊은이들이 고향을 그리며 부른 노래입니다.

전 국민의 뇌리에 가슴에 정서에 깊이 새겨진 이 노래만큼 국민이 애창하는 노래는 아마도 없지 않을까 생각합니다. 그런데 참 아쉽게도 이 노래 가사가 우리말 어법에는 맞지 않은, 그것도 일본어식 어법으로 시작된다는 점을 아는 사람은 다 압니다. 이 노래를 애창하면서 우리는 자신도 모르게 일본어식 어법에 감염되어 왔습니다.

이 노래의 첫 구절 '나의 살던 고향은 꽃피는 산골'을 살펴보면 맨 끝에 나오는 '산골'을 수식하기 위해 '나의'와 '살던'은 '고향'을 수식하고 이 '고향은'이 '산골'을 수식하고, 또 그 앞에 있는 '꽃피는'이 '산골'을 수식합니다. 도대체 몇 중으로 수식하는지 혼란스러울 정도로 관형구와 관형절과 관형어가 중첩되었으면서도 정작 있어야 할 주어는 보이지 않은 기형적인 문장입니다.

'고향'을 수식하는 '나의 살던'은 자세히 보면 '나의'가 고향을 수식하고 '살던'도 고향을 수식해 '나의 고향' '살던 고향'이 됩니다. 만약 '나의'가 '살던'과 짝을 이루는 관형절이 되어 함께 '고향'을 수식한다면, 관형어인 '나의'는 동사인 '살던'을 수식할 수 없으므로 기형적인 절이 됩니다. 관형어는 반드시 체언을 수식해야 합니다.

이런 기형적인 구조를 만든 주범은 주어 노릇을 해야 할 '나'를 관형어 노릇을 하도록 만들어 버린 '의'입니다. '나'는 이 문장의 주체이므로 주격 조사 '가'를 써서 '내가'로 써야 올바른 문장이 됩니다. '내가 살던 고향은 꽃피는 산골' 이렇게요. 그래야 '내가 살던'이 관형절로 성립되어 '고향'을 수식하고, '내가 살던 고향'은 곧 '꽃피는 산골'이라는 논리 정연한 문장이 됩니다. 이렇게 단순 명쾌하고 명확한 문장이 '의'라는 조사 하나 때문에 몹시 어수선하고 성립조차 되지 않은 문장이 되어 이 나라 모든 국민의 뇌리에 일본어식 문장의 병균을 퍼뜨려 왔습니다.

'나의 살던 고향'처럼 '의'가 포함된 이중 수식은 '의' 다음에 동사가 오면 '나의 살던(동사) 고향' '아버지의 타던(동사) 자동차' '영수의 불던(동사) 하모니카' '우리의 오르던(동사) 산'처럼 말이 안 됩니다. 그러나 '의' 다음에 형용사가 오면 '나의 아름다운(형용사) 고향' '아버지의 멋있는(형용사) 자동차' '영수의 작은(형용사) 하모니카' '우리의 아름다운(형용사) 산'처럼 자연스럽게 쓸 수 있습니다.

이원수 선생은 일제강점기에 공부한 일본어 세대이기 때문에 이런 우리말의 특성을 잘 알지 못하고 일본말처럼 동사건 형용사건 관형어로 쓰면 된다고 생각했을 겁니다.

〈고향의 봄〉에는 이 밖에도 또 한 군데 잘못 쓴 단어가 있습니다. 셋째 줄 '울긋불긋 꽃 대궐 차리인 동네'에서 '차리인'입니다. '차리인'으로 쓴 까닭은 이 동시의 음보를 칠오조로 맞추었기 때문입니다. '차리다'의 관형격 '차린'으로 쓰면 '차린 동네'로 넉 자가 되기 때문에 다섯 자로 맞추기 위해 '차리인'으로 늘여서 썼을 것이라고 짐작하지만 '차리다'를 '차리이다'로는 쓸 수 없습니다. 이를테면 '올리다'를 '올리이다'로 쓸 수 없고 '가리다'를 '가리이다'로 쓸 수 없고 '그리다'를 '그리이다'로 쓸 수 없고 '돌리다'를 '돌리이다'로 쓸 수 없고 '말리다'를 '말리이다'로 쓸 수 없는 것과 같습니다.

이 단어를 잘못 썼음을 알았는지 음악 교과서를 비롯해 서울 어린이대공원에 세운 이원수문학비, 경남 양산시 춘추공원에 세운 이원수노래비 등에는 '차린'으로 고쳐서 새겨 두었습니다. '울긋불긋 꽃 대궐 차린 동네'라고 써서 읽으니 운율이 죽어 읽을 맛이 사라지긴 합니다.

시 시조 동시 등을 쓰는 문인들은 운율을 살리기 위해 의식적으로 말을 늘이거나 줄여 쓰기도 합니다. 이원수 선생도 아마 이런 고민에 빠져 몇 날 며칠 생각하다 운율을 살리기 위해 일부러 '차리인'으로 썼을 거라고 생각할 수도 있습니다.

그런데 '차린'을 '차리인'으로 쓴 것보다 더 큰 잘못인 '나의 살던'은 어느 한 군데도 고쳐 쓰지 않았습니다. 원문을 고칠 수 없다는 말에도 일리가 있긴 하지만 잘못 쓴 원문이 왜 잘못인지를 가르치지 않는다면 그 말이 어떻게 우리말을 왜곡하는지 모른 채, 교과서에 그렇게 나와 있으니 당연히 올바른 말이라고 믿어 버리겠지요.

관형격 조사가 일으키는 병
'민주주의의 정의'라 쓰고
'민주주이에 정이'로 읽는다

관형격 조사가 앞에서 예로 든 "이것은 민수의 사진이다."처럼 문장의 뜻을 여러 가지로 해석할 수 있게 하거나 '나의 살던 고향' 처럼 다른 격조사의 자리를 빼앗는 짓 외에도 문장을 어지럽히는 못된 버릇을 하나하나 들춰 보겠습니다.

첫째, '의'로 만든 명사구는 무슨 뜻인지 알기 어렵다

우리가 잘 아는 미국 작가 존 스타인 벡이 쓴 소설 제목 《분노의 포도》는 무슨 뜻일까요? 포도가 분노했다는 뜻일까요? 분노가 포도가 되었다는 뜻일까요? 분노로 만든 포도라는 뜻일까요? 소설의 원제는 《THE GRAPES OF WRATH》입니다. 이것을 직역하여 '분노의 포도'라고 썼겠지요.

1940년 퓰리처상을 수상한 《분노의 포도》는 거대 자본에 땅을 빼앗기고 도시 변두리로 쫓겨나다시피 이주한 농민의 몰락을 그린 소설입니다. 미국 시인 줄리아 워드 하우가 쓴 시 〈공화국 전쟁의 찬가〉에 나오는 구절 "사람들의 영혼 속에는 분노의 포도가 가득했고 가지가 휠 정도로 열매를 맺었네"에서 '분노의 포도'라는 제목을 따왔다고 합니다.

시적 표현은 함축과 상징으로 새로운 의미를 만들어 내는 아주 미묘한 언어 예술이기 때문에 문장의 전체 맥락을 따라가며 이해하기 전에는 표현하는 의미를 알아내기 힘듭니다. 그 가운데서 명사구 한마디만 따오면 더욱 이해하기 어려운 말이 됩니다. 더구나 문학에 전문적 지식이 부족한 일반인으로서는 무슨 뜻인지 잘 알 수 없습니다. 우리는 잘 모르면서도 잘 아는 것처럼 자신을 속이고 그냥 넘어가는 적당주의를 아무렇지도 않게 여깁니다.

'분노의 포도'는 포도송이에 꽉 들어찬 알맹이들처럼 분노가 알알이 박혀 있다는 뜻이 아닐까 짐작해 보지만, 이 말을 정확히 이해하려면 아마 수많은 말과 논리를 동원해야 할 것 같습니다.

일제강점기 때 이육사는 〈청포도〉에서 포도송이를 "이 마을 전설이 주저리주저리 열리고 먼 데 하늘이 꿈꾸며 알알이 들어와 박혀" 있다고 표현했습니다. 암울한 시대 상황조차도 이처럼 서정적으로 표현한 이육사의 시가 줄리아 워드 하우의 시보다 아름답고 드높아 보이는 까닭은 무엇일까요?

줄리아 워드 하우(1819-1910)는 미국 남북전쟁 때 전쟁터에 나간 아들을 어머니의 품으로 돌려보내라고 요구하면서 "가족은 평화롭게 살 권리가 있다."고 외치는 어머니들의 목소리를 모아 '평화를 위한 어머니의 날'을 정하고 어머니들이 단결해 전쟁을 끝내야 한다고 주장했습니다. 이 '평화를 위한 어머니의 날'이 오늘날 '어머니날'의 계기가 되었다고 합니다.

  전쟁 후에도 줄리아 워드 하우는 전쟁 때문에 남편을 잃은 여자들이 경제적으로 어려움을 겪는 현실이 가슴 아파 여성들도 사회 참여에 동등한 기회를 누릴 수 있게 하자는 사회 개혁 운동에 앞장선 사회운동가이자 여성운동가이며 저술가요 시인입니다.

  우리나라 소설 중에도 작가 김훈이 이순신 장군을 주인공으로 쓴 《칼의 노래》가 있습니다. 이 소설 제목도 무슨 뜻인지 그 정확한 개념이 머리에 들어오지 않습니다. 칼의 노래라니 도대체 무슨 뜻일까요. 칼이 부르는 노래? 칼을 주제로 지은 노래? 칼을 찬양하는 노래? 제목만 놓고 보자면 무슨 뜻인지 영 오리무중입니다. 다만 막연히 칼이 상징하는 무장을 주인공으로 삼은 소설이겠지, 그리고 그 무장을 찬양하는 내용이겠지 하고 짐작할 뿐입니다. 왜냐하면 '노래'라는 말에는 '기리다' '찬양하다' 같은 의미도 있기 때문입니다.

  미래학자이며 저널리스트인 앨빈 토플러가 인류 문명의 과거와 현재 그리고 미래를 내다보며 쓴 《제3의 물결》이라는 책도 있습니다.

인류 문명은 농업혁명이라는 첫 번째 물결에 이어 산업혁명이라는 두 번째 물결이 밀려왔고 뒤이어 세 번째 물결이 밀려오는 변혁기를 맞았다고 보고, 이 세 번째로 밀려오는 물결은 과학기술 발달에 기대 반산업주의 성격을 띠고 인류 역사상 최초로 인간성이 넘치는 문명을 만들어낼 가능성이 크다고 내다보았습니다.

책 제목으로 쓴 '제3의 물결'은 한꺼번에 밀려오는 여러 물결 중 이 물결도 아니고 저 물결도 아닌 다른 물결이라는 뜻이므로 이 책의 내용을 정확히 드러낸 제목이라 할 수 없습니다. 첫 번째로 밀려온 농업혁명이라는 물결 다음에 두 번째로 산업혁명이라는 물결이 밀려왔고 그다음에 세 번째로 과학기술이라는 물결이 밀려온다는 순차적 의미가 강한 내용으로 미루어 보아 책명을 '세 번째 물결'이라고 번역해야 하지 않을까요.

우리나라 신소설의 효시라고 배운 〈혈의 누〉는 또 어떤가요. 한자를 우리말로 풀어 '피의 눈물'이라고 해도 핏속에 들어 있는 눈물이라는 뜻인지 피가 식어 눈물이 되었다는 뜻인지 피가 흘린 눈물이라는 뜻인지 알 수 없습니다. 일본식 어법인 '의'를 빼고 우리식 어법으로 '피눈물'이라고 써야 '몹시 슬프고 분하여 흘리는 눈물'이라는 뜻이니 주인공이 엄청 고생하며 온갖 설움과 핍박과 고난을 당한다는 내용이겠구나 하고 짐작할 수 있습니다.

위에 예로 든 말들은 대부분 제목입니다. 제목에 '의'로 만든 명사구가 많은 까닭은 많은 뜻을 함축하여 가장 적은 단어로 내용을 암시해야 하기 때문입니다. 그런 고충을 이해할 수는 있습니다. 그렇더라도 무슨 말인지 알 수 없거나 원래의 뜻과 달라질 요인을 안고 있다면 다른 말을 찾아야 하지 않을까요?

둘째, 주체와 객체가 바뀔 수 있다

[예문] 올 한 해를 마무리하면서 나로 인해 상처를 받았거나 손해를 본 사람들에게 용서의 기도를 올리고 싶다.

이 예문에서 '용서의 기도'는 '용서하는 기도'로 읽힙니다. '나로 인해 상처를 받았거나 손해를 본 사람'을 위한 기도라면 '내가 용서하는 기도'가 아니라 '그들에게 용서해 달라고 비는 기도'여야 할 것입니다. 그러므로 이 문장은 주객이 전도된 문장이며, "올 한 해를 마무리하면서 나로 인해 상처를 받았거나 손해를 본 사람들에게 용서를 비는 기도를 올리고 싶다."고 써야 맞을 것입니다.

[예문] 국민의 주인 된 삶을 위한 정부

이 표어는 정부가 국민의 주인이 된다는 뜻으로 받아들이기 쉽습니다. '국민이 주인 되는 삶을 살 수 있도록 국민을 모시는 정부'가 되겠다는 뜻으로 썼을 것입니다. 이런 뜻과는 반대로 정부가 국민의 주인이 되겠다는 뜻으로 받아들이게 만든 주범이 바로 '국민의'라고 쓴 '의'입니다. '의'를 '이'로 바꾸어 '국민이 주인 된 삶을 위한 정부'라고 쓰면 본래 의도한 뜻대로 받아들일 수 있습니다.

[예문] 미당의 시 평가

이 예문은 '미당 서정주 시인이 다른 사람의 시를 평가했다'는 뜻인지 '미당 서정주 시인이 쓴 시를 다른 사람이 평가했다'는 뜻인지, 잠깐 혼동하면 주체와 객체가 바뀔 수 있는 말입니다.

[예문] 창수의 아내인 지현의 동생 지영

이 예문은 언니 지현이 창수의 아내인지 동생 지영이 창수의 아내인지 헷갈립니다. 창수의 아내인 지현의 '동생 지영'이면 언니 지현이 창수의 아내이고, 창수의 아내인 '지현의 동생 지영'이면 동생 지영이 창수 아내가 됩니다. 문장을 이렇게 쓰면 이 문장을 읽는 독자들을 아주 못된 사람으로 만들어 버릴 수도 있습니다.

이 예문처럼 '의'가 포함된 이중 수식인 경우 어떤 말이 피수식어인지 알기 어렵고, 수식어와 피수식어가 뒤바뀌는 경우도 있습니다.

문장 안에서 관형어가 '의'를 포함해 복수로 겹쳐질 때는 순서에 신경을 써야 합니다.

[예문] 아름다운 어머니의 소녀 시절

이 예문처럼 '어머니의'와 '아름다운'이라는 관형어가 겹쳐서 오는 문장에서 '어머니의'를 먼저 쓸 경우와 '아름다운'을 먼저 쓸 경우 그 뜻이 완전히 달라집니다.

'어머니의'를 먼저 써서 '어머니의 아름다운 소녀 시절'이라고 쓰면 '어머니의'가 '아름다운 소녀 시절'을 묶어서 수식하지만 자리를 바꾸어 '아름다운'을 먼저 써서 '아름다운 어머니의 소녀 시절'이라고 쓰면 '아름다운'이 '어머니'를 수식하여 '아름다운 어머니'의 소녀 시절이 되는지 '어머니의 소녀 시절'을 묶어 수식하여 아름다운 '어머니의 소녀 시절'이 되는지 헷갈립니다. 어머니가 아름답다는 말인지, 소녀 시절이 아름답다는 말인지 알 수 없습니다.

[예문] 나는 세 번째 아내의 임신 소식에 무얼 선물할지 하루 종일 생각했다.

이렇듯 큰일날 문장도 있습니다. 문장대로 읽는다면 '세 번째 아내'의 임신이라니, 도대체 아내가 한둘도 아니고 셋이라니 이런 경우가 있는가 하고 깜짝 놀랄 수밖에 없습니다. 이 문장을 쓴 사람은 '아내가 세 번째 임신했다'는 뜻으로 썼겠지요. 무심코 쓴 문장이 글에서 나타날 때는 얼마나 큰 오해를 불러오는지 글쓰기가 두려워지기까지 합니다.

[예문] 작은 백조의 춤

차이코프스키가 작곡한 〈백조의 호수〉는 전 세계인이 사랑하는 음악이며 발레입니다. 이 중 제3곡 '작은 백조의 춤'은 경쾌한 음악과 함께 발레리나 네 명이 마치 한 명이 추는 것처럼 추기 때문에 고난도 춤으로 유명합니다.

'작은 백조의 춤'이라는 제목은 '작은'이 '백조'를 수식하는지 '백조의 춤'을 수식하는지 알 수 없습니다. 물론 여기서 '작은'은 '백조'를 수식하지만 '작은'과 '백조'는 서로 호응하는 데 어색한 조합입니다. 이런 어색함 때문에 '작은'이 '백조'를 수식하기보다는 '백조의 춤'을 수식하는 듯해서 '작은 춤' 즉 소품이나 간주곡이라는 느낌이 강합니다. '작은 백조'보다는 '아기 백조'라고 써서 '아기 백조의 춤'이라고 써야 문장이 명쾌해지지 않을까요?

셋째, 다른 조사에 붙어 뜻을 복잡하게 만든다

조사에 조사를 덧붙인 이중 조사는 "이슬람과의 전쟁/평화에의 행진/한국인으로서의 자존심/학교에서의 소외/문학 분야로의 진출/노동 현장으로부터의 체험 기록/억압으로부터의 해방"처럼 의미를 뭉뚱그려 '의' 안에 담아서 다른 조사에 붙여 씀으로써 뜻을 복잡하게 만듭니다.

[예문] 인간으로서의 심성

이 예문에서 조사로 쓴 '으로서의'는 '으로서'에 '의'를 덧붙인 이중 조사인데 이런 말은 '인간다운 심성'처럼 바꾸어 쓰면 이중 조사를 쓰지 않고도 문장을 만들 수 있습니다.

[예문] 억압으로부터의 해방

이 예문에서 '으로부터의'는 '으로+부터+의'를 덧붙인 삼중 조사입니다. 이런 말은 '억압에서 벗어나'처럼 쓰면 간단해집니다. 여기서 '해방'이란 단어는 피동적인 의미가 강한 단어로서 '해방하다'라고 쓰지 않고 늘 '해방되다'라고 씁니다. '억압으로부터의 해방'은 자기 노력이나 의지 없이 누군가의 힘에 의해 억압에서 풀려난다는 뜻이 되므로 '해방'이라는 단어보다는 자기 의지가 강한 '벗어나다' 같은 단어를 써야 합니다. 그래서 우리는 8·15해방절이라고 하지 않고 8·15광복절이라고 씁니다.

[예문] 노동 현장으로부터의 체험 기록

이 예문은 '노동 현장에서 체험한 기록'으로 쓰거나 더 많이 줄여서 '노동 현장 체험 기록'이라고 쓸 수도 있습니다.

[예문] 평화에의 행진

이 예문에서 조사 '에의'는 '에'에 '의'를 덧붙인 이중 조사입니다. 이런 말은 '평화를 향한 행진'으로 쓰면 어떨까요. 좀 더 우리말을 살려서 쓴다면 '평화로 가는 발걸음'이라고 써도 좋겠습니다.

어쨌든 이중 조사는 가능하면 쓰지 않아야 문장의 뜻이 명료해지고 일본어식 표현에서 벗어날 수 있습니다.

넷째, 수량을 한국식으로 세지 않고 서양식으로 세는 버릇

우리말은 수량을 헤아릴 때 주체를 먼저 말하고 수량은 나중에 말합니다. 그런데 영어나 일본어에서 영향 받아 수량을 먼저 말하고 주체를 나중에 말하는 식으로 바뀌고 있습니다.

"겉보리 서 말만 있어도 처가살이는 하지 않는다."는 속담이 있습니다. '겉보리 서 말'은 우리식 말인데 이것을 굳이 서양식으로 바꿔서 '서 말의 겉보리'라고 써서 '서 말의 겉보리만 있어도 처가살이는 하지 않는다.'처럼 쓰기를 좋아합니다. 우리는 '공양미 삼백 석'이라고 써 왔는데 이것을 '삼백 석의 공양미'라 하고, '고등어 한 손'이라고 써 왔는데 '한 손의 고등어'라고 하는 식입니다.

우리는 돼지고기를 살 때 어느 누구라도 "돼지고기 두 근 주세요." 하지 "두 근의 돼지고기 주세요." 하지 않습니다. 또 커피를 마시러 가서 "커피 석 잔 주세요." 하지 "석 잔의 커피 주세요." 하지 않습니다. "사과 한 개를 둘이 나누어 먹었다."고 하지 "한 개의 사과를 둘이 나누어 먹었다."고 하지 않습니다. "나는 오늘 짜장면을 곱빼기로 먹었다."고 하지 "나는 오늘 곱빼기의 짜장면을 먹었다."고 말하지 않습니다.

우리말의 속성이 이러한데도 '두 근의 돼지고기' '석 잔의 커피' '한 개의 사과' '곱빼기의 짜장면'이라고 쓰기를 좋아합니다.

월급쟁이의 바쁜 일과를 표현한 어느 광고 문구를 보면 "(나는 한 주일 동안) 다섯 번의 출근, 세 번의 야근, 두 번의 회의, 한 번의 데이트를 했다."고 꼬박꼬박 '의'를 붙여서 외국어식으로 썼습니다. 이렇게 써야 더 멋있어 보일까요. '나는 한 주일 동안 출근 다섯 번, 야근 세 번, 회의를 두 번했고, 데이트는 한 번밖에 못 했다'고 쓰면 광고 효과가 떨어지기라도 할까요?

며칠 전 운전하면서 음악 방송을 듣는데 진행자가 이렇게 말합니다.

"피아노의 시인 쇼팽의 두 곡의 피아노곡의 연주를 들었습니다."

방송이라는 무한 전파력을 가진 공적인 자리에 나와서 저렇게 말하다니, 우리나라 말은 이미 일본어식 어법에 식민화가 다 되었구나 하는 생각이 들었습니다.

국립국어원이 우리나라 사람들이 많이 쓰는 일본말을 조사해 발표한 자료를 보면 '구라'(거짓말)와 '간지'(멋)가 1, 2위를 다툽니다. 이렇게 우리말 속에 스며든 일본말을 지적하는 소리는 높지만 일본어식 어법을 지적하는 소리는 들리지 않습니다. 단어도 단어지만 문장 구조는 곧 사고의 틀이기 때문에 문제가 훨씬 더 심각하다는 점을 인식해야 합니다.

다섯째, 발음까지도 복잡한 '의'

표준어규정 제2부 표준발음법 제5항의 다만4는 "단어의 첫 음절 이외의 '의'는 '이'로, 조사 '의'는 '에'로 발음함도 허용한다."고 규정하였습니다. 그리고 '주의'는 '주의'와 '주이'로, '협의'는 '혀븨'와 '혀비'로, '우리의'는 '우리의'와 '우리에'로, '강의의'는 '강의의'와 '강이에'로 발음한다고 예까지 들었습니다.

우리말은 자음과 모음이 곧 발음 기호이기도 한 일자일음주의입니다. 영어는 알파벳과 발음 기호를 따로 두어 a라고 쓰고 '아'로도 발음하고 '어'로도 발음하고 '애'로도 발음하지만 우리말은 그렇지 않습니다. 우리말은 '아'라고 쓰면 '아'라고 발음하고 '어'라고 쓰면 '어'라고만 발음합니다. 다만 앞뒤로 이어지는 소리에 영향을 받아 발음이 변하는 경우는 있지만 그건 자연스러운 현상이기 때문에 구태여 이러이러해야 한다고 규정할 필요가 없습니다.

위의 규정처럼 '주의'라고 쓰고 '주이'라고 발음해도 좋다든지 '우리의'라고 쓰고 '우리에'로 발음해도 좋다고 한 규정은 그렇게 발음하는 사람들이 많으니 그렇게 해도 좋다고 허용한 예외 규정입니다. 이렇게 허용해 놓으면 우리말도 영어처럼 '의'라고 쓰고 '의, 이, 에' 등 세 가지로 발음한다는 일자다음주의를 인정한 꼴이 되고, 자기 마음대로 발음하는 편의주의 행태를 조장하게 됩니다.

이 규정에 따르면 '민주주의의 정의'라고 쓰고 '민주주이에 정이'라고 읽기도 하는데 과연 이래도 되는 걸까요? 비록 '의'가 발음하기 까다로운 이중 모음이라고 하더라도 '의'라고 쓰면 '의'라고 발음하도록 노력하고, 바르게 발음하도록 가르쳐야 하고, 그 발음을 지켜야 하지 않을까요? 그것을 '이'로 발음하든

'에'로 발음하든 그것은 그 개인의 부정확한 발음 문제일 뿐 전체 문제가 될 수는 없는데도 전체 문제인 양 긁어 부스럼을 만들어 놓았습니다.

맞춤법통일안이라든지 표준어규정이라든지 표준발음법규정은 왜 만들었을까요. 곁가지들의 혼란을 잘라내고 본가지를 기준 삼아 국민 간의 소통을 원활히 하기 위해 만든 것으로서 국립국어원은 잘못 쓰는 국민을 가르쳐 바르게 쓰도록 이끄는 역할을 해야 하는데도 잘못을 바로잡아 주려 하기는커녕 곁가지를 기준 삼는 규칙을 만들어 잘못을 부추기고 혼란을 조장함으로써 규정을 만든 본래의 뜻에 역행하고 말았습니다.

표준어규정 제1항에 "표준어는 교양 있는 사람들이 두루 쓰는 현대 서울말로 함을 원칙으로 한다."고 정해 놓고 서울이 아닌 특정 지역의 발음을 받아들여 '의'를 '이, 에'로 발음해도 좋다고 한 규정은 자기가 정해 놓은 원칙을 자기가 무너뜨리는 자기모순이 아닐 수 없습니다.

여섯째, '의'와 비슷한 접미사 '적的'도 너무 많이 쓴다

한자어로 된 체언 뒤에 붙여 쓰는 '적'은 관형격 조사 '의'에 해당하고, 이 밖에도 '-다운' '-스런' '-과 같은' '그런 성질을 띤' '그런 상태를 이룬' 등의 뜻으로 쓰는 접미사입니다.

다음 예문은 《현대문학》 창간호에 실린 창간사 중 한 대목입니다.

문화의 기본적인 핵심은 문학이다. (중략) 그러나 이 속에 포함되는 뭇 사상들은 제가끔 전문적으로 독립되어 있거나 기능적으로 분해되어 있을 따름이다. 그러므로 그곳에는 인생의 종합적인 표현으로서의 문화의 근원적인 생명이 결여될 수밖에 없다.

이 짧은 인용문에는 '의'가 네 번 나오고 '적'이 다섯 번 나옵니다. 이처럼 접미사 '적'은 칼럼이나 논문, 평론 등에 특히 많이 쓰는데 하다못해 '마음적으로'처럼 우리말에까지 붙여 쓰기도 하는 병이 깊습니다.

어처구니없게도 한때 정부 부처의 명칭을 '인적자원부'라고 해서 비웃음을 사기도 했습니다. 인간의 가치를 천민자본주의에 길든 눈으로밖에 볼 줄 모르기 때문에 '사람을 한낱 자원으로 보는 나라'라는 부끄러움의 극치를 보여 준 이름이지요. 차라리 '인력자원부'라고 쓰는 편이 그나마 덜 부끄러웠을 것입니다. 이 부처명은 정권이 바뀌면서 사라지고 말아 얼마나 다행인지 모릅니다.

접미사 '적'도 가능하면 다른 말로 쓰면, 예를 들어 '전체적으로'는 '통틀어'로, '작가적인 재능'은 '작가다운 재능'으로, '비교적 정직한'은 '꽤 정직한'으로, '대외적으로'는 '밖으로는'으로, '본질적으로는'은 '바탕은'처럼 쓰면 문장이 훨씬 매끄럽고 표현이 다양해지지 않을까요.

일곱째, 어쩔 수 없이 '의'를 써야 하는 경우

위에 든 여러 부작용에도 불구하고 어쩔 수 없이 '의'를 써야 하는 경우도 있습니다. 예를 들면 '의' 뒤에 오는 동등한 자격을 가진 체언이 여럿일 경우입니다. '현대 중국의 정치, 경제, 문화'처럼 '중국' 뒤에 오는 '정치, 경제, 문화' 같은 동등한 자격을 가진 여러 체언을 수식하는 경우에는 '의'를 생략하기 어렵습니다.

최현배 선생이 지은 《우리말본》에 보면 '의'를 체언에 붙여 그 체언이 다른 일이나 다른 물건의 임자가 되게 하며(소유), 그 일이나 물건의 뜻을 꾸민다(수식)고 간단히 설명해 소유와 수식으로만 구분하였습니다. 그런데 현대에 와서 국립국어원이 펴낸 《표준국어대사전》에는 '의'의 쓰임새를 무려 스물한 가지나 나열해 놓았습니다. 그만큼 '의'자 하나가 가진 뜻이 복잡해졌다는 뜻입니다.

'의'의 쓰임새 스물한 가지를 일일이 여기에 열거할 수 없으므로 《표준국어대사전》을 직접 펼쳐 보거나, 아니면 인터넷 창에서 '표준국어대사전 찾기'를 검색하여 '의'를 열어 보면 자세히 나와 있으므로 확인해 보기 바랍니다.

일본어 사전에는 '의'와 같은 뜻인 の의 쓰임새가 40여 가지나 나와 우리보다 배나 많습니다. 그만큼 일본어는 관형어를 많이 쓰고 우리말도 일본어에서 영향받아 관형어를 점점 더 많이 써 가는 추세입니다.

일본 사람들이 얼마나 の를 많이 쓰고 또 좋아하는지, 이오덕 선생이 지은 《우리글 바르게 쓰기》를 보면 일본 초등학생이 쓴 문장이 예로 나와 있습니다.

"私は昨日私の家のうらの田の私の桃をとってたべました"

이것을 직역하면 "나는 어제 나의 집의 뒤의 밭의 나의 복숭아를 따먹었습니다."처럼 됩니다. '의'가 다섯 개나 이어져 거의 말끝마다 붙어 있습니다. 이런 내용을 우리나라 초등학생이 썼다면 "나는 어제 우리 집 뒷밭에서 복숭아를 따먹었습니다."처럼 '의'를 한 군데도 쓰지 않았을 것입니다.

자기 혼자서는 아무 일도 하지 못하는 나약하기 짝이 없는 조사가 이렇게 수많은 의미를 양산하면서 세력을 확장해 가는 까닭은 우리가 사고를 명확하게 하지 못하고, 생각을 정확하게 표현할 능력이 부족해서 그냥 두루뭉수리로 얼버무리는 편리함에 굴복하기 때문입니다. 이런 병이 우리가 쓰는 글 속에 알게 모르게 자리 잡은 것은 아닌지 생각해 봐야 할 문제입니다.

우리가 잘 아는 불조심 표어 '자나 깨나 불조심, 꺼진 불도 다시 보자'를 흉내 내어 표어 하나를 만들어 보았습니다. 머릿속에 새겨 두면 글을 쓰는 데 도움이 되지 않을까 싶어 소개합니다.

"쓸 때마다 '의' 조심, 쓰고 나서 다시 보자."

주격 조사 '이/가'와 보조사 '은/는'을 잘못 쓰는 병
오늘은 윤동주 시가 읽고 싶다

　조사는 그 형태가 480여 가지나 될 정도로 매우 다양하고 복잡하여 문장 안에서 모든 부문에 관여하기 때문에 쓰는 데 오류가 많은 품사입니다.
　주로 체언(명사, 대명사, 동사나 형용사의 명사형)에 붙어 뒤에 오는 단어에 문법적 관계를 정립하거나 특별한 의미를 덧붙여 주는 일을 하기 때문에 자주적 기능이 떨어지는 이상한 품사입니다.
　형태상으로는 이런저런 모습으로 변하거나 활용하지 못하고, 의미상으로는 주체적으로 의미를 표시하지 못하고, 기능상으로는 체언 뒤에 접미사처럼 붙어 체언의 역할을 표시하거나 체언의 의미를 확장 또는 한정하여 주는 역할밖에 하지 못합니다.

조사는 격조사와 보조사로 나누는데 격조사는 일반적 기능을 담당하고, 보조사는 의미 기능을 담당합니다.
　격조사는 문장 안에서 체언과 다른 단어 사이의 문법적 관계를 설정해 주는데, 주격 조사(이/가), 부사격 조사(여탈격: 에게/에게서, 장소: 에/에서), 목적격 조사(을/를), 관형격 조사(의), 호격 조사(야), 서술격 조사(이다) 등으로 분류합니다.
　보조사는 여러 격에 두루 쓰이면서 특별한 의미를 덧붙여 주는 역할을 합니다.

주격 조사의 종류

① 이/가
　주격 조사는 문장 안에서 "산이 높다."처럼 '산'이라는 체언이 '높다'는 서술의 주어임을 표시하는데, 체언 아래에 붙여 쓰는 '이/가/께서/에서' 등을 말합니다. 체언에 '이/가/께서/에서'가 붙어 있으면 주어로 볼 수 있지만, 예외도 있으므로 이 예외를 구별할 수 있어야 합니다.

② 께서
　'께서'는 '이/가'의 높임말로서 "아버지(가)께서 신문을 보신다." "선생님(이)께서 숙제를 내주셨다."처럼 '이/가' 대신 쓰고, '에서'는 "국회(가)에서 여야 영수 회담 결과를 발표했다."처럼 국회나 회사나 학교 같은 단체를 나타내는 체언 뒤에 붙여 씁니다.

그러나 '에서'는 장소를 나타내는 부사격 조사 '에서'와 겹치기 때문에 주격 조사로는 쓰지 않는 편이 의미 혼란을 피할 수 있습니다. 이를테면 "우리 학교에서 백일장을 열었다."와 같은 문장은, 백일장을 연 장소가 우리 학교라는 뜻인지, 우리 학교가 주관하여 백일장을 열었다는 뜻인지 혼란을 불러올 수 있으므로 우리 학교가 주관하여 백일장을 열었다는 뜻으로 쓸 때는 "우리 학교가 백일장을 열었다."처럼 '에서' 대신 '이/가'를 쓰는 것이 좋습니다.

앞에 예로 든 "국회에서 여야 영수 회담 결과를 발표했다."도 마찬가지입니다. 여야 영수 회담 결과를 국회라는 장소에서 발표했다는 뜻인지, 국회가 주체가 되어 여야 영수 회담 결과를 발표했다는 뜻인지 혼란을 불러올 수 있습니다. 국회가 주체가 되어 발표했다면 "국회가 여야 영수 회담 결과를 발표했다."로 써야 합니다.

'이/가'의 쓰임새

주격 조사 '이/가'는 받침이 있는 체언 아래서는 '사람이, 꽃이, 생각이'처럼 '이'를 쓰고 받침이 없는 체언 아래서는 '개가, 호랑이가, 국화가'처럼 '가'를 쓰는데, 때로 문장 안에서 주격 조사가 아닌 보어로 쓰이기도 하고 보조사로 쓰이기도 합니다. 그 쓰임새를 살펴보면 다음과 같습니다.

첫째, 주격 조사로 씁니다.

"선생님이 이 글을 썼습니까? 아닙니다. 내가 썼습니다."
"날씨가 무척 덥다." "제가 반장입니다." "저 종소리가 들리세요?"
"오래간만이라 반가움이 더했다."처럼 어떤 상태나 상황에 놓인 대상이나 일정한 상태나 상황을 경험한 주체 또는 일정한 동작을 행한 주체임을 나타낼 때 '이/가'를 쓰는데 이런 말들은 주어가 됩니다.

둘째, 보어로 씁니다.

"올챙이가 개구리가 되었다." "고래는 물고기가 아니다."
"물이 얼면 얼음이 된다." "드디어 국회의원이 되었다."처럼 '되다/아니다' 앞에 붙어 바뀌는 대상이나 부정하는 대상임을 나타냅니다. 이럴 때는 '이/가'가 붙은 말은 보어가 되는데 어떤 경우에는 "올챙이가 개구리로 되었다."처럼 '로/으로'를 쓰기도 합니다.

셋째, 보조사로 씁니다.
보조사로 쓰는 경우는 세 가지가 있습니다.
① 일부 부사 뒤에 붙어서 앞말을 지정하여 강조하는 뜻을 나타내는데 "힘껏 도와주겠다더니 힘껏이 겨우 이거냐?" "남편마저 미덥지가 못하다." "농촌에 남은 사람은 거의가 노인이다." 처럼 흔히 뒤에는 부정적인 표현이 옵니다.
② '-고 싶다'로 이루어진 말에서 본동사의 목적이나 부사어

뒤에 붙어 앞말을 지정하여 강조하는 뜻을 나타내 "나는 백두산이 보고 싶다." "나는 김밥이 먹고 싶다."처럼 쓰는데 이 경우는 '이/가' 대신 목적격 조사 '을/를'을 써서 "나는 백두산을 보고 싶다." "나는 김밥을 먹고 싶다."처럼 써야 문장의 뜻이 더욱 확실해집니다.

③ 체언이나 부사 뒤에 붙어 앞말을 지정하여 강조하는 뜻을 나타내어 "도대체 우리 행동이 무엇이 잘못되었다는 건가?"처럼 쓰기도 합니다.

보조사 '은/는'의 쓰임새

우리가 흔히 '영수가 웃었다.' '영수는 웃었다.'처럼 주격 조사와 혼동해서 쓰는 '은/는'이 있는데, '은/는'은 주격 조사가 아니라 보조사입니다.

보조사 '은/는'은 어떤 대상이 다른 것과 대조됨을 나타내는데 "인생은 짧고 예술은 길다." "너는 짐승이 아니다." "창수는 공부는 잘하는데 음악은 못한다." "이 방은 깨끗하지만 너무 좁다." "사과는 먹어도 배는 먹지 마라."처럼 씁니다.

또 문장 속에서 어떤 대상이 화제임을 나타내는 데 "이 책은 아주 재미있다." "이 자동차는 튼튼하고 잘 달린다."처럼 씁니다.

또 일부 부사어 뒤에 붙어 강조하는 뜻을 나타내는 데 "공부만 하지 말고 가끔은 쉬기도 해라." "네게도 잘못은 있다." "너무 멀리는 가지 마라."처럼 씁니다.

우리가 문장에서 '이/가'와 '은/는'을 아무런 의식 없이 구별하지 않고 쓰는 경우가 많습니다. 그러나 이 두 말은 분명히 다르므로 잘 구별해서 써야 올바른 문장을 구성할 수 있습니다.

첫째, 행위의 주체가 되는 주어에는 당연히 '이/가'를 쓰고 설명의 대상이 되는 주제어에는 '은/는'을 씁니다.
"사람이 누워서 잔다." 이 문장은 '누가 누워서 자는가?' 하는 질문에 대한 답입니다. 사람이 누워서 자므로 '사람이'가 주어가 됩니다. 하지만 "사람은 누워서 잔다."고 하면 '사람은 어떻게 자는가?' 하는 질문에 '사람은 누워서 잔다.'고 설명하므로 '사람은'이 주제어가 됩니다.

둘째, 주어에 새로운 정보가 있으면 '이/가'를 쓰고, 서술어에 새로운 정보가 있으면 '은/는'을 씁니다.
"저 강아지들 중 하얀 강아지가 제일 예쁘다."에서 '제일 예쁜 강아지는 하얀 강아지'라는 뜻으로 주어인 '하얀 강아지'에 '제일 예쁘다'는 정보가 있으므로 '이/가'를 씁니다. 이와 달리 "저 강아지들 중 하얀 강아지는 잡종이라서 예쁘지 않다."에서 '잡종'이라는 정보가 서술어에 있으므로 '은/는'을 씁니다.

셋째, 비교 대조하는 뜻이 없으면 '이/가'를 쓰고, 비교 대조하는 뜻이 있으면 '은/는'을 씁니다. "마음씨가 참 곱다."에서는 '마음씨'를 다른 것과 비교하지 않았지만, "마음씨는 참 곱다."

에서는 얼굴은 우락부락하지만 마음씨는 곱다거나, 말버릇은 나쁘지만 마음씨는 곱다는 뜻으로 다른 것과 비교해서 썼기 때문에 '은/는'을 씁니다.

주어를 생략할 때 주의할 점

우리말은 주어를 생략하는 경우가 많습니다. 주어를 생략할 때 주의해야 하는 점들은 다음과 같습니다.

첫째, 앞 문장의 주어와 뒤 문장의 주어가 다른 경우 주어를 생략하면 안 됩니다.
"영희가 눈을 살짝 흘겼다. 그 모습이 귀여워서 웃었다."
이 문장에서 앞 문장인 '영희가 눈을 살짝 흘겼다.'의 주어는 영희이지만 뒤 문장 '그 모습이 귀여워서 웃었다.'의 주어는 영희가 아니라 영희의 모습을 지켜본 다른 사람입니다. 그가 누구인지는 주어를 생략했기 때문에 알 수 없습니다. "영희가 눈을 살짝 흘겼다. 철수는 그 모습이 귀여워서 웃었다."처럼 뒤 문장의 주어 '철수'를 살려서 써야 합니다.

둘째, 이어진 문장에서 각 절의 주어가 다를 경우 주어를 생략하면 안 됩니다.
"영희가 배고프다고 칭얼대지만 빵을 나누어 주지 않았다."
이 문장에서 앞 절 '영희가 배고프다고 칭얼대지만'의 주어는 영희이지만 뒤의 절 '빵을 나누어 주지 않았다'는 주어를 생략했기 때문에 누가 빵을 나누어 주지 않았는지 알 수 없으므로 "영희가 배고프다고 칭얼대지만 철수는 빵을 나누어 주지 않았다." 처럼 뒤에 오는 절에도 '철수'라는 주어를 살려 써야 합니다.

셋째, 한 문단 안에서 각 문장의 주어가 같아도 맨 앞 문장의 주어는 생략하면 안 됩니다.
"추적추적 내리는 비에 온몸이 흠뻑 젖었다. 철수는 몸이 젖은 줄도 모르고 마냥 걷기만 했다."
이렇게 두 문장으로 이루어진 하나의 문단에서 첫 문장에는 주어가 없고, 두 번째 문장에는 철수가 주어로 나옵니다. 이럴 경우에는 첫 문장에 주어인 '철수'를 쓰고 두 번째 문장에서는 철수를 생략해도 됩니다. "철수는 추적추적 내리는 비에 온몸이 흠뻑 젖었다. 몸이 젖은 줄도 모르고 마냥 걷기만 했다." 이렇게 써야 합니다.

넷째, 주어를 생략하고 주어를 서술어로 만들어 쓰면 안 됩니다.
"온몸을 부들부들 떨면서 주먹을 불끈 쥐는 철수였다."
이 문장에서 주어가 되어야 할 철수를 서술어 '철수이다'로 쓰고 정작 주어는 생략했습니다. 이런 기형 문장은 일본어에서 자주 보이는 표현입니다. 주어는 주어로 쓰고 서술어는 서술어로 써서 "철수는 온몸을 부들부들 떨면서 주먹을 불끈 쥐었다."로 정리해야 합니다.

다섯째, 새로운 정보를 요구하는 물음에 답할 때는 주어를 생략하면 안 됩니다.

"무슨 일이 일어났어요?" 하는 새로운 정보를 요구하는 물음에 답할 때는 "철수가 교통사고를 당했어요."처럼 '누가' 교통사고를 당했는지 밝혀서 답해야 하는데 주어인 철수를 생략하면 '교통사고를 당했다'는 일반적인 사실만 전달되므로 "누가 교통사고를 당했습니까?" 하는 다음 질문을 또 하게 됩니다.

생략하면 안 되는 문장 성분을 생략하는 오류는 몰라서라기보다는 부주의 때문에 아차 하는 사이 지나치기 쉬워서 일어납니다. 문장 성분을 나도 모른 채 생략해 버리지는 않았는지 살펴보아야 합니다.

부사격 조사를 잘못 쓰는 병
꽃에게 물을 주고 꽃에게서 꿀을 땄다

　부사는 뒤에 오는 용언(문장에서 서술어 기능을 하는 형용사와 동사)이나 또는 다른 말 앞에서 뒤에 오는 말의 뜻을 분명하게 해 주거나 한정하는 품사를 말합니다.
　부사격 조사는 체언에 붙어 그 체언이 문장 안에서 부사와 같은 역할을 하므로 부사격 조사라고 합니다.
　부사격 조사는 준다는 뜻의 여격으로 쓰는 '에게/에'와 받는다는 뜻의 탈격으로 쓰는 '에게서/에게'가 있고, 장소를 가리키는 '에/에서'가 있습니다. 이것을 혼동해서 쓰는 이가 많은데 잘 구분해서 써야 합니다.

여격과 탈격 '에/에게/에게서'

여격과 탈격으로 쓸 때는 사람이나 동물처럼 감각이 있는 유정물에는 '에게/에게서'를 쓰고, 식물이나 광물처럼 감각이 없는 무정물에는 '에/에서'를 쓴다는 점을 반드시 알아야 합니다.

여격으로 쓰는 예 중 유정물에는 "내가 너에게 꽃을 보냈다."처럼 '에게'를 쓰고 무정물에는 "나는 꽃에 물을 주었다."처럼 '에'를 씁니다. 이것을 잘못 알고 "나는 꽃에게 물을 주었다."처럼 '에'가 아닌 '에게'로 잘못 쓰는 이가 많습니다.

또한 탈격으로 쓰는 예 중 유정물에는 "나는 너에게서 꽃을 받았다."처럼 '에게서'를 쓰고 무정물에는 "벌은 꽃에서 꿀을 얻는다."처럼 '에서'를 써야 하는데 이 또한 "나는 너에게 꽃을 받았다." "벌은 꽃에게서 꿀을 얻는다."처럼 잘못 쓰는 경우가 많습니다.

단체 인격이라고 해서 단체를 하나의 인격체로 보고 유정물과 동일하게 '정부에게' '학교에게' '회사에게'처럼 쓰기도 합니다. "학생들의 방과 후 활동을 위해 나는 운동장 전면 개방을 학교에게 권했다."처럼 써도 된다고 하지만 유정물과 무정물의 구분이 너무 모호해지기 때문에 '학교에게 권했다'보다는 '학교에 권했다'로 쓰는 편이 자연스럽습니다. "정부에게 가정용 전기 요금의 누진율을 완화해 달라고 요구했다."도 '정부에게'가 아니라 '정부에'로 쓰고 "회사에게서 월급을 받는다."보다는 "회사에서 월급을 받는다."로 써야 자연스럽습니다.

여격과 탈격을 정리하면 다음과 같습니다.

＊여격 '에게/에'

　유정물에는 '에게'를 쓴다. ⇨ 나는 너에게 꽃을 보냈다.

　무정물에는 '에'를 쓴다. ⇨ 나는 꽃에 물을 주었다.

＊탈격 '에게서/에서'

　유정물에는 '에게서'를 쓴다. ⇨ 나는 너에게서 꽃을 받았다.

　무정물에는 '에서'를 쓴다. ⇨ 벌은 꽃에서 꿀을 얻는다.

장소를 가리키는 '에/에서'

① 소재에는 '에', 활동에는 '에서'

뒤에 오는 용언이 소재와 관련이 있으면 '에'를 쓰고 활동과 관련이 있으면 '에서'를 씁니다.

이를테면 "어머니는 어디 계시니?" 하는 질문에 답할 때는 장소와 관련이 있으므로 "어머니는 안방에 계십니다." 하고 '에'를 써야 하고, "어머니는 무엇을 하고 계시니?" 하는 질문에 답할 때는 활동과 관련이 있으므로 "어머니는 안방에서 책을 읽고 계십니다."처럼 '에서'를 써야 합니다.

이것을 알기 쉽게 예문으로 정리하면 아래와 같습니다.

＊영수는 학교에 있다. (장소)

　영수는 학교에서 놀고 있다. (활동)

＊나는 서울에 산다. (거주하는 곳)

　나는 서울에서 산다. (활동하는 곳)

② 합류는 '에', 이탈은 '에서'

"나는 회사에 출근했다."고 쓰면 '회사에 갔다'는 합류의 뜻이 있고, "나는 회사에서 퇴근했다."고 쓰면 '회사에서 나왔다'는 이탈의 뜻이 있습니다.

아래 예문들을 보면 이해하기 쉽겠습니다.

* 몸에 향수를 뿌리면 (합류)
  몸에서 향내가 난다. (이탈)
* 설악산에 오니 단풍이 절정이다. (합류)
  설악산에서 서울로 돌아왔다. (이탈)
* 나는 잠에 빠졌다. (합류)
  나는 잠에서 깨어났다. (이탈)
* 네 자리에 앉아라. (합류)
  네 자리에서 일어서라. (이탈)

③ 장소를 가리키는 부사격 조사 '에서'를 단체 주격 조사로 쓰기도 합니다. 주격 조사 중 단체를 주어로 내세울 때 주격 조사 '이/가' 대신 '에서'를 쓰기도 하지만 '에서'는 원래 부사격 조사라서 '에서'를 쓰면 '장소'를 가리키는 것으로 오독할 수 있으므로 주격 조사로 쓸 때는 가능하면 '에서'보다는 '이/가'를 쓰는 편이 오독을 줄일 수 있습니다.

* 국방부에서 국산 헬리콥터를 개발했다고 발표했다.
  이 문장에서 '국산 헬리콥터를 개발했다'고 발표한 장소가

국방부인지 발표한 주체가 국방부인지 혼동을 줄 수 있으므로, 발표한 주체가 국방부라면 "국방부가 국산 헬리콥터를 개발했다고 발표했다."처럼 쓰는 것이 좋습니다.

＊학교에서 과외를 시키지 말라고 가정통신문을 보내 왔다.
　이 문장은 '과외를 시키는 장소'가 학교이고 '학교라는 특정한 장소에서 과외를 시키지 말라'는 뜻으로 오독할 수 있습니다. 그러므로 "학교가 과외를 시키지 말라고 가정통신문을 보냈다."처럼 쓰는 것이 좋습니다.

목적격 조사 '을/를'을 잘못 쓰는 병
지난 휴가 때 방콕을 갔다

"나는 지난 일요일 아내와 함께 영화를 보았다."
"박 선생은 노래도 잘하지만 그림을 잘 그린다."
"내가 하모니카를 불자 영희는 눈을 감았다."

이런 예문들에서처럼 서술어 '보았다'의 목적이 되는 말 '영화를', 서술어 '그린다'의 목적이 되는 말 '그림을', 서술어 '불자'의 목적이 되는 말 '하모니카를', 서술어 '감았다'의 목적이 되는 말 '눈을' 등을 목적어라고 합니다.

목적어는 체언에 목적격 조사 '을/를'을 붙여 서술어 앞에 놓임으로써 성립됩니다. 이렇듯 목적어를 만드는 조사 '을/를'을 목적격 조사라 하는데, 이 '을/를'을 잘못 쓰는 경우가 많습니다. 어떻게 잘못 쓰는지, 다섯 가지 경우를 살펴보겠습니다.

첫째, 부사격 조사 '에/에서/에게'를 써야 할 자리에 목적격 조사 '을/를'을 쓰면 문장이 어색해집니다.

＊지난 휴가 때 방콕을 갔다.

⇨ 지난 휴가 때 방콕에 갔다.

＊아이는 학교를 갔다 와서 학원을 갔다.

⇨ 아이는 학교에 갔다 와서 학원에 갔다.

＊나는 버스를 내려 걸어갔다.

⇨ 나는 버스에서 내려 걸어갔다.

＊죽어 가는 나무를 물을 주어 살렸다.

⇨ 죽어 가는 나무에 물을 주어 살렸다.

＊사과 한 개는 동생을 주었다.

⇨ 사과 한 개는 동생에게 주었다.

둘째, 강조하고 싶은 부사어에 '을/를'을 붙여 쓰는 버릇을 버려야 합니다.

＊배가 불러 많이 먹지를 못했다.

⇨ 배가 불러 많이 먹지 못했다.

이 문장은 '먹지'라는 부사어에 '를'을 붙여 강조했는데 "배가 불러 많이 먹지 못했다."처럼 '를'을 빼고 쓰는 것이 좋습니다.

＊우리는 북한에게 많이를 양보했다.

⇨ 우리는 북한에 많이 양보했다.

부사어 '많이'에 붙인 '를'을 빼고 '많이'로 써야 문장이 자연스러워집니다.

셋째, 목적어 '을/를'을 써야 할 자리에 '이/가'를 쓰는 버릇을 버려야 합니다.

＊ 나는 빵이 먹고 싶다.
  ⇨ 나는 빵을 먹고 싶다.
＊ 나는 컴퓨터가 갖고 싶다.
  ⇨ 나는 컴퓨터를 갖고 싶다.

넷째, '명사+하다'로 이루어진 서술어를 '목적어+서술어'로 만들어 쓰면 문장이 길어지고 복잡해집니다.

＊ 나는 그녀와 이야기를 했다.
  ⇨ 나는 그녀와 이야기했다.

'이야기'에 '를'을 붙여 목적어로 만들고 '했다'를 떼어내 서술어로 만들어 쓰지 말고 '나는 그녀와 대화했다.'처럼 써야 합니다. '나는 그녀와 대화를 했다.'고 쓰면 나와 그녀가 한 일이 여러 가지 있지만 그중 대화한 일을 선택하여 강조했다는 뜻이 됩니다. 선택과 강조의 뜻이 없는 일에 '을/를'을 붙여서 서술어를 목적어로 만들고 따로 서술어를 만들어 써야 하는 복잡한 구조를 만들 필요가 없습니다.

다섯째, 시간을 뜻하는 말에 '을/를'을 붙이면 문장이 어색해집니다.

＊ 나는 사흘을 굶었다.
  ⇨ 나는 사흘 굶었다.

113

이 문장은 시간을 말하는 '사흘'에 '을'을 붙여 강조하였습니다. 이럴 때는 '사흘을' 대신 '사흘'로 써서 "나는 사흘 굶었다."로 쓰는 편이 자연스럽습니다.

* 이 작품을 쓰는 데 꼬박 한 달을 걸렸다.
  ⇨ 이 작품을 쓰는 데 꼬박 한 달 걸렸다.
* 10분을 지났는데도 오지 않았다.
  ⇨ 10분이 지났는데도 오지 않았다.

시간을 뜻하는 말에는 '을/를'을 다른 말로 바꿔 쓰거나 차라리 빼는 편이 더 낫습니다.

인용 뒤에 '라고/라는/라며'를 쓰는 병
투표한다라는 것은 정치 행위다라고 말했다

[예문1] 3호에 사는 이웃이 다가와 여자에게 묻는다. 엘리베이터 숫자 패널에 시선을 고정한 채 여자는 "글쎄요"라고 답한다. 며칠 전, 이웃은 말했다. "올해는 겨울이 빨리 온다네요. 아침나절엔 참 쌀쌀하죠?" 여자는 아무 생각 없이 "글쎄요"라고 답했다. (고은규 소설 〈맥스웰의 은빛 망치〉 중에서)

[예문2] 당 사무총장 인선에 반발하며 최고위원회의에 불참 중인 유승희 새정치민주연합 최고위원이 "문재인 대표의 인선 강행은 당헌에 위배된다."라며 "당직 인선 발표를 무효화해야 한다."라고 요구했다. 유승희 위원은 1일 오전 자신의 페이스북에 글을 올리고 이 같은 주장을 전했다. 그는 "친노도 비노도 아닌

저는 나름대로 양측 모두 받아들일 수 있는 인선안을 마련하기 위해 힘을 썼고, 이러한 화합 인선이 거의 이루어지는 단계까지 이르렀다."라며 "그러나 당 대표가 마지막 순간에 인선 발표를 강행하면서 모든 노력이 물거품이 됐다."라고 말했다. (2015. 7. 1. 오마이뉴스)

[예문3] 김진수 선수는 "(골을) 넣고 싶었는데 못 넣었다. (나는) 골을 넣는 선수가 아니라 못 넣었나 보다."라며 아쉬움의 미소를 지었다. (중략) "라오스 선수들도 열심히 했기에 자기 나라의 국가대표가 된 것이다."라면서 "최선을 다해야 상대를 존중하는 것이다. 환경이 어떻든 잘해야 하는 것이 국가대표다."라고 다짐했다. (2015. 11. 14. 포스탈코리아)

[예문4] "먼저 인살 청해야 하는 건데⋯ 나는 단일 이름으로 뫼 곤 자요. 성은 최가로 합치면 최곤이란 사람입니다. 그나저나 길형께서는 성명 삼자의 덕을 한번 크게 볼 날이 오겠습니다그려 허허." 하고 잡은 손을 흔드는데, 최곤은 손이 으스러질 것 같은 길대통의 아귀힘에 오만상을 찌푸렸다. "어랑리엔 어떻게?" 길대통이 물었다. "아. 네. 누굴 좀 만나러 왔다가⋯ 길형께서는?" 하고 되물은 최곤은, 아직도 길대통의 아귀힘이 남은 손가락을 굽혔다 폈다. (김중상 소설 〈그곳에 가고 싶다〉 중에서)

위에 든 예문 1, 2, 3은 모두 직접 인용절 아래 쓴 '라고'와 함께 '라고 하며'를 줄여 쓴 '라며'와 '라고 하면서'를 줄여 쓴 '라면서'와 '라고 하는'을 줄여 쓴 '라는'을 썼고, 예문 4만 앞의 글들과는 달리 '하고'를 썼습니다.
  우리말 안에서 '라고'가 어떻게 쓰이는지 알아보면서 왜 어울리지 않은지 살펴보겠습니다.

  첫째, '라'는 동사의 어미로서 명령이나 지시 또는 소망을 나타내는데 여기에 연결형 '고'를 더해서 씁니다.
  ＊ 빨리 가라고 일러라.
     ⇨ 동사 '가다'의 어간 '가'에 명령을 나타내는 어미 '라'를 붙여 '가라'를 만들고 여기에 연결형 어미 '고'를 붙였습니다.
  ＊ 영희야, 어머니가 꽃을 꺾어 오라고 하신다.
     ⇨ 동사 '오다'의 어간 '오'에 명령을 나타내는 어미 '라'를 붙여 '오라'를 만들고 여기에 연결형 어미 '고'를 붙였습니다.
  ＊ 아내는 늘 제발 용돈 좀 아껴 쓰라고 한다.
     ⇨ 위의 예문과 같은 유형입니다.
  ＊ 부장님은 할 일이 있다고 자네 먼저 가라고 하시네.
     ⇨ 위의 예문과 같은 유형입니다.

  둘째, 체언에 붙여 쓰는 서술형 조사 '이다'의 활용형으로서 설명하거나 규정하는 뜻을 나타내는 '이라'에 연결형 어미 '고'를 붙여서 씁니다.

* 나는 동생에게 이것은 연꽃이라고 가르쳐 주었다.
  ⇨ '이다'의 활용형 '이라'에 연결형 어미 '고'를 붙였습니다.
* 이것을 책이라고 한다.
  ⇨ 위와 같은 유형입니다.
* 저것은 모란이 아니라 작약이라고 하는 꽃이다.
  ⇨ 위와 같은 유형입니다.
* 잘 아는 친구라고 무례하게 대해서는 안 된다.
  ⇨ 위와 같은 유형입니다.

이렇듯 '라고'는 한 단어의 형태소인 성격이 매우 강해서 조사라고 보기에는 무리가 있어 '라고'를 직접 인용문 아래서 쓰면 어쩐지 몸에 맞지 않은 옷을 입은 것처럼 어색해집니다. 말을 직접 인용하는 문장 뒤에 써서 인용하는 기능을 나타내는 말에는 '라고'보다는 '하다'의 활용형인 '하고'가 어울립니다.

앞으로 돌아가 다시 예문1을 읽어 보겠습니다.

3호에 사는 이웃이 다가와 여자에게 묻는다. 엘리베이터 숫자 패널에 시선을 고정한 채 여자는 "글쎄요"라고 답한다. 며칠 전, 이웃은 말했다. "올해는 겨울이 빨리 온다네요. 아침나절엔 참 쌀쌀하죠?" 여자는 아무 생각 없이 "글쎄요"라고 답했다.

이 예문에서 '글쎄요라고' 쓴 '라고'는 '하고'로 써야 합니다. 왜냐하면 직접 인용이라 하더라도 흉내를 내는 듯한 느낌이 있는 말에는 '라고'보다는 '하고'가 어울리기 때문입니다. '라고'를 '하고'로 고쳐서 다시 읽어 보겠습니다.

　　3호에 사는 이웃이 다가와 여자에게 묻는다. 엘리베이터 숫자 패널에 시선을 고정한 채 여자는 "글쎄요" 하고 답한다. 며칠 전, 이웃은 말했다. "올해는 겨울이 빨리 온다네요. 아침나절엔 참 쌀쌀하죠?" 여자는 아무 생각 없이 "글쎄요" 하고 답했다.

　이 예문과 비슷한 다른 예문들을 보겠습니다.
　＊ 보초는 "손들어!"라고 크게 외쳤다.
　　⇨ 보초는 "손들어!" 하고 크게 외쳤다.
　＊ 무너진 흙더미 속에서 사람들은 "사람 살려!"라고 울부짖었다.
　　⇨ 무너진 흙더미 속에서 사람들은 "사람 살려!" 하고 울부짖었다.

　　고등학교 문법 교과서를 보면 인용 조사 '라고'를 설명하면서 아래 ①②③과 같은 예문들을 들었는데 '라고'가 아닌 '하고'를 썼습니다.
　①어머니께서 "청수야!" 하고 부르셨다.
　②북소리가 "둥둥" 하고 울렸다.
　③스님께서 "너도 어제 큰 절 구경을 했느냐?" 하고 물으신다.
　이 예문들에서 ①은 남의 말을 흉내 내어 옮긴 것이고, ②는 북소리를 흉내 내어 옮긴 것이고, ③은 남이 한 말을 그대로 옮긴 것으로 모두 직접 인용절에 해당합니다.

만약 이 예문들에서 '하고'가 아닌 '라고'를 써서 ①어머니께서 "청수야!"라고 부르셨다. ②북소리가 "둥둥"이라고 울렸다. ③스님께서 "너도 어제 큰 절 구경을 했느냐?"라고 물으신다처럼 쓴다면 문장이 얼마나 어색해지는지 금방 알 수 있습니다.

우리의 고전이나 근대소설을 보면 직접 인용에는 거의 다 '라고'를 쓰지 않고 '하다'의 활용형인 '하고/하거늘/하나'를 썼습니다. 현암사가 펴낸 《우리말 바로쓰기》(이수열)에는 그 예들을 아래와 같이 들었습니다.

* 곡산 어미가 하루는 흉계를 생각하고 무녀를 불러 말하기를 "내 한 몸을 평안케 함은 그 아이를 없애는 일인지라, 만일 내 소원을 이루면 그 은혜를 후히 갚으리라." 하니 무녀가 듣고 (홍길동전)
* 대사가 "물러가 쉬라." 하거늘 선방으로 돌아오니 이미 날이 어두워졌더라. (구운몽)
* 나는 대문까지 와서 "난 아저씨가 우리 아빠라면 좋겠다." 하고 불쑥 말해 버렸습니다. 그랬더니 아저씨는 얼굴이 홍당무처럼 빨개져서 나를 몹시 흔들면서 "그런 소리 하면 못써." 하고 말하는데 그 목소리가 몹시도 떨렸습니다. (사랑손님과 어머니)
* 영신은 여간 미안하지 않아서 "장로님, 따로 집을 지어 나갈 테니 올가을까지만 참아 주십시오." 하고 몇 번이나 용서를 빌었다. (상록수)

앞으로 돌아가서 예문2도 다시 읽어 보겠습니다.

당 사무총장 인선에 반발하며 최고위원회의에 불참 중인 유승희 새정치민주연합 최고위원이 "문재인 대표의 인선 강행은 당헌에 위배된다."라며 "당직 인선 발표를 무효화해야 한다."라고 요구했다.

이 글은 "당 사무총장 인선에 반발하며 최고위원회의에 불참 중인 유승희 새정치민주연합 최고위원이 문재인 대표의 인선 강행은 당헌에 위배된다는 이유를 들어 당직 인선 발표를 무효화해야 한다고 주장했다."처럼 바꾸어야 '라고' 중독증에서 벗어나 어색하지 않은 문장으로 만들 수 있습니다. 다음 문장도 마찬가지입니다.

유승희 위원은 1일 오전 자신의 페이스북에 글을 올리고 이같은 주장을 전했다. 그는 "친노(친노무현)도 비노(비노무현)도 아닌 저는 나름대로 양측 모두 받아들일 수 있는 인선안을 마련하기 위해 힘을 썼고, 이러한 화합 인선이 거의 이루어지는 단계까지 이르렀다."라며 "그러나 당 대표가 마지막 순간에 인선 발표를 강행하면서 모든 노력이 물거품이 됐다."라고 말했다.

이 문장은 "친노도 비노도 아닌 저는 나름대로 양측 모두 받아들일 수 있는 인선안을 마련하기 위해 힘을 썼고 이러한 화합 인선이 거의 이루어지는 단계에까지 이르렀다고 그간의 노력을 설명하고 이어서 그러나 당 대표가 마지막 순간에 인선 발표를 강행하면서 모든 노력이 물거품이 됐다고 주장했다."처럼 직접 인용보다는 간접 인용으로 바꾸어야 어색하지 않은 문장이 됩니다.

그 밖에도 이 문장은 "친노도 비노도 아닌 저는 ('나름대로'는 삭제) 양측이 ('모두'는 삭제) 받아들일 수 있는 인선안을 마련하기 위해 고심했고 ('힘을 썼고'는 '고심했고'로 바꿈) 그 결과 화합 인선을 거의 마무리하는 ('화합 인선이 거의 이루어지다'는 피동형. 인선이 저절로 되는 것이 아니라 자신이 노력하여 만들었으므로 '화합 인선을 거의 마무리하다'로 바꿔 능동형이 되게 함) 단계에 왔다."고 다듬어야 매끄러워집니다.

예문3도 다시 읽어 보겠습니다.

김진수 선수는 "(골을) 넣고 싶었는데 못 넣었다. (나는) 골을 넣는 선수가 아니라 못 넣었나 보다."라며 아쉬움의 미소를 지었다. (중략) "라오스 선수들도 열심히 했기에 자기 나라의 국가대표가 된 것이다."라면서 "최선을 다해야 상대를 존중하는 것이다. 환경이 어떻든 잘해야 하는 것이 국가대표다."라고 다짐했다.

이 예문은, 김진수 선수는 "(골을) 넣고 싶었는데 못 넣었다. (나는) 골을 넣는 선수가 아니라 못 넣었나 보다." 하며 아쉬움의 미소를 지었다. (중략) "라오스 선수들도 열심히 했기에 자기 나라의 국가대표가 된 것이라고 하면서 최선을 다해야 상대를 존중하는 것이다. 환경이 어떻든 잘해야 하는 것이 국가대표다." 하고 다짐했다. 이렇게 다듬어야 어색함에서 벗어나 온전한 인용문으로서 자격을 갖춘 문장이 됩니다.

　모 방송의 여성 앵커는 "안철수 의원이 탈당하여 자기 세력을 모은다라고 한다면 어떤 파괴력이 있을까요?" 하고 질문하지 않나, 또 토론 자리에 자주 나오는 어느 여교수는 "그분이 불출마한다라고 선언한다라는 의미는" "우리가 투표한다라는 정치 행위는"처럼 아무 데나 '라고/라는/라며/라면서'를 붙여서 말하는 버릇이 있어 듣기에 몹시 거북합니다. 이런 버릇은 말뿐 아니라 글에서도 자주 나타납니다.

* 노인 범죄가 증가하고 있다라는 현실은 우리 사회가 당면한 새로운 현상이다라고 보아야 한다.
  ⇨ 노인 범죄가 증가하고 있는 현실은 우리 사회가 당면한 새로운 현상이라고 보아야 한다.
* 우리가 이미지를 떠올린다라는 것과 그 이미지를 글로 표현한다라는 것과는 큰 차이가 있다.
  ⇨ 우리가 이미지를 떠올린다는 것과 그 이미지를 글로 표현한다는 것은 큰 차이가 있다.
* 부동산 경기가 살아나지 못한다라면 올해도 우리 경제의 전망은 우울할 뿐이다.
  ⇨ 부동산 경기가 살아나지 못하면 올해도 우리 경제의 전망은 우울할 뿐이다.

이런 예문들은 수정한 예문처럼 어미 '다'를 빼거나 '라'를 빼고 쓰면 훨씬 자연스러워지는데 굳이 '다'나 '라'를 붙여 쓰는 이유는 무엇일까요. 말할 것도 없이 직접 인용절에 '라고/라며/라는/라면서' 등을 써 버릇하다가 이 버릇이 엉뚱한 데까지 미쳐서 아무 데나 써도 되는 줄 알기 때문입니다.

직접 인용을 간접 인용으로 바꿀 때 주의할 점

직접 인용을 간접 인용으로 바꿀 때는 여러 가지 조건이 조정되므로 이것을 잘 익혀 두어야 문장 안에서 여러 단어들이 서로 바르게 호응하도록 쓸 수 있습니다.

첫째, 시제를 조정해야 합니다.
"영수가 어제 나에게 '내일 야구 구경 가겠다.' 하고 말했다."를 간접 인용으로 바꿀 때는 달라지는 시제에 주의해야 합니다. 영수는 어제의 시점에서 '내일'이라고 말했지만 이 말을 간접 인용으로 옮기는 시점은 '오늘'이므로 오늘을 기준으로 조정해야 합니다. 영수가 말한 시점인 '어제'를 기준으로 한 '내일'은 말을 옮기는 시점에서는 '오늘'이 되므로 "영수가 어제 나에게 오늘 야구 구경 간다고 했다."로 시제를 바꾸어야 합니다. 또한 어제의 시점에서 본 내일은 미래이므로 '가겠다' 하고 미래 시제로 말한 것은 오늘의 시점에서는 현재 시제인 '간다'로 바꾸어야 합니다.

둘째, 대명사를 조정해야 합니다.

"순이가 선생님에게 '제가 가겠습니다.' 하고 말했다."를 간접 인용으로 바꿀 때는, 직접 인용에서는 순이가 발화자(말하는 사람)이지만 간접 인용에서는 그 말을 옮기는 사람이 발화자가 되므로 '순이'를 대명사 '자기'로 바꾸어 "순이가 선생님에게 자기가 가겠다고 말했다."처럼 바꾸어야 합니다.

셋째, 지시어를 조정해야 합니다.

"고모는 '여기가 이렇게 변할 줄 몰랐어.' 하고 말했다."를 간접 인용으로 바꿀 때, 고모가 말한 '여기'는 고모를 중심으로 한 공간이므로 그 말을 옮기는 조카 편에서 보는 공간은 '거기'가 됩니다. 또한 고모가 보는 공간의 변화는 '이렇게'이지만 말을 옮기는 조카 편에서 보는 공간의 변화는 '그렇게'가 됩니다. 그러므로 "고모는 거기가 그렇게 변할 줄 몰랐다고 말했다."처럼 바꾸어야 합니다.

넷째, 경어법을 조정해야 합니다.

"순이가 '학교에 다녀오겠습니다.' 하고 인사했다."를 간접 인용으로 바꿀 때는 "순이가 학교에 다녀오겠다고 인사했다."처럼 존댓말 '다녀오겠습니다'를 '다녀오겠다'로 바꾸어야 합니다. 이 경어법의 조정은 평서문, 청유문, 의문문 등의 종결어미에서 주의해야 합니다.

평서문일 경우 "철수가 '이것이 소월시집입니다.' 하고 말했다."를 간접 인용으로 바꿀 때는 종결어미의 경어법을 '입니다'에서 '이다'로 바꾸어 "철수가 그것을 소월시집이라고 말했다."처럼 써야 합니다.

　청유문일 경우 "철수가 '어서 갑시다.' 하고 말했다."를 간접 인용으로 바꿀 때는 청유형 종결어미의 경어법을 '갑시다'에서 '가자'로 바꾸어 "철수가 어서 가자고 말했다."처럼 써야 합니다.

　의문문일 경우도 "철수가 '지금 비가 옵니까?' 하고 물었다."를 간접 인용으로 바꿀 때는 의문형 종결어미의 경어법을 '옵니까'에서 '오느냐'로 바꾸어 "철수가 지금 비가 오느냐고 물었다."처럼 써야 합니다.

　다섯째, 감탄사를 조정해야 합니다.
　"그는 '아아, 날씨가 이렇게 좋다니.' 하고 말했다."를 간접 인용으로 바꿀 때는 감탄사 '아아'를 생략하고 감탄하는 말투인 '좋다니'도 평서체로 바꾸어 "그는 날씨가 좋다고 감탄했다."처럼 써야 합니다.

　또한 감탄형 종결어미도 평서형으로 바꾸어 "철수가 '눈이 내리네.' 하고 말했다."를 간접 인용으로 바꿀 때는 감탄형 종결어미 '내리네'를 평서형 종결어미 '내린다'로 바꾸어 "철수가 눈이 내린다고 말했다."처럼 써야 합니다.

　여섯째, '주다'는 '달라'로 조정해야 합니다.
　"그는 '물 한 잔 주십시오.' 하고 청했다."를 간접 인용으로 바꿀 때는 '주십시오'를 '달라'로 바꾸어 "그는 물 한 잔 달라고 청했다."처럼 써야 합니다.

부정문을 잘못 쓰는 병
손님이 다 오지 않았다

　부정문에는 '안' 부정과 '못' 부정 두 가지가 있습니다.
　'안' 부정은 '안'을 부사어로 써서 "나는 밥을 안 먹었다."와 같이 쓰는 것을 '짧은 부정'이라 하고, '안'을 서술어 '아니다' '아니하다'로 써서 "떡은 밥이 아니다." "나는 밥을 먹지 않았다." 처럼 쓰는 것을 '긴 부정'이라고 합니다.
　'안' 부정은 "나는 밥을 안 먹었다." "나는 슬프지 않다."처럼 동작 주체가 자기 의지에 따른 능동적 행동을 부정하는 데 쓰고, 동사 서술어나 형용사 서술어 앞에서 두루 씁니다.
　'못' 부정도 '안'의 경우처럼 "나는 밥을 못 먹었다."고 쓰는 것을 '짧은 부정'이라 하고 "나는 밥을 먹지 못했다."고 쓰는 것을 '긴 부정'이라고 하는데 동작 주체의 자기 의지와는 상관없는

127

피동적 행동 즉 능력과 외부 요인에 따라 행위가 일어나지 못하는 데 쓰고, 동사 서술어 앞에서만 쓰며 형용사 서술어 앞에서는 쓰지 않습니다.

첫째, '안' 부정을 쓰는 경우는 세 가지가 있습니다.
① 서술어가 '집이다/학생이다/행복이다'처럼 '명사+이다'로 이루어진 경우, 짧은 부정인 '안'은 쓰지 않고 긴 부정인 '아니다/아니하다'를 씁니다.
"철수는 학생이다."를 부정문으로 만들 때 긴 부정인 "철수는 학생이 아니다."는 말이 되지만 짧은 부정인 "철수는 안 학생이다."는 말이 되지 않습니다.
② 서술어가 동사일 경우 긴 부정과 짧은 부정을 다 쓸 수 있습니다.
"철수는 학교에 갔다."에서 '갔다'는 동사입니다. 이럴 때는 긴 부정인 "철수는 학교에 가지 않았다."도 쓸 수 있고 짧은 부정인 "철수는 학교에 안 갔다."도 쓸 수 있습니다.
③ 서술어가 형용사일 경우에도 동사와 마찬가지로 긴 부정과 짧은 부정을 다 쓸 수 있습니다. "날씨가 덥다."에서 '덥다'는 형용사입니다. 이럴 때는 긴 부정인 "날씨가 덥지 않다."도 쓸 수 있고 짧은 부정인 "날씨가 안 덥다."도 쓸 수 있습니다.

둘째, '못' 부정을 쓰는 경우는 두 가지가 있습니다.
① 서술어가 동사일 경우 '못' 부정은 긴 부정과 짧은 부정을

두루 쓸 수 있습니다. "철수는 학교에 갔다."에서 '갔다'처럼 서술어가 동사일 경우 짧은 부정을 쓰면 "철수는 학교에 못 갔다."가 되고 긴 부정으로 쓰면 "철수는 학교에 가지 못했다."가 됩니다.

② 서술어가 형용사일 경우 '못' 부정은 긴 부정도 짧은 부정도 쓸 수 없으므로 '못'을 '안'으로 바꾸어 써야 합니다.

"철수네 집은 크다."에서 '크다'처럼 서술어가 형용사일 경우 짧은 부정인 "철수네 집은 못 크다."도 말이 안 되고 긴 부정인 "철수네 집은 크지 못하다."도 말이 안 되지만, 이것을 '안' 부정으로 바꾸면 "철수네 집은 안 크다."와 함께 "철수네 집은 크지 않다."도 쓸 수 있습니다.

셋째, 명령문과 청유문을 부정문으로 바꿀 때는 '안' '못' 대신 '말다'를 씁니다.

① 명령문 "영희야 집에 가라."를 부정문으로 바꿀 때 '안' 부정은 "영희야 집에 안 가라." "영희야 집에 가지 않아라."처럼 말이 되지 않기 때문에 긴 부정도 짧은 부정도 쓸 수 없습니다. '못' 부정 또한 "영희야 집에 못 가라." "영희야 집에 가지 못해라."처럼 말이 되지 않습니다. 하지만 '말다'를 쓰면 "영희야 집에 가지 말아라."처럼 쓸 수 있습니다.

② 청유문도 명령문과 같습니다. "영희야 집에 가자."를 부정문으로 바꿀 때 "영희야 집에 안 가자." "영희야 집에 가지 않자." "영희야 집에 못 가자." "영희야 집에 가지 못하자."처럼 '안' 부정도 '못' 부정도 다 말이 되지 않지만 '말자'를 쓰면 "영희야 집에

가지 말자."처럼 쓸 수 있습니다.

넷째, 긴 부정인 '-지 않았다/-지 못했다'의 경우 '-지' 뒤에 보조사를 붙이면 서술어만 부정합니다.

"나는 떡을 먹지는 않았다."처럼 서술어 '먹지' 뒤에 '는'을 붙여 '먹지는'이라고 쓰면 서술어인 '먹다'만을 부정하여, 나는 '떡을 만지거나 봉지에 싸거나 했지만' 먹지는 않았다는 뜻이 되거나, 나는 '밥을 먹고, 고기를 먹고, 과일을 먹었지만' 떡을 먹지는 않았다는 뜻이 되기도 합니다.

"나는 철수를 때리지는 못했다."도 마찬가지입니다. 서술어 '때리지' 뒤에 '는'을 붙여 '때리지는'이라고 쓰면 서술어인 '때리다'만 부정하여, 나는 철수를 '밀치거나 꼬집거나 깨물기만 했을 뿐' 때리지는 못했다는 뜻이 됩니다.

다섯째, '운동하다/밥하다/진행하다/싸움하다' 같은 '명사+하다'로 이루어진 동사 서술어로 쓴 문장을 부정할 때는 '안'이나 '못'을 '명사'와 '하다' 사이에 넣어서 씁니다.

예를 들면 "나는 오늘 공부한다." "나는 매일 아침 운동한다."처럼 '공부하다' '운동하다'를 서술어로 쓰는 문장을 부정문으로 만들 때는 "나는 오늘 공부 안 한다." "나는 매일 아침 운동 못 한다."처럼 '공부'와 '하다', '운동'과 '하다' 사이에 '안' '못'을 써서 문장을 만듭니다. 일반적인 경우처럼 서술어 앞에 '안' '못'을 쓰면 "나는 오늘 안 공부한다." "나는 내일 못 운동한다."처럼 말이 되지 않습니다.

　여섯째, 부정문을 쓸 때는 여러 가지로 해석할 수 있는 함정이 있으므로 조심해서 써야 합니다.
　'안' 부정 "나는 영희를 때리지 않았다."는 '영희를 때린 사람은 내가 아니라 다른 사람'이라는 뜻으로 받아들일 수도 있고, '나는 영희를 때린 것이 아니라 다른 사람을 때렸다.'는 뜻으로 받아들일 수도 있고, '나는 영희를 때린 것이 아니라 조금 밀쳤거나 살짝 건드렸을 뿐'이라는 뜻으로 받아들일 수도 있습니다.
　또 "내가 바라던 대로 그 일이 이루어지지 않았다." 같은 문장은 '나는 원래 그 일이 이루어지지 않기를 바랐는데 내 바람대로 되었다.'는 뜻으로 받아들일 수 있고 '일이 내가 바라던 그대로 된 것이 아니라 다른 모습으로 바뀌었다.'는 뜻으로도 받아들일 수 있습니다.
　'못' 부정 "나는 철수를 만나지 못했다."는 '내가 아닌 다른 사람이 철수를 만났다.'는 뜻으로 받아들일 수도 있고 '철수를 멀리서 보기만 했을 뿐 직접 만나지는 못했다.'는 뜻으로도 받아들일 수 있습니다.
　그리고 "우리는 밥을 다 먹지 못했다."에서 '먹지 못했다' 앞에 부사 '다'가 온 것처럼 부사가 오면 그 부사는 부정문 안에 들기도 하고 들지 않기도 해서 '우리는 모두 다 밥을 먹지 못했다.'는 뜻으로 받아들이기도 하고, '우리 중에는 밥을 먹은 사람은 일부이고 나머지는 먹지 못했다.'는 뜻으로 받아들일 수도 있고,

'우리는 밥의 양을 다 먹지 못하고 남겼다.'는 뜻으로도 받아들일 수 있습니다.

"손님이 다 오지 않았다." "손님이 다 안 왔다."도 '손님이 한 사람도 오지 않았다.'고 해석할 수도 있고 '손님이 오기는 했는데 오지 않은 사람도 있다.'고 해석할 수도 있습니다.

"우리나라 축구 국가대표 팀은 세 가지 목표를 다 충족하지 못했다." 같은 문장은 목표 세 가지 중 어느 한 가지도 충족하지 못했다는 뜻이 되기도 하고, 목표 세 가지 중 한둘은 충족했지만 나머지 한둘은 충족하지 못했다는 뜻이 되기도 합니다.

일곱째, 의미를 강조하기 위해서 이중 부정을 쓰기도 하는데 이중 부정은 문장의 의미를 어지럽히는 원인이 될 수도 있으므로 여러 번 생각해 보고 나서 써야 합니다.

예를 들면 "나는 그를 미워하지 아니한 것은 아니다." 같은 문장은 '나는 그를 미워했다.'는 뜻인데 이걸 강조하기 위해서, 또는 좀 더 멋있게 표현하고 싶어서 '아니한 것은 아니다'처럼 씁니다. 하지만 독자는 미워했다는 뜻인지 미워하지 않았다는 뜻인지 분간하기 어려울 수도 있습니다.

"환경을 고려하지 않은 정책은 다 바람직하지 않다고 말하지 않을 수 없다."도 무척 배배 꼬인 문장입니다. '환경을 고려하지 않은 정책은 다 바람직하지 않다.'고 쓰면 될 것을 '바람직하지 않다고 말하지 않을 수 없다.'고 불필요한 부정의 꼬리를 여럿 달아 놓아 마치 구미호처럼 우리를 혼란에 빠뜨립니다.

문장에 군살이 붙은 병
신춘문예에 당선했다니 기쁘게 생각한다

우리 속담에 "개○○에 낀 보리밥"이란 말이 있습니다. 자기 하고 상관없는 일에 끼어들기 좋아하는 사람을 빗댄 말입니다.

예전에는 보리밥이 주식이다시피 했고, 그러니 개에게도 보리밥을 줄 수밖에 없었는데, 보리는 소화가 잘 되지 않기 때문에 암캐가 똥을 누면 소화되지 않은 보리밥알이 개의 항문 바로 밑에 있는 거기에 붙어 있는 모습을 볼 수 있었습니다. 개는 거기에 보리밥알을 붙인 채 달고 다닙니다. 우리가 쓰는 문장에도 개○○에 낀 보리밥 같은 말이 많이 섞여 있습니다.

문장 안에 불필요한 말들이 섞여 있으면 문장이 명료하지 못할 뿐 아니라 독자를 오독으로 이끌 위험이 있습니다. 문장 안에서 어떤 것들이 군살인지, 그 군살을 어떻게 뺄 것인지 살펴

보겠습니다.

첫째, 감정을 표현하는 말에 덧붙인 '생각하다, 느끼다, 마음이다'

기쁨, 슬픔, 애처로움, 유쾌함 같은 감정을 표현하는 말에 '생각하다, 느끼다, 마음이다' 같은 말을 덧붙여 쓰는 병이 퍼져 있습니다.

감정은 마음속에서 우러나는 것이므로 슬프면 슬픈 것이지 슬프다고 생각되는 것이 아니고, 기쁘면 기쁜 것이지 기쁘다고 느껴지는 것도 아닙니다. 그러므로 감정을 표현하는 말에 '생각하다, 느끼다, 마음이다' 같은 말은 군살입니다.

"기쁘게 생각한다/기쁜 것 같다/기쁜 마음이다"는 '기쁘다' 한마디로 줄여서 써야 합니다. "아내가 퇴원한다니 기쁜 마음이 들었다."는 "아내가 퇴원한다니 기뻤다."로 쓰면 됩니다.

"슬프게 생각한다/슬픈 것 같다/슬픈 느낌이 들었다"도 마찬가지입니다. 그냥 '슬프다'로 쓰면 됩니다. "가랑잎이 떨어지는 것을 보니 슬픈 느낌이 들었다."는 "가랑잎이 떨어지는 것을 보니 슬펐다."로 쓰면 됩니다.

"만족하게 생각한다/만족스러운 것 같다"는 '만족한다'로 써서 "비록 일당 1만 원에 불과하지만 만족하게 생각한다."는 "비록 일당 1만 원에 불과하지만 만족한다."로 쓰면 됩니다.

"애처롭게 생각한다/애처로운 것 같다/애처로운 느낌이다"

같은 말들은 '애처롭다'로 써서 "비바람에 꽃잎이 지는 걸 보니 애처로운 느낌이 들었다."는 "비바람에 꽃잎이 지는 걸 보니 애처롭다."로 쓰면 됩니다.

"유쾌한 느낌이다/유쾌한 것 같다/유쾌한 마음이 들었다"도 '유쾌하다'로 써서 "항상 웃는 그를 만나면 나마저 유쾌한 느낌이 든다."는 "항상 웃는 그를 만나면 나도 유쾌해진다."로 쓰면 됩니다.

둘째, 홑한자+하다로 이루어진 말

우리가 공식적인 행사에 참여해 보면 식순에 국민의례가 들어 있습니다. 사회자는 "국기에 대하여 경례" "순국선열에 대하여 묵념"이라고 꼬박꼬박 '대하여'를 넣어서 구령을 붙입니다. 이 구령처럼 우스운 말도 없습니다. 우리가 웃어른에게 인사할 때 "할아버지에 '대하여' 인사"라고 합니까. "철수야 할아버지에 '대하여' 인사 올려야지." 하고 말하는 사람은 대한민국에 한 사람도 없습니다. 이처럼 아무도 쓰지 않는 말을, 더구나 일본어의 찌꺼기를 국기나 순국선열께 쓰다니요.

이런 잘못된 구령이 일제 강점기 때부터 이어 와서 고질이 되어 인제는 도저히 바꿀 수 없는 지경에 이르고 말았습니다. '대하여'를 빼고 "국기에 경례" "순국선열께 묵념"이 옳은 구령입니다. 이걸 바꾸자고 건의하면 '관행이니까' 하고 고치려 하지 않습니다. 잘못도 관행이면 잘못 아닌 것이 될까요. 잘못을 바꾸려는 의지가 없이는 늘 잘못 속에서 살게 됩니다.

"향+하여/관+하여/통+하여/대+하여/의+하여"처럼 홑한자에 '하다'를 붙여 쓰는 단어는 과감히 없애고 써도 전혀 어색하지 않습니다.

* 대하여 :

그녀에 대하여 관심을 표명했다.

⇨ 그녀에게 관심을 표명했다.

* 향하여 :

서울을 향하여 차를 몰았다.

⇨ 서울로 차를 몰았다.

* 관하여 :

소설 쓰는 방법에 관하여 설명했다.

⇨ 소설 쓰는 방법을 설명했다.

* 통하여 :

회의를 통하여 결정했다.

⇨ 회의에서 결정했다.

* 의하여 :

법률에 의하여 집행한다.

⇨ 법률에 따라 집행한다.

셋째, 뜻이 같은 말을 겹쳐 쓰는 단어

우리말에 보이는 좋지 않은 특징 중 하나는 뜻이 같은 말을 아무렇지도 않게 겹쳐 쓰는 버릇입니다. 초가를 초가집이라 하고, 해안을 해안가라 하고, 신작로를 신작로길이라고 하는 것들입니다. 한 단어로 쓰는 말은 그래도 크게 복잡하지 않지만, 뜻이 비슷한 단어와 단어를, 구와 단어를, 절과 단어를 겹쳐서 쓰는 것은 문장을 복잡하게 하는 요소이므로 과감히 하나를 생략해 버리는 용기가 필요합니다.

어떤 사람들은 "뜻을 강조하기 위해 일부러 그렇게 썼다."고 말합니다. 내용을 알고 의도적으로 썼다면 어쩔 수 없지만 자기도 모르게 습관적으로 쓰는 경우가 많습니다. 알고 쓰는 것과 모르고 쓰는 것은 다릅니다.

"국회가 문을 열고 있는 기간 동안은 국회의원을 체포할 수 없다."에서 '기간'과 '동안'은 같은 뜻입니다. 이 중 '기간'은 빼도 됩니다. 그렇게 하면 "국회가 문을 열고 있는 동안은 국회의원을 체포할 수 없다."처럼 한결 간결해집니다.

① 대등하게 겹친 말

* 이 그림을 보고 느낀 소감을 말해 보시오.
  ⇨ 이 그림을 보고 소감을 말해 보시오.
  '소감'은 '느낀 감정'이라는 말입니다. '소감' 속에 '느낀'이 들어 있기 때문에 '느낀'을 빼도 됩니다.
* 여기 있는 나무는 거의 대부분 침엽수이다.
  ⇨ 여기 있는 나무는 대부분 침엽수이다.
  '거의'와 '대부분'은 같은 뜻입니다. 강조하기 위해서 쓰지 않았다면 하나를 빼야 합니다.

＊퇴학이라니, 너무 지나친 처벌이 아닌가.

⇨ 퇴학이라니, 지나친 처벌이 아닌가.

'너무'와 '지나친'은 같은 뜻입니다. '너무'를 '지나친'의 부사어로 만들어 쓴 군살입니다.

＊조금만 기다려라. 조만간 곧 좋은 소식이 있을 것이다.

⇨ 조금만 기다려라. 곧 좋은 소식이 있을 것이다.

'조만간'과 '곧'은 같은 뜻입니다. 둘 중 하나를 빼도 됩니다.

＊이제 겨우 스무 살의 나이에 아이를 낳다니.

⇨ 이제 겨우 스무 살에 아이를 낳다니.

'스무 살'은 '나이'입니다. 그러므로 '나이'라는 군말을 쓸 필요가 없습니다.

위의 예들은 단어와 단어가 겹치기 때문에 단어 하나를 줄여 쓸 수 있습니다. 하지만 아래의 예들은 이보다 조금 더 복잡합니다.

＊아침부터 저녁까지 하루 종일 소식을 기다렸다.

⇨ 하루 종일 소식을 기다렸다.

'하루 종일'은 '아침부터 저녁까지'를 이르는 말이므로 '아침부터 저녁까지'는 빼도 됩니다.

＊힘 한 번 제대로 쓰지 못하고 무기력하게 졌다.

⇨ 힘 한 번 쓰지 못하고 졌다.

'힘 한 번 제대로 쓰지 못하다'와 '무기력하다'는 같은 뜻이므로 '무기력하다'를 빼도 됩니다.
＊ 반드시 갖추어야 할 필수적인 요소다.
　⇨ 반드시 갖추어야 할 요소다.
'반드시 갖추어야 할'은 '필수적인'과 같은 뜻입니다. 그러므로 둘 중 하나를 빼고 써도 됩니다.
＊ 일찍이 겪어 보지 못한 미증유의 외환위기를 맞았다.
　⇨ 일찍이 겪어 보지 못한 외환위기를 맞았다.
'미증유'는 '일찍이 겪어 보지 못한'이라는 뜻입니다. '일찍이 겪어 보지 못한' 미증유가 있고 '일찍이 겪어 본' 미증유가 있는 것이 아니므로 '일찍이 겪어 보지 못한'을 빼든지 '미증유'를 빼든지 둘 중 하나를 빼도 됩니다.
＊ 과반수 이상이 찬성했다.
　⇨ 과반수가 찬성했다.
'과반수'라는 말에는 '반을 넘었다'는 뜻이 포함되었으므로 '과반수'와 '이상'을 겹쳐서 쓸 필요가 없습니다.
＊ 약 2만 원 정도가 부족했다.
　⇨ 약 2만 원이 부족했다.
'약'이라는 말은 '어느 정도'라는 말과 같습니다. '약'을 빼든지 '정도'를 빼든지 해야 합니다.
＊ 이번 시합에는 5만여 명이 넘은 관중이 모여들었다.
　⇨ 이번 시합에는 5만여 관중이 모여들었다.
'여'는 '남짓하다'는 뜻입니다. 그러므로 '넘은'은 불필요한 군살입니다.

② **명사가 겹친 말**

＊금강산은 동해 바다를 굽어보고 있다.
   ⇨ 금강산은 동해를 굽어보고 있다.
'동해' 속에는 '바다'라는 명사가 들어 있습니다.
＊위안부 문제가 한일 간의 현안 문제로 떠올랐다.
   ⇨ 위안부 문제가 한일 간의 현안으로 떠올랐다.
'문제'와 '현안'은 같은 뜻을 가진 명사입니다. 그러므로 뒤에 오는 '문제'를 빼야 합니다.
＊그는 잠시 동안 말을 잊었다.
   ⇨ 그는 잠시 말을 잊었다.
'잠시'와 '동안'은 같은 뜻을 가진 명사입니다.
＊탱크 지나가는 굉음 소리에 잠을 자지 못했다.
   ⇨ 탱크 지나가는 굉음에 잠을 자지 못했다.
'굉음'은 '큰 소리'라는 뜻으로 뒤에 오는 '소리'를 포함하고 있습니다.

③ **관형어가 겹친 말**

관형어는 체언에 관형격 조사 '은/는'을 붙이거나 서술어의 어미가 'ㄴ/은/는'으로 된 말로서 주로 뒤에 오는 체언을 수식합니다. 체언 속에 들어 있는 뜻을 가진 관형어가 체언 앞에 와서 수식하는 것은 불필요한 군살이나 같습니다.

＊이번 세무 조사는 짜인 각본에 따른 것이다.
   ⇨ 이번 세무 조사는 각본에 따른 것이다.

'짜인'이라는 관형어는 뒤에 오는 '각본'이라는 피수식어와 뜻이 같습니다.

* 붉은 악마가 차지한 응원석은 뜨거운 열기로 가득했다.
  ⇨ 붉은 악마가 차지한 응원석은 열기로 가득했다.
  '열기'는 뜨거운 기운을 뜻하는 말입니다. 관형어 '뜨거운'이 피수식어인 '열기' 속에 포함되어 있습니다.
* 군인에게 주어진 임무는 나라를 지키는 일이다.
  ⇨ 군인의 임무는 나라를 지키는 일이다.
  피수식어 '임무'라는 말속에 '주어진'이라는 뜻이 들어 있으므로 관형어 '주어진'을 생략해도 됩니다.
* 그런 생각은 쓸데없는 기우에 지나지 않았다.
  ⇨ 그런 생각은 기우에 지나지 않았다.
  '기우'라는 말속에 '쓸데없는'이라는 뜻이 포함되어 있습니다.
* 홍삼 중에서 가장 좋은 특상품을 골라 선물했다.
  ⇨ 홍삼 중에서 특상품을 골라 선물했다.
  '특상품'이라는 말속에 '가장 좋은'이라는 뜻이 포함되어 있습니다.
* 이 강물에는 살아 있는 생물을 볼 수 없다.
  ⇨ 이 강물에는 생물을 볼 수 없다.
  '생물'이라는 말속에 '살아 있는'이라는 뜻이 포함되어 있습니다.

④ **목적어가 겹친 말**

목적어는 체언에 목적격 조사 '을/를'을 붙인 말이나, 서술어의 어미가 'ㄹ/을/를'로 된 말입니다.

* 나는 아침 일찍 은행에 가서 돈을 송금했다.

⇨ 나는 아침 일찍 은행에 가서 송금했다.

'송금'이란 말은 '돈을 보냈다'는 뜻이므로 '송금' 속에 '돈'이 포함되어 있습니다.

* 꿈을 해몽해 보니 복권이라도 사야 할 것 같다.

⇨ 해몽해 보니 복권이라도 사야 할 것 같다.

'해몽'이라는 말속에 '꿈을'이라는 목적어가 들어 있으므로 '꿈을'은 생략해도 됩니다.

* 현대는 금강산에 자본을 투자했으나 빚만 지고 말았다.

⇨ 현대는 금강산에 투자했으나 빚만 지고 말았다.

'투자'라는 말은 '자본을 낸다'는 뜻이므로 '투자' 속에는 '자본'이라는 뜻이 들어 있습니다.

* 스님은 두 손을 '합장'하고 탑을 돌았다.

⇨ 스님은 합장하고 탑을 돌았다.

'합장'은 '두 손을 모은다'는 뜻이므로 '합장' 속에는 '두 손'이라는 뜻이 들어 있습니다.

* 외환위기 때 우리는 어려운 삶을 살았다.

⇨ 외환위기 때 우리는 어렵게 살았다.

'살았다'는 말속에 '삶'이라는 뜻이 들어 있습니다.

＊국어 선생님은 교과서에서 문제를 출제했다.
  ⇨ 국어 선생님은 교과서에서 출제했다.
  '출제'는 '문제를 낸다'는 뜻이므로 '출제' 속에 '문제'라는 뜻이 들어 있습니다.

⑤ 부사어가 겹친 말

부사어는 서술어를 한정하거나 수식하는 말입니다. 부사 또는 서술어의 어미가 '아/어/게/지/고'로 된 말입니다. 서술어가 가지고 있는 뜻을 부사어가 한 번 더 수식할 필요가 없습니다. 이럴 때는 부사어가 군살이 되므로 빼야 합니다.

＊위안부 문제는 느닷없이 돌출한 사건이 아니다.
  ⇨ 위안부 문제는 돌출한 사건이 아니다.
  '느닷없이'라는 부사어가 '돌출한'이라는 말을 수식하고 있습니다. '돌출한' 속에는 '느닷없다'는 뜻이 포함되어 있습니다.

＊독도는 우리가 목숨 걸고 사수해야 할 국토다.
  ⇨ 독도는 우리가 사수해야 할 국토다.
  '사수하다'라는 말속에는 '목숨 걸고'라는 뜻이 들어 있습니다. '사수하다'라는 서술어를 수식하는 부사어 '목숨 걸고'는 생략해야 합니다.

＊자유로가 막혀 차들이 느리게 서행하고 있습니다.
  ⇨ 자유로가 막혀 차들이 서행하고 있습니다.
  '서행하다'라는 말은 '느리게 간다'는 뜻으로 '부사어로 쓴' '느리게'가 포함되어 있습니다.

* 신도시에 가면 부동산 간판이 어지럽게 난립해 있다.
  ⇨ 신도시에 가면 부동산 간판이 난립해 있다.
  '난립하다'라는 말에는 '어지럽게'라는 뜻이 들어 있습니다.
* 아메리카 대륙은 콜럼버스가 처음으로 발견했다고?
  ⇨ 아메리카 대륙은 콜럼버스가 발견했다고?
  '발견'이라는 말속에는 '처음'이라는 뜻이 들어 있습니다.
* 이 문제를 바라보는 여야의 시각은 판이하게 다르다.
  ⇨ 이 문제를 바라보는 여야의 시각은 다르다.
  '판이하다'와 '다르다'는 같은 뜻입니다.
* 우리는 여기서 주저앉을 수 없다. 앞으로 전진해야 한다.
  ⇨ 우리는 여기서 주저앉을 수 없다. 전진해야 한다.
  '전진'이라는 말은 '앞으로 나간다'는 뜻입니다.
* 잘못 부과된 세금을 올바르게 바로잡았다.
  ⇨ 잘못 부과된 세금을 바로잡았다.
  '바로잡다'는 '잘못을 올바르게'라는 뜻이 들어 있습니다.
* 전두환은 권력을 손 안에 장악했다.
  ⇨ 전두환은 권력을 장악했다.
  '장악'이라는 말은 '손 안에 넣었다'는 뜻입니다.

문장의 꼬리를 길게 늘어뜨린 병
지는 것이 이기는 것이라고 하지 않을 수 없다

우리말은 일반적으로 앞쪽에 이유나 원인을 두고 뒤쪽에 결과나 결론을 두기 때문에 끝까지 읽어야 무슨 내용인지 알 수 있습니다. 그러므로 문장의 뜻을 명확하게 전달하기 위해서는 결론 부분인 문장의 끝을 늘어뜨리거나 꼬이게 하지 말고 간략하게 정리해야 합니다.

첫째, '-이다'로 끝낼 수 있는 말들

* -이라고 하겠다
  이것이 바로 '압박 축구라고 하겠다'.
  ⇨ 이것이 바로 '압박 축구이다'.

* -임을 알 수 있다

    부모 마음을 헤아리는 것이 '효도임을 알 수 있다'.

    ⇨ 부모 마음을 헤아리는 것이 '효도이다'.

* -이 아닐 수 없다/-이라고 하지 않을 수 없다

    지는 것이 곧 '이기는 것이라고 하지 않을 수 없다'.

    ⇨ 지는 것이 곧 '이기는 것이다'.

* -모양을 하고 있다/-모양을 가지고 있다/-형태를 가지고 있다

    동그라미 모양을 하고 있다. ⇨ 동그라미 모양이다.

    구름 모양을 가지고 있다. ⇨ 구름 모양이다.

    물고기 형태를 하고 있다. ⇨ 물고기 형태이다.

* -에 불과한 실정이다

    경제성장률이 '제자리걸음에 불과한 실정이다'.

    ⇨ 경제성장률이 '제자리걸음이다'.

둘째, '-하다'로 끝낼 수 있는 말들

* -가고 있다/-되어 가고 있다

    우리 계획은 착착 '성공하여 가고 있다'.

    ⇨ 우리 계획은 착착 '성공하고 있다'.

* -했던 것이다

    이몽룡은 성춘향을 '사랑했던 것이다'.

    ⇨ 이몽룡은 성춘향을 '사랑했다'.

* -함을 보여 주고 있다/-함을 말해 주고 있다
  수출 물량이 '넉넉함을 보여 주고 있다'.
    ⇨ 수출 물량이 '넉넉하다'.
  혈색이 좋은 걸 보니 '건강함을 말해 주고 있다'.
    ⇨ 혈색이 좋은 걸 보니 '건강하다'.
* -하는 것이 현실이다
  국민은 후보 단일화를 '요구하는 것이 현실이다'.
    ⇨ 국민은 후보 단일화를 '요구한다'.
* -하는 모습을 나타내다
  여론에 따라 '일희일비하는 모습을 나타낸다'.
    ⇨ 여론에 따라 '일희일비한다'.
* -하는 결과를 가져오다
  외국인 감독 선임은 결국 '실패한 결과를 가져왔다'.
    ⇨ 외국인 감독 선임은 결국 '실패했다'.
* -경주하다/-기울이다
  국민의 신임을 얻기 위한 '노력을 경주했다(기울였다)'.
    ⇨ 국민의 신임을 얻기 위해 '노력했다'.
* -을 실시하다/-를 벌이다
  남과 북이 평창올림픽 대표단 구성 문제를 두고 '협상을 벌였다'.
    ⇨ 남과 북이 평창올림픽 대표단 구성 문제를 '협상했다'.
* -가능성을 가지고 있다/-가능성을 보여 주고 있다
  건강이 회복될 '가능성을 보여 주고 있다'.

⇨ 건강 회복이 '가능하다'.
* −우려를 자아내고 있다
　경기가 가라앉지 않을까 하는 '우려를 자아내고 있다'.
　　⇨ 경기가 가라앉지 않을까 '우려된다'.
* −하지 않으면 아니 된다
　북의 도발에 '대비하지 않으면 아니 된다'.
　　⇨ 북의 도발에 '대비해야 한다'.

셋째, 기타

* −한 데 기인한다/−한 데서 말미암은 것이다/−한 데서 빚어진 것이다
　고구려 멸망은 '내부 분열에서 빚어진 것이다'.
　　⇨ 고구려 멸망은 '내부 분열이 원인이다'.
* −으로 인하여/−으로 말미암아
　'태풍으로 인하여' 피해가 컸다.
　　⇨ '태풍으로' 피해가 컸다.
　'가뭄으로 말미암아' 흉년이 들었다.
　　⇨ '가뭄으로' 흉년이 들었다.

논리에 맞지 않은 단어를 쓰는 병
고개가 땅에 닿을 정도로 허리 굽혀 인사했다

미국 작가 마크 트웨인은 "정확한 단어와 비교적 정확한 단어는 번갯불과 반딧불이만큼 차이가 난다."고 말했습니다.

단어는 문장을 만드는 기초 재료입니다. 기초 재료를 적재적소에 쓰지 않으면 좋은 문장을 만들 수 없습니다. 정확하지 않은 단어가 끼어든 문장은 뜻이 엉뚱해지거나 왜곡되거나 모호해져서 논리가 흐트러져 독자를 오독으로 이끕니다.

좀 오래되긴 했지만 어느 자동차 회사가 신문 한 면을 몽땅 차지한 자동차 광고를 냈습니다. 그 광고 문안을 보면 다음과 같습니다.

"앞뒤뿐만 아니라 옆, 위, 속까지 안전해야 한다."

SM5의 생각입니다! 당신의 생각은 무엇입니까?

위와 같은 질문을 헤드라인으로 크게 뽑고, 그 아래에 조그마한 글자로
"우리 가족도 SM5의 생각에 동의합니다."
하고 써 놓았습니다.
이 광고 문안의 질문과 답을 보면 "당신의 생각은 무엇입니까?" 하는 질문과 "우리 가족도 동의합니다." 하는 답은 동문서답입니다. 이 질문처럼 당신의 생각은 '무엇인가'로 물으면 안 됩니다. "당신은 어떻게 생각합니까?"로 물어야 합니다.
'무엇인가?'는 '역사란 무엇인가?' '종교란 무엇인가?'처럼 그것의 본질을 묻는 말입니다.
'어떠한가?'는 '건강은 어떠한가?' '기분이 어떠한가?'처럼 그것의 현상, 느낌, 생각 같은 상태를 묻는 말입니다. 이 광고 문안처럼 "나는 앞뒤뿐만 아니라 옆, 위, 속까지 안전해야 한다고 생각하는데 당신의 생각은 '무엇'입니까?" 하고 물으면 본질을 묻기 때문에 질문이 성립되지 않습니다.
"나는 앞뒤뿐만 아니라 옆, 위, 속까지 안전해야 한다고 생각하는데, 당신은 '어떻게' 생각합니까?" 하고 물어야 "내 생각도 당신과 같다."거나 아니면 "내 생각은 당신과 다르다."고 대답할 수 있습니다.
이렇듯 단어를 잘못 쓴 문장을 신문, 교과서 등에서 몇 가지 골라 예시하였습니다. 먼저 예문을 읽어 보고 어떤 단어를 잘

못 썼는지 찾아보고 나서 설명을 읽으며 나의 단어 실력은 어느 정도인지 가늠해 보기 바랍니다.

[예문1] 우리 학교 화단에는 정화된 오폐수를 사용하여 키운 나무들이 많다.

이 문장에서 잘못 쓴 곳은 '정화된 오폐수'입니다. 왜냐하면 '정화된 오폐수'는 있을 수 없는 물입니다. '정화된'은 '오폐수'를 수식하는 관형어입니다. 정화된 오폐수는 이미 오폐수가 아니라 정화되었으니 정상적인 물입니다. 이 문장에서는 오폐수를 정화하여 깨끗한 물로 만들어 사용했다는 뜻이므로 "우리 학교 화단에는 오폐수를 정화한 물을 사용하여 키운 나무들이 많다."고 써야 합니다.

[예문2] 김씨가 현장에 없었다는 사실은 그가 이 사건과 아무런 관계가 없다는 것을 반증反證한다.

이 문장에서 쓴 '반증'은 반대되는 증거를 말합니다. 그러므로 '김씨가 현장에 없었다는 사실은 그가 이 사건과 아무런 관계가 없다는 것에 반대되는 증거'라는 말이므로 그가 이 사건과 관계가 있다는 뜻이 됩니다.

이 문장을 쓴 기자의 생각은 '김씨가 현장에 없었다는 사실은 김씨가 이 사건과는 아무런 관계가 없음을 증명하는 증거가 된다.'는 뜻이었을 겁니다. 그렇다면 '반증反證'이 아니라 '방증傍證'이라고 써야 합니다. 방증은 '결정적인 증거는 아니지만 미루어 보아 그럴 만한 간접 증거'라는 뜻입니다. 단어 하나 때문에 혐의 없음이라는 기자의 의도와는 반대로 혐의 있음이 되고 말았습니다.

[예문3] 고개가 땅에 닿을 정도로 허리를 굽혀 인사했다.

이 문장에서는 '고개'를 쓰면 안 됩니다. 아무리 재주 좋은 곡예사라도 '고개'를 땅에 닿게 할 수는 없습니다. '고개 숙여 인사한다'는 말에 습관적으로 버릇이 들어 '고개가 땅에 닿을 정도로' 허리를 굽혀 인사했다고 쓴 것 같습니다. 그렇지만 머리는 땅에 닿을 수 있지만 고개는 아무리 구부려도 땅에 닿을 수 없으므로 '머리'가 땅에 닿을 정도로 허리를 구부렸다고 써야 논리에 맞는 문장이 됩니다.

[예문4] 자전거를 타면 환경오염에 도움이 됩니다.

이럴 수가, 자전거를 타면 환경을 오염시키는 데 도움이 되다니요. 자전거를 타면 환경오염을 예방하거나 방지하는 거 아닌가요? 이 문장에서는 '환경오염' 다음에 '예방'이라는 단어를 쓰지 않아 엉뚱한 내용이 되고 말았습니다. "자전거를 타면 환경오염을 예방하는 데 도움이 됩니다."로 써야 바른 내용이 됩니다.

[예문5] 나는 허리가 얇아서 55사이즈도 헐렁합니다.

어느 홈쇼핑 상품 안내자가 옷을 설명하면서 한 말입니다. 이 사람은 '가늘다/굵다'나 '얇다/두껍다' 같은 말의 뜻을 제대로 알지 못하고 쓴 듯합니다. 허리는 얇은 게 아니라 가늘고, 두꺼운 게 아니라 굵다고 써야 합니다. 이렇게 쉬운 말조차 구별하지 못하고 함부로 쓰는 사람이 많습니다.

　이와 비슷한 예로 "휴전선에서 서울까지의 거리는 짧다."고 쓴 문장도 있습니다. 거리는 '짧다/길다'로 표현하는 게 아니라 '멀다/가깝다'로 표현해야 합니다.

　[예문6] 각계 전문가의 자문諮問을 받아 결정하려고 합니다.
　이 문장에서는 '자문諮問'이라는 뜻을 잘못 알고 썼습니다. '자문'은 어떤 일을 좀 더 효율적이고 바르게 처리하려고 그 방면의 전문가나 전문가로 이루어진 기구에 의견을 묻는다는 뜻입니다. '자문을 받는' 것이 아니라 '자문을 하는' 것이므로 "각계 전문가에게 자문하여 결정하려고 합니다."처럼 써야 합니다.

　[예문7] 우리 축구를 월드컵 4강에 올려놓은 장본인은 히딩크 감독이다.
　이 문장에서는 '장본인'이라는 단어를 잘못 썼습니다. '장본인張本人'은 '어떤 일을 꾀하여 일으킨 바로 그 사람'이라는 뜻으로 '어떤 일이 크게 벌어지는 근원'이라는 뜻을 가진 '장본張本'에 사람 인자를 붙인 단어입니다. 원래는 모반에 가담하는 사람들이 결의문을 쓰고 거기에 서명날인한 비밀문서를 '장본'이라 했고, 그 문서에 이름을 올린 사람을 '장본인'이라고 했습니다. 그러므로 장본인은 '비밀스레 일을 꾸민 사람'이라는 부정적인 의미가 있어서 "우리 회사를 망하게 한 장본인은 사장이다." "이번 시합을 망친 장본인은 아무개 선수다."처럼 부정적인 의미에 씁니다. 히딩크처럼 공이 커서 긍정적으로 쓸 때는 '주인공'이라는 단어를 써서 "우리 축구를 월드컵 4강에 올려놓은 주인공은 히딩크 감독이다."로 써야 합니다.

[예문8] 수익금 100만 원을 신문사에 납부하여 가뭄과 싸우는 농민을 돕는 데 썼다.

세금과 같은 공공요금을 내는 데 '납부'라는 단어를 씁니다. 기부금은 공공요금이 아니고, 신문사에 그 쓰임을 맡기는 돈이므로 '기탁'이라고 써야 합니다. 즉 신문사에 100만 원을 기탁해 농민을 돕는 데 쓰도록 한다는 뜻이므로 '납부'는 어울리지 않은 단어입니다.

[예문9] 우리는 김구 선생의 민족정신을 타산지석他山之石으로 삼아 통일을 앞당겨야 한다.

타산지석은 시경詩經의 소아小雅에 나오는 말로서 '다른 산에서 가져온 하찮은 돌이라도 내 옥돌을 가는 데 쓸 수 있다'는 뜻으로, 본이 되지 않은 남의 말이나 행동도 자신의 지식과 인격을 수양하는 데에 도움이 될 수 있음을 비유적으로 이르는 말입니다. 타산지석은 하찮은 돌을 가리키므로 고귀하거나 뛰어난 언행에 쓰면 안 됩니다. 고귀하거나 뛰어난 언행에는 '귀감'이라는 단어를 써서 "우리는 김구 선생의 민족정신을 귀감으로 삼아 통일을 앞당겨야 한다."고 써야 합니다.

[예문10] 우리 부락에는 김해 김씨가 많이 모여 산다.

부락部落은 원래 일본에서 천민들이 모여 사는 마을을 가리키는 말로서, 일제가 우리를 비하해서 쓰기 시작했습니다. 그러므로 '부락'은 '동네' 또는 '마을'로 순화해서 써야 합니다. 우리나라 동인지 가운데 〈시인부락〉이 있었습니다. 1936년에 제1집이 나왔는데 서정주 시인이 편집을 맡았으며 김달진 김동리 오장환 함형수 등이 동인으로 참여했습니다. 동인지 이름 치고는 영 잘못 지은 이름입니다.

[예문11] 나는 회사 일이 밀려 새벽 1시에 퇴근했는데, 밤 12시부터 경비 아저씨가 출입문을 막아 퇴근할 수 없었다.

이 문장에서는 '새벽 1시'와 '밤 12시부터'와 그리고 '막았다'를 잘못 썼습니다. '새벽'은 날이 밝을 무렵을 가리킵니다. 자정 이후 일출 전의 시간 단위 앞에 쓰기도 하지만 엄밀한 의미에서 1시는 한밤중이지 새벽이 아닙니다. 이럴 때는 '새로 1시'라고 써야 합니다.

'밤 12시부터'에서 '부터'는 행위의 계속성이 시작된다는 뜻이므로 이때부터 계속해서 문을 닫는다는 뜻이 되어 12시에도 닫고 12시 반에도 닫고 1시에도 2시에도 계속해서 닫는다는 뜻입니다. 이 문장에서는 밤 12시가 되자 문을 닫았다는 뜻이므로 '밤 12시에'라고 한정해서 써야 "언제 문을 닫았는가?"에

"밤 12시에 문을 닫았다."고 답할 수 있습니다. 또한 출입문을 막은 게 아니라 닫은 것이므로 '막았다'는 '닫았다'로 써야 합니다.

이 문장을 정리하면 "나는 회사 일이 밀려 새로 1시에 퇴근하려 했는데, 밤 12시에 경비 아저씨가 출입문을 닫아 퇴근할 수 없었다."가 됩니다.

[예문12] 우리나라 월드컵 대표팀은 8강전에 대비하여 피로 회복 훈련에 주력했다.

'회복'은 원래의 상태로 되돌린다는 뜻입니다. 그러므로 '피로'를 '회복'한다는 말은 사라진 피로를 불러 온다는 뜻이 되어 '원래 피로했던 상태로 되돌린다', '피로하게 만든다'는 말과 같습니다. 지금 쌓여 있는 피로를 풀어 주는 훈련에 주력한다는 뜻이므로 이럴 때는 '피로 해소 훈련'이라고 써야 합니다.

[예문13] 모든 노력이 수포로 돌아갔다.

수포는 물거품을 말합니다. '수포로 돌아갔다'고 쓰면 '원래 물거품이었던 것이 다시 물거품이 되었다'는 뜻이 됩니다. 이 문장은 모든 노력이 물거품처럼 사라졌다는 뜻이므로 "모든 노력이 수포가 되었다."고 써야 합니다.

[예문14] 오늘 국회의원 후보자 합동 연설이 있었다. 가장 많은 박수를 받은 후보 중 하나는 여성 후보였다.

'가장'은 '여럿 가운데 어느 것보다'라는 뜻으로 '오직 하나'만

존재하는 최상급 부사어입니다. 이 문장에서 '여러 후보 중 가장 많은 박수를 받은 후보'는 한 사람이어야 합니다. 그런데 '가장 많은 박수를 받은 후보 중 하나'라고 하면 가장 많은 박수를 받은 후보가 여러 명이라는 뜻이 됩니다. '가장'이라는 말을 쓸 때는 '여럿 중 하나'라는 표현을 쓰지 않도록 주의해야 합니다. 최대, 최고, 최다 같은 말을 쓸 때도 마찬가지입니다.

[예문15] 시골 학교에서는 자연만 배우지 않는다.

이 문장은 '시골 학교에서는 다른 것은 다 배우지만 자연만은 배우지 않는다'는 뜻일까요 '시골 학교에서는 자연만 배우는 것이 아니라 다른 것도 배운다'는 뜻일까요. 아마도 '시골 학교에서는 자연만 배우는 것이 아니라 다른 것도 배운다'는 뜻으로 썼겠지요. 이렇듯 아무리 짧은 문장이라도 독자가 명확하게 이해하도록 쓰지 않으면 오독을 유발하고 맙니다.

우리말 발음을 잘못하는 병
너는 나에게로 와서 '꼬시' 되었다

　어느 문학 행사에 참여한 적이 있습니다. 제법 큰 행사여서 전국에서 문인들이 참석하여 성황이었습니다. 시 낭송 시간이 있었습니다. 한 여류 시인이 한복을 곱게 차려 입고 무대에 올라 배경 음악을 틀어 놓고 김춘수의 〈꽃〉을 낭송했습니다. 나는 그 낭송을 듣다가 귀를 의심했습니다. "내가 그의 이름을 불러 주었을 때 그는 나에게로 와서 '꼬시' 되었다." "나도 그에게로 가서 그의 '꼬시' 되고 싶다."고 낭송하는 것이었습니다. 이어서 무대에 오른 또 다른 여류 시인은 서정주의 〈국화 옆에서〉를 낭송했습니다. 그 또한 한복을 곱게 차려 입고, 자못 분위기를 잡으면서 무대를 장악했습니다. 그런데 나는 또 귀를 의심했습니다. "한 송이의 '국화꼬슬' 피우기 위해" 하고 아무렇지도 않은 듯이 목소리를 낭랑하게 울리면서 낭송하는 것이었습니다.

지금 우리나라에는 시 낭송 열풍이 불고 있습니다. 시 낭송을 가르치는 곳도 많고, 시 낭송을 배우는 사람도 많고, 시 낭송 행사도 많습니다. 문학 행사에서는 빠지지 않고 시 낭송을 합니다.

시 낭송은 그러잖아도 어렵다고 생각하는 시를 소리로 전달하기 때문에 발음이 무척 중요합니다. 우리말은 발음이 쉬운 것 같지만 매우 까다롭습니다. 특히 받침이 있는 말은 뒤에 이어지는 말이 자음이냐 모음이냐에 따라 발음이 달라지고 자음 중에서도 어느 것이 오느냐에 따라 발음이 달라지기도 합니다.

또 지역마다 억양이라든지 발음 습관에 따라 서로 다른 경우가 많기 때문에 표준 발음법을 정확히 익혀 두지 않으면 뜻이 다른 말로 바뀌어 전달될 수도 있습니다. 어느 지역에서는 'ㅡ' 발음을 'ㅓ'로, 'ㅕ' 발음을 'ㅐ'로 내는 경우가 많습니다. 그래서 '은행'을 '언행'으로, '경제'를 '갱제'로 발음하기도 합니다. '새'를 '셰'로 발음하여 '새나라'를 '셰나라'로, '세계'를 '셰계'로 발음하기도 합니다.

발음은 부모의 영향, 태어난 고향의 언어 습관과 발음 등 여러 요인에 따라 체질화 되었으므로 고치기 어렵고, 고친다 하더라도 무의식중에 옛날 버릇이 튀어나올 수도 있습니다. 이런 어려움을 이겨 내고 바른 발음으로 낭송하는 훌륭한 시 낭송가가 넘쳐났으면 합니다.

1. 받침의 발음

(1) ㅋ ㅍ ㅈ ㅊ ㅌ 받침

ㅋ ㅍ ㅈ ㅊ ㅌ 받침이 자음과 만나면 ㅋ은 ㄱ으로, ㅍ은 ㅂ으로, ㅈ ㅊ ㅌ은 ㄷ으로 발음합니다. 모음과 만나면 음가대로 발음합니다.

[예문1] 김춘수 시 꽃에 나오는 꽃은 꽃밭에 핀 꽃들 중 어떤 꽃일까?

이 예문을 "김춘수 시 꼬세 나오는 꼬슨 꼽밭에 핀 꼳들 중 어떤 꼬실까?"로 읽는 사람이 의외로 많습니다. 이렇게 읽으면 안 됩니다. "김춘수 시 꼬체 나오는 꼬츤 꼳빠테 핀 꼳뜰 중 어떤 꼬칠까?"로 읽어야 합니다.

* ㅊ받침이 자음과 만나면 '꽃과=꼳꽈'로, '꽃도=꼳또'로 읽고, 모음과 만나면 '꽃이=꼬치(꼬시×)'로, '꽃에=꼬체(꼬세×)'로, '꽃을=꼬츨(꼬슬×)'로 읽습니다. 괄호 안처럼 '꼬시 꼬세 꼬슬'로 읽으면 안 됩니다. 우리나라 시에는 '꽃'이 많이 나오므로 '꽃'과 관련된 발음을 정확히 익혀 두어야 합니다.

* ㅋ받침이 자음과 만나면 '부엌과=부억꽈'로 '부엌도=부억또'로 읽고 모음과 만나면 '부엌이=부어키(부어기×)' '부엌에=부어케(부어게×)'로 음가를 살려서 읽습니다.

[예문2] 내 무릎에 나뭇잎이 떨어지고, 그 옆의 늪가에 그늘이 짙어진다.

이 예문은 "내 무르베 나문니비 떠러지고, 그 여페 늡까에 그느리 지터진다"처럼 읽으면 안 됩니다. "내 무르페 나문니피 떠러지고, 그 여픠 늡까에 그느리 지터진다"로 읽어야 합니다.

* ㅍ받침이 자음과 만나면 '무릎과=무릅꽈' '무릎도=무릅또'로 읽고 모음과 만나면 '무릎이=무르피(무르비×)' '무릎에=무르페(무르베×)'로 읽습니다. 모음과 만날 때 음가대로 읽지 않고 괄호 안처럼 ㅍ을 ㅂ으로 바꿔 읽는 사람이 많습니다.
* ㅈ받침이 자음과 만나면 '젖과=젇꽈' '젖도=젇또'로 읽고, 모음과 만나면 '젖이=저지(저시×)' '젖에=저제(저세×)' '젖을=저즐(저슬×)'로 읽어야 합니다. 음가대로 읽지 않고 괄호 안처럼 ㅈ을 ㅅ으로 발음하면 안 됩니다.

[예문3] 콩밭도 밭이고 포도밭도 밭인데 콩밭을 팔아 포도밭을 샀다.

이 예문을 "콩받또 바시고 포도받또 바신데 콩바슬 파라 포도바슬 샀다"로 읽으면 안 됩니다. "콩받또 바치고 포도받또 바친데 콩바틀 파라 포도바틀 샀다"로 읽어야 합니다.

* ㅌ받침이 자음과 만나면 '밭과=받꽈' '밭도=받또'로 읽고, 모음과 만나면 조금 복잡하지만 '밭이=바치(바시×, 바티×)' '밭에=바테(바세×, 바체×)' '밭을=바틀(바슬×, 바츨×)'

로 읽습니다. 괄호 안처럼 '바시/바티, 바세/바체, 바슬/바츨'이라고 발음하면 안 됩니다. 왜냐하면 ㅌ이 ㅣ와 만나면 구개음화하여 ㅌ을 ㅊ으로 발음합니다. 그래서 '밭이'는 '바티'가 아니라 '바치'로 읽어야 합니다.

ㄷ받침도 ㅣ와 만나면 구개음화하여 ㅈ으로 발음합니다. '굳이'를 '구디'가 아니라 '구지'로 읽습니다.

(2) ㅎ받침

ㅎ받침이 있는 말이 모음과 만나면 묵음이 되고, ㄱ ㄷ ㅂ ㅈ과 만나면 ㄱ=ㅋ, ㄷ=ㅌ, ㅂ=ㅍ, ㅈ=ㅊ으로 발음합니다.

[예문4] 많고 많은 사람 중에는 싫은 사람도 많고 싫지 않은 사람도 많다.

이 예문에서 '많고'는 ㅎ이 ㄱ과 만나 '만코'로 읽고, '많은'은 ㅎ이 ㅇ을 만나 묵음이 되어 '마는'으로 읽습니다. '싫은'도 마찬가지입니다. 그래서 "만코 마는 사람 중에는 시른 사람도 만코 실치 아는 사람도 만타"처럼 읽습니다.

'놓아'도 마찬가지입니다. '노아(노하×), 놓으니=노으니(노흐니×), 놓고=노코'로 읽습니다.

[예문5] 솔직하게 말해서 너는 꽃 한 송이 보내고 싶지 않다고 생각하는데 아무리 생각해 봐도 그런 너의 생각이 답답하다.

이 예문은 "솔직카게 말해서 너는 꽃 한 송이 보내고 싶지 안타고 생각카는데 아무리 생각케 봐도 그런 너의 생각이 답답파다"로 읽어야 합니다.

이와 마찬가지로 "밥하고 떡하고"는 "바파고 떠카고(바바고 떠가고×)"로 읽고, "옷 한 벌 못 해 주고"는 "오탄벌 모태 주고 (오단벌 모대 주고×)"로 읽습니다.

(3) 겹받침

겹받침은 정말 발음하기 까다롭습니다. 겹받침이 자음과 만날 때는 어떤 경우에는 앞 자음이 탈락하기도 하고 어떤 경우에는 뒤 자음이 탈락해서 주의하지 않으면 잘못 발음하기 쉽습니다.

[예문6] 내 넋과 네 넋이 만나 천만 년을 산다 해도 짧다는 마음뿐이다.

이 예문을 읽어 볼까요. "내 넉꽈 네 넉시 만나 천만 년을 산다 해도 짭다는 마음뿐이다."로 읽습니다.

'넋과'는 뒤 자음이 탈락하여 '넉'으로 발음하고 '짧다'는 앞 자음이 탈락하여 '짭다'로 발음합니다.

　* ㄳ 받침은 넋도=넉또, 넋과=넉꽈, 넋이=넉시(너기×), 넋 이라도=넉시라도(너기라도×)처럼 자음과 만나면 뒤 자음

ㅅ이 탈락하여 ㄱ만 남고, 모음과 만나면 뒤 자음이 뒤로 넘어갑니다.

* ㄼ받침에서 '여덟'은 모음과 만날 때나 자음과 만날 때나 언제나 ㄹ이 남고 ㅂ이 탈락하여 여덟도=여덜또(여덥도×), 여덟이=여덜비(여덜이×), 여덟에=여덜베(여덜에×)로 읽습니다. 하지만 '밟다'는 다릅니다. '밟'이 모음과 만날 때는 밟아랴=발바라, 밟으니=발브니로 읽지만, 자음과 만날 때는 밟고=밥꼬, 밟다=밥따처럼 ㄹ이 탈락하고 ㅂ이 남습니다. "사뿐히 즈려밟고 가시옵소서"는 "사뿐히 즈려밥꼬 가시옵소서"로 읽습니다.
* ㅄ받침은 값도=갑또, 값이=갑씨(가비×), 값을=갑쓸(가블×), 값에도=갑쎄도(가베도×)로 읽습니다.
* ㄵ받침은 앉다=안따, 앉더라도=안떠라도, 앉아라=안자라로 읽습니다.
* ㄾ받침은 핥다=할따, 핥고=할꼬, 핥아라=할타라로 읽습니다.

[예문7] 닭이 '구구구' 하고 숫자를 읽고 있으면 다른 닭도 따라 읽지요.

이 예문에서 눈여겨볼 받침은 '닭' '읽고' '읽지요'가 가지고 있는 'ㄺ'받침입니다. 이것은 불규칙적으로 탈락하기 때문에 까다롭습니다. "달기 구구구 하고 숫자를 일꼬 이쓰면 다른 닥또 따라 익찌요"로 읽어야 합니다. 같은 '읽다'인데도 어떤 경우에

165

는 '읽지요=익찌요'처럼 앞 자음 ㄹ이 탈락하고, 어떤 경우에는 '읽고=일꼬'처럼 뒤 자음 ㄱ이 탈락하는데 그 불규칙성을 정리하면 아래와 같습니다.

* ㄺ받침을 가진 체언이 자음과 만나면 앞 자음 ㄹ이 탈락합니다. 여기서 중요한 것은 명사 대명사 같은 체언일 경우입니다. 예를 들면 '닭'이라는 명사가 자음과 만나면 닭과=닥꽈, 닭도=닥또, 닭처럼=닥처럼 앞 자음인 ㄹ이 탈락합니다. 하지만 모음과 만나면 이와 반대로 앞 자음 ㄹ이 남고 뒤 자음 ㄱ이 뒤로 이동하여 닭이=달기(다기×), 닭에게=달게게(다게게×), 닭을=달글(다글×)과 같이 발음합니다.

* ㄺ받침을 가진 용언이 자음과 만날 때는 더 복잡해집니다. 용언은 '읽다' '늙다' '굵다' 같은 동사나 형용사를 말합니다. 이런 용언이 ㄱ과 만나면 받침의 뒤 자음 ㄱ이 탈락하고, ㄱ 외의 다른 자음과 만날 때는 받침의 앞 자음 ㄹ이 탈락합니다. 예를 들면 ㄱ과 만나면 읽고=일꼬(익고×), 읽게=일께(익게×)가 되고 ㄱ 외의 다른 자음과 만나면 읽다=익다(일따×), 읽지=익찌(일찌×), 읽네=익네(일네×)처럼 앞 자음 ㄹ이 탈락합니다.

[예문8] 감자를 삶고 옥수수를 삶으며 고단한 삶을 시로 읊고 또 읊었다.

이 예문에 나오는 '삶다' '읊다' 같은 단어는 'ㄻ' 'ㄿ' 받침을 가지고 있습니다. 이런 받침을 가진 말들이 자음과 만나면 앞 자음 ㄹ이 탈락하고, 모음과 만나면 앞 자음 ㄹ은 남고 뒤 자음 은 모음 자리로 옮겨 갑니다.

* ㄼ받침이 자음과 만나면 삶다=삼따, 삶더라도=삼떠라도, 삶기=삼끼가 되고, 모음과 만나면 삶으면=살므면, 삶아라=살마라가 됩니다.

ㄿ을 가진 말도 마찬가지입니다. 자음과 만나면 읊다=읍따(을따×), 읊고=읍꼬(을꼬×), 읊지=읍찌(을찌×)가 되고, 모음과 만나면 읊어라=을퍼라, 읊으면=을프면이 됩니다.

(4) 그 밖의 받침

건강, 한국처럼 ㄴ받침 뒤에 ㄱ이 올 때 ㅇ받침으로 바꾸어 발음하지 않도록 주의해야 합니다. 건강을 겅강으로, 전국을 정국으로, 친구를 칭구로, 한국을 항국으로 발음하지 않아야 합니다. 또 ㅁ이나 ㅂ이 올 때 ㄴ을 ㅁ으로 발음하여 신문을 '심문'으로, 전북을 '점북'으로 발음하는 버릇도 버려야 합니다.

또 '맛있다/멋있다/맛없다'의 ㅅ받침도 주의해서 발음해야 합니다.

"사과가 맛있을까 배가 맛있을까? 둘 다 맛없다고 생각했다."에서 '맛있다'를 '마싣따'로 발음해야 할지 '마딛따'로 발음해야 할지, '멋있다'를 '머싣따'로 발음해야 할지 '머딛따'로 발음해야 할지 잘 모르는 경우가 있습니다. 이 두 낱말은 두 가지 발음을 다 허용하였으므로 어떻게 발음하든 상관이 없습니다. 다만 '맛없다'는 '마덥따'만 허용하므로 '마섭따'로 발음하지 않도록 주의해야 합니다.

[예문9] 비가 오고 있습니다.
이 예문은 "비가 오고 이씁니다."로 읽습니다. '입니다, 습니다'의 ㅂ받침 다음에 오는 '니'를 '미'로 발음하는 경우가 있는데 잘못하는 것이므로 조심해야 합니다. "비가 오고 있습니다."는 "비가 오고 이씁니다(이씀미다×)"로, "나도 사람입니다"는 "나도 사람임니다(사람임미다×)"로 발음해야 합니다.

2. 모음의 발음

[예문10] 내 것이 샘난다고 해서 네 것이라고 셈할 수는 없다.
이 예문에서는 '내/네' '샘/셈'의 발음을 구별해야 합니다. '개/게' '재목/제목' '김을 매다/배낭을 메다'처럼 ㅐ와 ㅔ는 구별해서 발음하기가 쉽지 않습니다.
이것을 구별하는 첫 번째 요령은 ㅐ는 혀를 바닥에 붙인 채, ㅔ는 혀를 바닥에서 약간 뗀 채 발음하고, 두 번째 요령은 ㅐ는 ㅏ의 모양에 가깝게, ㅔ는 ㅣ의 모양에 가깝게 입을 벌립니다.

[예문11] 광화문 광장에서 만나 꽤나 맛있는 사과를 나눠 먹었다.

이 예문을 "강하문 강장에서 만나 깨나 맛있는 사가를 나너 먹었다"처럼 읽으면 안 됩니다. 중모음인 ㅘ ㅙ ㅚ에서 ㅗ를 탈락하는 현상이 점점 퍼지고 있습니다. 사과를 '사가'로 읽는다든지, 광화문을 '강하문'으로 읽는다든지 괜찮다를 '갠찬타'로 읽는다든지, 최고를 '체고'로 읽는다든지 꽤나를 '깨나'로 읽는다든지 하지 않도록 주의해야 합니다.

[예문12] 나의 살던 고향은 꽃 피는 산골
이 예문은 '나의'를 '나에'로 발음하는 현상처럼 체언과 함께 쓰는 조사 '의'의 발음에 관한 문제입니다.

[예문13] 민주주의 미래에 대한 희망의 의미
이 예문은 '민주주의'를 '민주주이'로, '희망'을 '히망'으로, '의미'를 '이미'로 발음해도 좋은지에 대하여 'ㅢ'가 낱말의 앞에 왔을 때와 뒤에 왔을 때 어떻게 발음하는지에 관한 문제입니다.
우리나라 '표준발음법 제5항 다만4'에 이렇게 규정하였습니다.
① "단어의 첫음절 이외의 'ㅢ'는 'ㅣ'로, 조사 '의'는 '에'로 발음함도 허용한다."
이 규정에서는 '허용한다'는 말에 주의해야 합니다. 반드시 그렇게 해야 한다는 뜻이 아니라 그렇게 발음하는 것도 허용한다는 뜻입니다. 원칙은 음가대로 발음해야 하지만 음가에 벗

어나는 발음도 허용한다는 뜻이므로 어느 것이 맞고 어느 것이 틀린가 하는 말과는 거리가 멉니다.

이 규정에 따르면 'ㅢ'가 단어의 첫음절이 아닌 경우에는 'ㅢ'를 'ㅣ'로 발음할 수도 있습니다. 이를테면 "주의=주이, 협의=혀비, 강의실=강이실"로 발음할 수도 있습니다. 다만 조사 '의'는 '에'로 발음하는 것을 허용하여 우리의=우리에, 사랑의=사랑에처럼 발음하는 것을 허용하였습니다. 이것도 반드시 '우리에'로 발음해야 한다고 받아들이면 안 됩니다. 원칙은 '우리의'로 발음해야 하지만 '우리에'도 허용한다는 뜻이므로 너무 이것이냐 저것이냐로 골머리 썩이지 않아도 됩니다.

② "자음이 첫음절일 때는 'ㅣ'로 발음한다."

이 규정에 따르면 단어의 첫 자가 '자음+ㅢ'이면 'ㅢ'를 'ㅣ'로 발음하여 띄어쓰기=띠어쓰기, 희망=히망처럼 발음해도 됩니다.

③ "모음이 첫음절일 때는 음가대로 발음한다."

이 규정에 따르면 단어의 첫 자가 'ㅇ+ㅢ' 즉 '의'일 경우 '의'를 '이'로 발음하여 의사를 '이사'로 발음하거나, 의미를 '이미'로 발음하면 안 됩니다. 원래의 음가대로 발음해야 합니다.

②항과 ③항은 비슷하면서도 다르기 때문에 잘 이해해야 합니다. ②항은 '띄' '희'처럼 자음으로 시작하는 단어에 관한 규정이고, ③항은 '의'처럼 모음으로 시작하는 단어에 관한 규정입니다.

3. 장단음의 발음

우리말은 고저보다는 장단으로 구별해서 쓰는 단어가 훨씬 많습니다. 그러므로 단어별로 장단을 익혀 두어야 합니다.

① 발음의 장단에 따라 달라지는 성씨가 있습니다.

발음을 잘못하면 남의 성씨를 바꿔 버리는 수가 있다는 걸 명심해야 합니다.

같은 '정' 발음인데도 鄭씨는 길게 발음하고 丁씨는 짧게 발음하여, 정지용鄭芝溶 시인은 정을 길게 발음하고, 정약용丁若鏞은 정을 짧게 발음합니다. 만약 정지용으로 짧게 발음하거나 정~약용으로 길게 발음하면 남의 성씨를 바꾸는 것이 됩니다. 또 趙씨는 길게 발음하고 曹씨는 짧게 발음하므로 조병화趙炳華 시인은 길게 조~병화, 조오현曺五鉉 시인은 짧게 조오현으로 발음합니다. 이 또한 조병화라고 짧게 발음하거나 조~오현이라고 길게 발음하면 남의 성씨를 바꾸는 것이 됩니다.

② 발음의 장단에 따라 뜻이 달라지는 말들이 많습니다.

[예문14] 저 모자가 쓴 모자는 둘 다 멋있고 저 부자는 둘 다 부자다.

이 예문에서 모~자와 모자, 부~자와 부자를 구별해서 발음해야 합니다. "저 모~자가 쓴 모자는 둘 다 멋있고, 저 부자는 둘 다 부~자다"로 발음합니다.

＊한一/한~恨/限 ＊눈目/눈~雪 ＊밤夜/밤~栗 ＊말馬/말~言
＊새新/새~鳥 ＊과장課長/과~장誇張 ＊이사移徙/이~사理事
＊가정家庭/가~정假定 ＊영감靈感/영~감令監 ＊화장化粧/
화~장火葬 ＊방문房門/방~문訪問 ＊적다書/적~다小 ＊부
채扇/부~채(빚) ＊묻다埋/묻~다問

③ 같은 한자이면서 발음의 장단이 다른 단어도 있습니다.
예를 들어 '강强'이 들어간 단어 중 강풍强風 강국强國은 짧게 발음하고 강~요强要 강~매强賣 등은 길게 발음합니다.

4. 띄어서 읽기

띄어서 읽기도 띄어쓰기만큼 어렵고, 잘못 띄어쓰면 의미가 달라지는 것처럼 잘못 띄어서 읽으면 의미가 달라지므로 조심해야 합니다. 좀 극단적인 예이긴 하지만 다음 예문들을 참조하면 띄어서 읽기가 얼마나 중요한지 알 수 있을 것입니다.

＊서울시체육회를 '서울시 체육회'로 읽을 수도 있고 '서울 시체 육회'처럼 읽을 수도 있습니다. 잘못 띄어서 읽으면 참 끔찍한 말이 됩니다.
＊돼지가죽을먹습니다를 '돼지가 죽을 먹습니다'로 읽을 수 있고 '돼지가죽을 먹습니다'로 읽을 수 있습니다.
＊과학적성의이해를 '과학 적성의 이해'로 읽을 수도 있고 '과학적 성의 이해'로 읽을 수도 있습니다.

＊ 나물좀다오를 '나 물 좀 다오'로 읽을 수도 있고 '나물 좀 다오'로 읽을 수도 있습니다.
＊ 왜우리애기를죽여요를 '왜 우리 애 기를 죽여요'로 읽을 수도 있고 '왜 우리 애기를 죽여요'로 읽을 수도 있습니다.
＊ 목포시어머니합창단을 '목포시 어머니 합창단'으로 읽을 수도 있고 '목포 시어머니 합창단'으로 읽을 수도 있습니다.
＊ 농협용인육가공공장을 '농협 용인 육가공 공장'으로 읽을 수도 있고 '농협용 인육 가공 공장'으로 읽을 수도 있습니다.

부사를 명사처럼 쓰는 병
통일을 향해 모두가 달려가야 한다

모두(모두가/모두의/모두를/모두에게)

부사는 서술어를 수식하거나 한정하는 말이므로 조사를 붙여 쓰지 않습니다. 그런데도 여러 부사들 중 '모두/서로/스스로/그대로'에 갖가지 조사를 붙여 쓰는 경우가 많습니다.

《표준국어대사전》은 '모두'는 부사로서 "일정한 수효나 양을 빠짐없이 다"의 의미로 쓴다고 설명하고 몇 가지 예문을 들었습니다.
　＊인원을 모두 합하여도 백 명이 안 된다.
　여기서 '모두'는 '합하다'를 한정하는 부사입니다.

＊ 그릇에 담긴 소금을 모두 쏟았다.
여기서 '모두'는 '쏟았다'를 한정하는 부사입니다.
＊ 채소 장수 할머니는 평생 모은 돈을 모두 고아원에 기부했다.
여기서 '모두'는 '기부했다'를 한정하는 부사입니다.

이 사전은 '모두'를 명사로도 분류하고 "일정한 수효나 양을 기준으로 하여 빠짐이나 넘침이 없는 전체"라고 설명하였는데, 이 설명이 부사 '모두'를 설명한 "일정한 수효나 양을 빠짐없이 다"와 어떻게 다른지 모르겠습니다. 이 설명문들에서 다른 거라고는 '전체'라는 단어와 '다'라는 단어밖에 없습니다. 하지만 '전체'는 곧 '다' 아닌가요?

쓰임이 다르지 않은 '모두'를 구태여 명사로도 분류해 놓고 다음과 같은 예문을 들었습니다.

＊ 식구 모두가 여행을 떠났다.

이 예문은 '모두'에 주격 조사 '가'를 붙여 문장의 주체로 삼았는데, 이 문장에서 주체는 '모두'가 아니라 '식구'입니다. 주체가 아닌 '모두'를 주어로 삼았기 때문에 정작 주체인 '식구'는 '모두'를 수식하는 관형어로 전락하였습니다. "식구가 모두 여행을 떠났다." 처럼 '식구'를 주어로 삼고 '모두'는 원래의 자기 역할인 부사로 써야 서술어인 '떠났다'를 한정하는 일을 하게 됩니다.

＊ 누가 새 장관이 되느냐는 모두의 관심이었다.

이 예문은 '모두'에 '의'를 붙여 관형어 노릇을 하게 했습니다. '누가 새 장관이 되느냐'에 '는'을 붙여 관형절로 만들어서 '관심'을 수식하게 하고, 또 '모두'에 관형격 조사 '의'를 붙여 관형어로 만들어서 '관심'을 이중으로 수식하게 만들어 놓은 이상한 문장입니다. 왜 이상한 문장이냐 하면, '누가 새 장관이 되느냐' 하는 관심과 '모두의' 관심을 아우르는 주어가 없기 때문입니다. 이 문장에서는 '국민'이라는 주체를 생략해 버렸습니다. 생략한 주체를 찾아서 주어로 쓰고 '모두'는 부사어로서 제 역할을 하도록 해서 "국민은 누가 새 장관이 되느냐에 모두 관심을 가졌다."처럼 써야 자연스러워집니다.

'관심'은 "어떤 것에 마음이 끌려 주의를 기울임. 또는 그런 마음이나 주의"로서 "관심이 있다/관심을 기울이다/관심이 쏠리다/관심을 끌다/관심을 모으다/관심을 돌리다/관심을 가지다/관심을 두다/관심을 쏟다/관심이 많다/관심이 높다."처럼 쓰는 말입니다.

＊그 일은 모두에게 책임이 있다.

이 예문은 '모두'에 '에게'를 붙여 부사어 노릇을 하게 했습니다. 주체가 아닌 '그 일'을 주체처럼 쓰면서 주어를 생략해 버렸습니다. 주어를 살려서 '그 일'이 문장의 주체가 아닌 종속 변수로서 제 역할을 하도록 "우리는 그 일에 모두 책임이 있다."로 써야 합니다. 그래야 원래 부사인 '모두'에 또 부사격 조사 '에게'를 붙여 부사어로 만들어 쓰는 억지스러움에서 벗어날 수 있습니다.

'모두'를 명사로 쓰는 것이 왜 잘못인지 좀 더 살펴보기 위해,

이수열 선생이 지은 《우리말 바로쓰기》에서 '모두'를 명사로 쓰는 고등국어 교과서 및 신문 잡지의 글들을 바로잡은 부분을 인용하면 다음과 같습니다.

　＊우리 모두는 운명 공동체다.
　　⇨ 우리는 모두 운명 공동체다.

'우리'라는 말이 내가 속한 집단을 뜻하므로 '모두'는 쓸 필요가 없지만, 굳이 써야 한다면 '우리는 모두 운명 공동체다.'로 써야 합니다.

　＊알고 있는 일 모두를 말할 수는 없다.
　　⇨ 알고 있는 일을 모두 말할 수는 없다.
　＊교육위원은 주민 모두의 창조적인 역량을 모으는 데 최선을 다해야 한다.
　　⇨ 교육위원은 모든 주민의 창조적인 역량을 모으는 데 최선을 다해야 한다.
　＊임정의 마지막 생존자 조경한 옹은 독립운동을 하느라 가정을 돌보지 못해, 슬하의 2남1녀 모두가 제대로 학교 교육을 받지 못한 것이 늘 마음에 걸린다고 했다.
　　⇨ 임정의 마지막 생존자 조경한 옹은 독립운동을 하느라 가정을 돌보지 못해, 슬하의 2남1녀가 모두 제대로 학교 교육을 받지 못한 것이 늘 마음에 걸린다고 했다.
　＊통일을 향해 우리 모두는 달려 나가야 한다.
　　⇨ 통일을 향해 우리는 모두 달려 나가야 한다.
　＊중립 내각이기 때문에 이제는 한 정당 대신 세 정당 모두의

지지를 받을 수 있다고 주장할지도 모른다.
⇨ 중립 내각이기 때문에 이제는 한 정당 대신 세 정당의 지지를 모두 받을 수 있다고 주장할지도 모른다.
* 페로가 출마할 경우 9월 중에 50개 주 모두에서 등록을 마칠 것으로 전망됩니다.
⇨ 페로가 출마할 경우 9월 중에 50개 주에서 모두 등록을 마칠 것으로 전망됩니다.
* 지금까지 공부한 작품들 중에서 어떤 작품을 지정해도 좋고 다섯 작품 모두를 아울러 생각해도 좋다.
⇨ 지금까지 공부한 작품들 중에서 어떤 작품을 지정해도 좋고 다섯 작품을 모두 아울러 생각해도 좋다.
* 모두들 내릴 준비를 하라는 명령이 내린 것은 사흘째 되는 날 황혼 때였다.
⇨ 모두 내릴 준비를 하라는 명령이 내린 것은 사흘째 되는 날 황혼 때였다.
* 다섯 작품 모두가 중요하고 핵심적인 문제를 다루었다.
⇨ 다섯 작품이 모두 중요하고 핵심적인 문제를 다루었다.

서로(서로가/서로의/서로를/서로에게)

'서로'는 너와 나, 남자와 여자처럼 짝을 이루거나 관계를 맺은 둘 이상의 상대가 호혜 교환하는 관계를 보이는 부사로서 "서로 친하게 지내다/서로 가깝게 지내다/그 둘은 서로 사랑한다/사고를 낸 두 사람은 서로 상대편 때문에 사고가 났다고 주장했다."처럼 씁니다.

그런데 "우리 서로가 힘을 합치면 두려울 것이 없다.""모두가 가슴이 철렁해서 서로를 돌아보고 있었다."처럼 '서로'에 조사를 붙여 명사로 쓰는 예가 많습니다. 이 예문들에서 '서로'는 실질적 주체가 아니므로 실질적 주체를 내세워 주어로 삼고 '서로'는 부사 역할을 하도록 해 주어 "우리가 서로 힘을 합치면 두려울 것이 없다.""우리는 모두 가슴이 철렁해서 서로 돌아보고 있었다."처럼 써야 주체가 바로 선 문장이 됩니다.

* 평창 동계올림픽에서 남북한이 서로를 응원하기로 했다.
  ⇨ 평창 동계올림픽에서 남북한은 서로 응원하기로 했다.
* 축구는 선수들 서로가 서로를 도와주어야 승리할 수 있다.
  ⇨ 축구는 선수들이 서로 서로 도와주어야 승리할 수 있다.
* 민주주의는 서로의 의견을 주고받으면서 더욱 나은 방법을 찾아가는 과정이 중요하다.
  ⇨ 민주주의는 서로 의견을 주고받으면서 더욱 나은 방법을 찾아가는 과정이 중요하다.
* 그의 시적 공간에서는 모든 사상이 서로의 영역을 넘나듦으로써 명백한 죽음의 음악이…
  ⇨ 그의 시적 공간에서는 모든 사상이 영역을 서로 넘나듦으로써 명백한 죽음의 음악이…

스스로(스스로가/스스로의/스스로를/스스로에게)

'스스로'는 "스스로 할 수 있는 일을 남에게 미루지 마라." "그는 스스로 입대했다." "그는 남이 싫어하는 일을 스스로 나서서 했다."처럼 쓰는 부사입니다.

그런데 '스스로'에 조사를 붙여 "그는 스스로를 속이고 있다." "우리의 민족 문제는 우리 스스로가 해결해야 할 것이다." "성급한 판단이 오히려 스스로에게 역효과를 가져오는 수가 있다." 처럼 '자기 자신'이라는 뜻을 가진 명사로 쓰는 예가 많습니다. 하지만 이런 예문은 "그는 자신을 속이고 있다." "우리의 민족 문제는 우리가 해결해야 할 것이다." "성급한 판단이 오히려 역효과를 가져오는 수가 있다."처럼 써야 더 자연스럽습니다.

예를 들어 "나 스스로가 스스로에게 물어본다." "너 스스로가 스스로에게 물어보라." 같은 어색한 문장을 자연스러운 문장으로 만들려면, '스스로가' 같은 불완전한 주어 대신 완전한 주어를 찾아서 "나는 자문해 본다." "너 자신에게 물어보라."처럼 써야 합니다.

* 돌탑을 쌓을 때 균형을 잡지 않으면 스스로의 무게 때문에 무너질 수도 있다.
  ⇨ 돌탑을 쌓을 때 균형을 잡지 않으면 제 무게 때문에 무너질 수도 있다.
* 시집 출판을 단념한 윤동주는 1941년 12월 29일에 〈간肝〉을 썼다. 그러나 그는 스스로를 달래지 않을 수 없었다.

⇨ 시집 출판을 단념한 윤동주는 1941년 12월 29일에 〈간肝〉을 썼다. 그러나 그는 자신을 달래지 않을 수 없었다.
* 독자들은 그들이 읽은 시를 잘 이해하고 있는지 스스로에게 물어볼 필요가 있다.
⇨ 독자들은 자기가 읽은 시를 잘 이해하고 있는지 자신에게 물어볼 필요가 있다.

그대로(그대로가/그대로의/그대로를)

'그대로'는 '변함없이 그 모양으로'라는 뜻을 가진 부사로서 "그대로 간직하다/그대로 가만히 있다/그대로 꼼짝 말고 있어라/그대로 보고만 있을 수는 없지/당분간 그 사람을 그대로 내버려 둘 생각이다"처럼 씁니다. 또 '그것과 똑같이'의 뜻으로 "그대로 답습하다/그대로 되풀이하다/그 아이는 아버지를 그대로 닮았다"처럼 쓰기도 합니다.

이렇게 부사로 쓰는 말을 명사화해서 여기에 갖가지 조사를 붙여 부사어로 만들어 쓰는 경우도 있습니다.

정비석이 쓴 〈비석과 금강산의 대화〉에는 이런 대목이 나옵니다.

"지붕에는 청산을 이고 뜰에는 옥계가 흐르는데 간설 속에 잠든 듯 누워 있는 농가는 그대로가 그림이요 선경이다."

여기서 정비석은 '그대로'에 주격 조사 '가'를 붙여 '그 자체'

라는 뜻으로 썼습니다.

  '그대로'에 주격 조사 '가'를 붙여 억지스러운 조합을 만들 것이 아니라 "지붕에는 청산을 이고 뜰에는 옥계가 흐르는데 간설 속에 잠든 듯 누워 있는 농가는 그대로 그림이요 선경이다."처럼 쓰는 것이 좋습니다.

  홍성원은 〈육이오〉에서 "몸이 떨린다. 헛간과 부엌과 우물과 장독대가 옛 모습 그대로의 그의 집이다." 하고 썼습니다. 이 문장도 "몸이 떨린다. 헛간과 부엌과 우물과 장독대가 옛 모습 그대로 그의 집이다."처럼 조사를 붙이지 않고 쓰면 안 될까요?

  이범선은 〈사망 보류〉에서 "언젠가 철이 보다 못해 석 달 전에 의사가 자기더러 하던 말을 꼭 그대로를 권한 일이 있었다."고 썼습니다. 이 문장도 "언젠가 철이 보다 못해 석 달 전에 의사가 자기더러 하던 말을 꼭 그대로 권한 일이 있었다."고 '그대로를'에서 목적격 조사 '를'을 떼어 버리고 쓰면 안 될까요?

  이해를 돕기 위해 예문을 두어 개 더 들겠습니다.
* 문학이 실생활 그대로의 모사에 지나지 않는다면 그것을 제시하는 아무런 의미가 없다.
  ⇨ 문학이 실생활을 그대로 모사하는 데 그친다면 그것을 제시하는 아무런 의미가 없다.

＊꽃을 보고 자기가 느낀 그대로를 써 봅시다.
　⇨ 꽃을 보고 자기가 느낀 대로 써 봅시다.

　원래 부사로 써야 할 말을 명사로도 쓰는 사람들이 많아지니까 어쩔 수 없이 사전에 등재했다고 변명할 수 있을는지는 몰라도, 이런 행태는 언어 쓰임새의 확장이라는 순기능보다는 언어 쓰임새의 혼란이라는 역기능이 더 크다는 점을 알아야 합니다.

'들'을 아무 데나 붙이는 병
국민 여러분들이 안심하고 살도록 하겠습니다

복수 접미사로 쓰는 '들'

우리말에서 복수를 나타내는 접미사로는 '-들/-희/-네' 등이 있습니다.

'-희'는 '저'에 붙여 저를 포함한 우리를 나타내고, '너'에 붙여 '너'를 포함한 무리를 나타내 '저희/너희'처럼 복수를 나타냅니다.

'-네'는 '영숙이네'처럼 영숙이가 속한 한 무리를 뭉뚱그려 나타냅니다.

'-들'은 한자의 '등等'과 같은 것으로, 같은 종류가 여럿이거나 수량을 헤아릴 수 있는 말에만 쓸 수 있습니다. 따라서 '나'는 유일한 존재이므로 '나들'은 쓸 수 없듯이 백두산을 백두

산들로 쓸 수 없고, 한강을 한강들로 쓸 수 없습니다. 이렇듯 고유한 존재인 고유명사에는 붙일 수 없습니다.

첫째, 복수의 의미를 가지는 단어에는 '들'을 붙이지 않습니다

"웨딩드레스를 입은 나와 정장을 입은 신랑 사이에 두 아이들이 나란히 서 있다. 우리들은 저 아이들의 양부모들이다. 결혼식에 참석한 하객들은 우리들을 마치 신기한 듯이 바라본다."

이 문장처럼 '들'을 많이 쓰기보다는 "웨딩드레스를 입은 나와 정장을 입은 신랑 사이에 두 아이가 나란히 서 있다. 우리는 저 아이들의 양부모이다. 결혼식에 참석한 하객이 우리를 마치 신기한 듯이 바라본다."로 '들'을 빼고 쓰는 편이 훨씬 간결하고 단정해 보입니다.

왜냐하면 '우리들'은 '우리'라는 말이 이미 복수 의미를 가졌기 때문에 여기에 복수를 의미하는 '들'을 덧붙일 필요가 없고, '두 아이들'도 아이들을 수식하는 '두'가 이미 복수이므로 '아이들'에 들을 붙일 필요가 없습니다. 또 '양부모'라는 단어에는 아버지와 어머니가 포함되므로 굳이 '부모들'이라고 '들'을 붙일 필요가 없고, '하객'도 복수의 의미를 가졌으므로 '들'을 붙일 필요가 없습니다. 다만 '하객'이라는 단어는 하객 한 사람 한 사람을 가리키기도 하고 하객 모두를 가리키기도 하기 때문에 '들'을 붙일 수도 있고 붙이지 않을 수도 있습니다.

우리 동네에 고등학교가 있습니다. 새 학년이 시작되자 교문에 현수막을 달아 놓았습니다.

"우리 학교에 입학한 신입생 여러분들을 환영합니다."
'여러분'이라는 복수에 '들'을 덧붙여 썼습니다.

우리는 선거 때마다 "국민 여러분들의 뜻을 따르는 대통령이 되겠습니다." "존경하는 국민 여러분들의 행복과 안위를 최우선으로 생각하겠습니다." 같은 후보자의 말을 많이 듣습니다. 이런 말처럼 아무렇지도 않게 '여러분들'이라 말하고 '국민들'이라고 말합니다. 듣는 사람들도 아무렇지 않게 생각합니다.

우리말에는 복수의 뜻을 가진 가정, 식구, 가족, 백성, 국민, 학생, 사원 등등의 단어가 많습니다. '들'은 복수를 나타내는 접미사이므로 복수의 뜻을 포함한 단어에 '들'을 붙여 쓰면 같은 뜻을 중언부언하는 셈이 되는데도 일상생활에서 이런 단어에 '들'을 붙여 쓰는 경우를 많이 봅니다.

"저는 국민들이 원한다면 반드시 이 일을 해내겠습니다."

"우리 가족들을 위해서 나는 밤새워 일을 할 수밖에 없었다."

"우리 회사 사원들의 사기 진작을 위해 복지기금을 마련하겠습니다."

이런 말들은 "저는 국민이 원한다면 반드시 이 일을 해내겠습니다." "우리 가족을 위해서 나는 밤새워 일을 할 수밖에 없었다." "우리 회사 사원의 사기 진작을 위해 복지기금을 마련하겠습니다." 이렇게 '들'을 붙이지 않고 쓰는 편이 좋습니다.

'국민'은 국민 전체를 가리키기도 하고 국민을 이루는 구성원 한 사람 한 사람을 가리키기도 하므로 복수이면서 단수를 뜻합니다. "나는 대한민국 국민이다." 하고 쓰는 경우에는 단수이지만,

"대한민국 국민은 국방의 의무를 진다."고 쓰면 복수를 가리킵니다.

'가족'도 마찬가지입니다. 가족의 구성원 전체를 통틀어 가리키기도 하고, 아버지, 어머니, 아들, 딸 등 구성원 한 사람 한 사람을 가리키기도 합니다. 그래서 그런지 단수일 경우와 복수일 경우를 가리지 않고 '들'을 붙여서 쓰는 경우가 많습니다.

우리말에서는 '들'을 안 붙여도 앞뒤 흐름으로 보아 복수를 짐작할 수 있거나, 문장 속에 있는 다른 어휘로 복수를 알 수 있으므로, 구미 언어와 달리 복수 표현이라도 반드시 복수 형태를 표시하지는 않습니다.

* 신도시 상가에는 부동산 소개업소들이 늘어서 있다.
⇨ 신도시 상가에는 부동산 소개업소가 늘어서 있다.

'늘어서다'라는 서술어로 복수라는 것을 알 수 있습니다. 부동산 소개업소 하나로는 늘어설 수 없으므로 '부동산 소개업소'에 '들'을 붙이지 않고 써도 됩니다.

* 행복은 많은 사람들이 추구하는 삶의 목표라 할 수 있다.
⇨ 행복은 '많은 사람'이 추구하는 삶의 목표라 할 수 있다.

'많은 사람들'에서는 복수를 가리키는 '많은'이라는 관형어가 있으므로 '들'을 붙이지 않고 써도 됩니다.

둘째, 수량을 헤아릴 수 없는 단어에는 붙이지 않습니다

'들'은 수량을 셀 수 없는 말 즉 행복, 사랑, 감정, 정신, 비,

눈, 바람, 물, 공기 같은 명사나 대명사에는 붙이지 않습니다. 또한 수량을 헤아리는 하나, 둘, 열 같은 수사나 '되, 말, 가마, 그루, 켤레, 채, 대' 같은 수량을 나타내는 단위에도 쓰지 않고, 사람이나 나무처럼 하나 둘 하고 셀 수 있는 말에만 붙입니다.

＊우리는 정신들을 바짝 차리고
　⇨ 우리는 정신을 바짝 차리고
＊눈들이 많이 내려 금세 마당을 하얗게 덮었다.
　⇨ 눈이 많이 내려 금세 마당을 하얗게 덮었다.
＊영화 〈친구〉에는 남자의 우정들이 담겨 있다.
　⇨ 영화 〈친구〉에는 남자의 우정이 담겨 있다.
＊우리 아파트 단지에는 저층 다섯 동들과 고층 열두 동들이 들어서 있다.
　⇨ 우리 아파트 단지에는 저층 다섯 동과 고층 열두 동이 들어서 있다.

　이와 달리 수량을 헤아릴 수 있는 단어에는 '수'를 붙이지 않습니다.
　수와 양을 헤아릴 수 있는 백성, 식구 같은 말에 수를 나타내는 접미사 '수'를 붙이면 이 또한 중복이 됩니다.
　"우리 집은 식구수가 많다."는 "우리 집은 식구가 많다."로 써야 합니다.
　식구수는 식구로, 가구수는 가구로, 인구수는 인구로, 인원수는 인원으로, 회원수는 회원으로 '수'를 빼고 써야 합니다. 왜냐하면 식구, 가구, 인구, 인원, 회원 같은 단어는 이미 복수의 의미를 포함하고 있기 때문입니다.

셋째, 관형사에는 붙이지 않습니다

관형사에는 '들'을 붙일 수 없는데도 붙여 쓰는 경우가 많습니다.

"조선일보 동아일보 같은 이들 보수 언론은"에서 '이'는 관형사이므로 '들'을 붙이면 안 됩니다. '들'을 뒤에 오는 명사 '보수 언론'으로 옮겨야 합니다. 즉 "조선일보 동아일보 같은 이 보수 언론들은"처럼 써야 합니다. 보수 언론이 복수이기 때문입니다.

"문재인 안철수 홍준표 유승민 심상정 이들 대권 주자는 대북 문제를 어떻게 풀어 갈까?"도 마찬가지입니다. "문재인 안철수 홍준표 유승민 심상정 이 대권 주자들은 대북 문제를 어떻게 풀어 갈까?"처럼 써야 합니다. 이 문장에서는 대권 주자가 복수이기 때문입니다.

"정부는 이들 시민 단체가 하는 일에 간섭해서는 안 된다."도 마찬가지입니다.

관형사인 '이'에 '들'을 붙여 '이들'이라고 쓰면 안 됩니다. "정부는 이 시민 단체들이 하는 일에 간섭해서는 안 된다."처럼 '이들'에 붙어 있는 '들'을 자리를 옮겨 '시민 단체들'로 써야 합니다. 이 문장에서는 시민 단체가 복수임을 의미하기 때문입니다.

의존명사로 쓰는 '들'

'들'은 복수 접미사 외에도 의존명사로 쓰는 경우도 있습니다.

여기서 주의할 점은 복수 접미사로 쓸 경우에는 접미사이기 때문에 앞말에 붙여서 쓰지만 의존명사로 쓸 경우에는 앞말과 띄어서 써야 합니다.

의존명사로 쓰는 '들'은 명사 뒤에 쓰여 두 개 이상의 사물을 나열할 때 그 열거한 사물 모두를 가리키거나 그 밖에 같은 종류의 사물이 더 있음을 나타내는 말로서 '등'이나 '따위'와 비슷한 말이므로 붙여 쓰지 않고 띄어서 써야 합니다.

＊책상 위에 놓인 공책, 신문, 지갑 들을 가방에 넣었다.

이 문장에서 '들'은 공책, 신문, 지갑 등 나열한 사물을 모두 가리키는 의존명사이므로 띄어서 써야 합니다. 만약 "책상 위에 놓인 공책, 신문, 지갑들을 가방에 넣었다."처럼 '지갑'에 '들'을 붙여 쓰면 앞쪽에 나열한 공책, 신문은 단수가 되고 지갑만 복수임을 나타내는 접미사가 되어 그 뜻이 완전히 달라집니다.

＊오늘 내가 먹은 과일에는 사과, 배, 감 들이 있다.

이 문장에서도 '들'은 사과, 배, 감이 모두 과일에 속한다는 뜻을 말하는 의존명사이므로 띄어서 써야 합니다. 만약 "오늘 내가 먹은 과일에는 사과, 배, 감들이 있다."처럼 '감'에 '들'을 붙여 쓰면, 사과는 한 개, 배도 한 개인 단수가 되고 감만 여러 개인 복수가 되어 뜻이 달라집니다.

보조사로 쓰는 '들'

　체언이나 부사어, 서술어의 연결어미(-아, -어, -게, -지, -고), 합성동사의 선행 요소, 문장의 끝 따위의 뒤에 붙어, 그 문장의 주어가 복수임을 나타내는 보조사로 쓰는 경우입니다.

　*이 방에서 텔레비전을 보고들 있어라.

　이 문장에서 '보고+들'은 서술어의 연결 어미인 '-고'에 '들'을 붙인 경우로서, 문장의 주어인 '텔레비전을 보는 사람'이 한 사람이 아니라 여러 사람임을 나타내는 보조사입니다.

　*다들 떠나갔구나.

　이 문장에서는 부사어인 '다'에 '들'을 붙인 경우로서, 문장의 주체인 '떠나간 사람'이 복수임을 나타냅니다.

　*안녕들 하세요?

　이 말도 체언인 '안녕'에 '들'을 붙인 경우이므로 "안녕하세요?" 하는 질문을 받는 사람이 복수임을 나타냅니다. 한 사람 한 사람에게 물을 때는 '안녕하세요?' 하고 묻지만, 여러 사람에게 한꺼번에 물을 때는 '안녕들 하세요?' 하고 묻습니다.

　다음 두 문장의 경우는 의미가 어떻게 다를까요.

　① 물들이 흐른다. ② 물들 떠 오너라.

　두 문장이 다 '물+들'로 되어 있습니다. ①번 문장 "물들이 흐른다."에서는 '물'은 수량을 헤아릴 수 없는 명사이므로 '들'을 붙이면 안 됩니다. 그러므로 이 문장은 잘못 썼습니다. 다만 흐르는 물이 여러 가지일 경우, 이를테면 계곡물, 개울물, 폭포수, 수돗물 등 모든 물은 흐른다는 뜻으로 썼을 경우에는 '물들이 흐른다'고 쓸 수 있습니다. ②번 문장 "물들 떠 오너라."에서는 '떠 오너라' 하는 명령을 받은 사람이 복수임을 나타냅니다. 그러니까 선생님이 학생들 모두에게 물을 떠 오라고 할 경우 이렇게 씁니다.

숫자를 잘못 쓰는 병
사과 12개를 네 몫으로 나누어 봅시다

우리나라 맞춤법이나 띄어쓰기 규정에는 문장에서 숫자를 이렇게 써야 한다고 정해 놓은 것이 없습니다. 그래서 그런지는 모르지만 사람마다 쓰는 방법이 달라 혼란스러울 뿐 아니라 같은 사람이 쓴 같은 글 안에서도 통일이 되지 않아 혼란스러운 경우가 많습니다.

신문들은 기사를 작성할 때 숫자를 쓰는 방법을 정해 놓고 거기에 따라서 쓰는데, 이 기준이 가독성이 높고 합리적이어서 이에 따르는 것이 좋을 듯하여 소개합니다.

첫째, 읽히는 대로 쓴다

우리가 문장을 읽을 때 아라비아 숫자로 읽는 것이 자연스러운 경우에는 아라비아 숫자로 쓰고, 우리말로 읽는 것이 자연스러운 경우에는 우리말로 씁니다.

아라비아 숫자로 읽는 것이 자연스러운 3년, 3미터, 20세 등은 아라비아 숫자로 쓰고, 우리말로 읽는 것이 자연스러운 스무 살, 여섯 시간, 세 가지, 다섯 송이 등은 읽는 대로 쓰고 20살, 6시간, 3가지, 5송이처럼은 쓰지 않습니다.

[예문1] 사과 12개를 4사람이 3알씩 먹거나 6인이 2개씩 먹으면 된다.

이 예문을 우리는 "사과 십이 개를 사 사람이 삼 알씩 먹거나 육 인이 이 개씩 먹으면 된다."고 읽지 않고 "사과 열두 개를 네 사람이 세 알씩 먹거나 여섯 사람이 두 개씩 먹으면 된다."고 우리말로 바꾸어 읽습니다. 그러므로 예문처럼 아라비아 숫자로 쓰지 말고, 우리가 읽는 대로 쓰자는 것입니다.

* 사과 12개를 4사람이 3알씩 먹거나 6인이 2개씩 먹으면 된다. (×)
* 사과 십이 개를 사 사람이 삼 알씩 먹거나 육 인이 이 개씩 먹으면 된다. (×)
* 사과 열두 개를 네 사람이 세 알씩 먹거나 여섯 사람이 두 개씩 먹으면 된다. (○)

[예문2] 사료가 떨어져 30마리의 소가 4일이나 굶었다.

이 예문은 "사료가 떨어져 삼십 마리의 소가 사 일이나 굶었다."처럼 쓰지 말고 "사료가 떨어져 30마리의 소가 4일이나 굶었다."처럼 아라비아 숫자로 읽는 것은 아라비아 숫자로 적고, 우리말로 바꾸어 "사료가 떨어져 서른 마리의 소가 나흘이나 굶었다."처럼 적습니다.

*사료가 떨어져 30마리의 소가 4일이나 굶었다. (○)
*사료가 떨어져 삼십 마리의 소가 사 일이나 굶었다. (×)
*사료가 떨어져 서른 마리의 소가 나흘이나 굶었다. (○)

*나는 1잔의 우유와 2개의 빵, 1개의 삶은 계란으로 아침을 때운다. (×)
*나는 일 잔의 우유와 이 개의 빵, 일 개의 삶은 계란으로 아침을 때운다. (×)
*나는 한 잔의 우유와 두 개의 빵, 한 개의 삶은 계란으로 아침을 때운다. (○)

*5살 먹은 아이가 백 일 동안이나 엄마와 떨어져 있었다. (×)
*오 살 먹은 아이가 100일 동안이나 엄마와 떨어져 있었다. (×)
*다섯 살 먹은 아이가 100일 동안이나 엄마와 떨어져 있었다. (○)

둘째, 숫자는 '경, 조, 억, 만' 단위로 띄어서 쓴다

우리 맞춤법 띄어쓰기규정 제44항에는 "수를 적을 때는 '만 단위'로 띄어 쓴다."고 정해 놓았습니다.

우리는 일반적으로 긴 수를 적을 때 "금년 우리 회사 매출이 372,535,219,863,407원이다."처럼 세 자리마다 쉼표를 찍고 쓰는데, 이렇게 쓰면 이 수를 읽는 데 불편해서 아무리 숫자에 밝은 사람이라도 끝에서부터 일, 십, 백, 천, 만, 십만, 백만, 천만, 억, 십억, 백억, 천억, 조 하면서 단위를 파악해야만 읽을 수 있습니다. 그러니 문장 안에 이런 숫자가 나오면 읽기에 얼마나 불편하겠습니까.

이런 불편을 없애고 가독성을 높이기 위해 띄어쓰기 규정대로 수의 단위인 만, 억, 조, 경 등 단위와 숫자를 섞어 쓰면서, 단위가 바뀌는 자리에서 띄어쓰기를 하여 "372조 5352억 1986만 3407원"처럼 쓰면 누구라도 쉽게 읽을 수 있어 아주 편리합니다.

이렇게 쓸 때는 숫자의 세 자리마다 찍는 쉼표를 찍지 않아야 합니다. "372조 5,352억 1,986만 3,407원"처럼 쉼표를 찍어 쓰지 말고 "372조 5352억 1986만 3407원"처럼 씁니다.

또한 문장 안에서 천 단위를 쓸 때도 쉼표를 찍지 않습니다. "신라는 1,000년 가까이 이어 온 나라이다."처럼 '1,000'으로 쓰지 않고, "신라는 1000년 가까이 이어 온 나라이다."처럼 '1000'으로 씁니다.

* 123조 4,567억 8,912만 3,456원 (×)
* 123,456,789,123,456원 (×)

* 123조 4567억 8912만 3456원 (○)

셋째, 단위를 나타내는 영문 기호는 우리말로 쓰고 숫자와 단위는 붙여서 쓴다

mm, cm, m, km, g, kg, % 등 영문으로 된 단위는 '밀리미터, 센티미터, 미터, 킬로미터, 그램, 킬로그램, 퍼센트'와 같이 우리가 읽는 대로 우리말로 적되 앞에 오는 숫자와 붙여서 12킬로미터, 30미터, 12그램, 25퍼센트처럼 쓰고 30m, 12km, 12g, 25%처럼은 쓰지 않습니다.

넷째, '년, 월, 일, 시'의 표기

① 년, 월, 일, 시는 언제나 아라비아 숫자로 적습니다.
* 2019년 5월 5일 ('2천19년 오월 오일'처럼 적지 않음)
② 시각은 언제나 아라비아 숫자로 적습니다.
* 오후 2시 (시각을 말할 때는 '오후 두시'로 읽지만 아라비아 숫자로 적음) 다만 시간의 양을 의미할 때 우리말로 읽는 것은 우리말로 적습니다.
* 무려 세 시간이나 기다렸다. (무려 '3시간'이나 기다렸다고 쓰지 않음)
③ '년, 월, 일'을 생략하고 쓸 때는 마침표를 찍습니다.
* 년, 월, 일, 시를 생략하지 않을 때 : 2019년 5월 5일 12시
* 년, 월, 일, 시를 생략하고 쓸 때 : 2019. 5. 5. 12:00

④ 이어지는 연도를 쓸 때

문장 안에서는 '에서(부터)/까지'를 넣어 풀어 쓰고, 괄호 안에서는 '년, 월, 일'을 빼고 물결부호(~)로 표시합니다.

* 제1차 세계대전은 1914년부터 1918년까지 벌어진 전쟁이다.
* 이인직(1862~1916)은 우리나라 최초의 신소설 〈혈의누〉(1906)를 썼다.

다섯째, 기원전 기원후의 표기

① '기원전'은 반복 사용해도 생략하지 않습니다. '기원전'을 생략하면 '기원후'가 되기 때문입니다. 예를 들어 "펠로폰네소스 전쟁은 기원전 431년부터 404년까지 아테네와 스파르타가 싸운 전쟁이다."처럼 뒤쪽의 기원전을 생략하고 쓰면 전쟁 기간이 엄청나게 길어져 틀린 정보가 됩니다. "펠로폰네소스 전쟁은 기원전 431년부터 기원전 404년까지 아테네와 스파르타가 싸운 전쟁이다."처럼 앞뒤에 다 '기원전'을 넣어서 써야 합니다.

② 기원전과 기원후가 다른 것을 이어서 적을 때는 '기원전'과 '기원후'를 다 밝혀서 적습니다.

* 기원전 2세기에서 기원후 1세기까지(기원전에서 기원후까지를 적을 때는 둘 다 밝혀서 적음)
* 기원전 2세기에서 1세기까지(기원전 2세기에서 1세기까지라고 쓰면 둘 다 기원전이 되기 때문에 기원전과 기원후가 다른 것을 이어서 적을 때는 다 밝혀서 적어야 함)
* 20세기(기원후를 한 번만 적을 때는 기원후를 적지 않음)

여섯째, 이어지는 수의 표기

① 같은 단위의 독립된 두 수는 쉼표로 구분하고, 앞 수의 단위는 생략합니다.

* 5년 또는 10년마다 통계를 새로 작성한다.

이 문장은 5년과 10년을 특정하였으므로 "5, 10년마다 통계를 새로 작성한다."로 씁니다. 만약 '5~10년'처럼 이어지는 물결표를 쓰면 5년, 6년, 7년, 8년, 9년, 10년이 다 포함되어 5년에서 10년까지 이어지는 전 기간을 뜻합니다.

* 1965년과 1968년 두 해를 특정할 경우에는 '1965, 1968년' 처럼 씁니다. 1965~1968년처럼 쓰면 1965년부터 1966년, 1967년, 1968년까지의 전 기간을 뜻하므로 구별해서 적어야 합니다.

② 같은 단위의 이어지는 두 수는 물결표로 잇고 앞 수의 단위는 생략합니다.

* 8월 15~27일 (8월 15일에서 27일까지 사이의 전 기간을 뜻할 때는 뒤의 27에만 '일'을 적고, 앞의 15에는 '일'을 생략합니다.)

* 25~35페이지 (25페이지에서 35페이지까지 사이의 모든 페이지를 뜻할 때는 앞의 25에는 '페이지'를 생략하고 뒤의 35에만 '페이지'를 적습니다.)

일곱째, 언제나 아라비아 숫자로만 써야 하는 것들

* 집 번지 : 경기도 고양시 덕양구 도래울로16 파크뷰 616동 1903호

* 법조문 : 형법 제123조
* 운동 경기 종목 : 400미터 계주, 100미터 경주 등
* 자동차 번호 : 186저3354
* 전화번호 : 010-5245-8260

이런 것들은 어떤 경우에도 아라비아 숫자로 적습니다.

여덟째, 분수는 읽히는 대로 풀어서 쓴다
* 4분의 1
* 1과 3분의 2

아홉째, 관용어 숙어에 나오는 숫자는 우리말로만 적는다
* 사촌(4촌×)/삼촌(3촌×)/오촌(5촌×)
* 사방팔방(4방8방×)
* 천수관음(1000수관음×)
* 삼층석탑(3층석탑×), 오층석탑(5층석탑×)
* 일석이조(1석2조×)
* 칠전팔기(7전8기×)
* 오십보백보(50보100보×)
* 조삼모사(조3모4×)
* 열 번 찍어 안 넘어가는 나무 없다(10번 찍어 안 넘어가는 나무 없다×)

부호를 잘못 쓰는 병

『그리고, 사람은 「사랑」하지 않으면
　살 수 없다.』

책명과 작품명에 쓰는 부호

　한글맞춤법 부록 제13항은 책의 제목이나 신문 이름 등을 나타낼 때 겹낫표(『 』)와 겹화살괄호(《 》) 및 겹따옴표(" ")를 쓸 수 있다고 규정하고, 제14항은 소제목, 그림이나 노래와 같은 예술 작품의 제목, 상호, 법률, 규정을 나타낼 때는 홑낫표(「 」)와 홑화살괄호(〈 〉) 및 홑따옴표 (' ')를 쓸 수 있다고 규정하여 세 가지를 다 허용하였습니다.
　이 규정에 따르면 어떤 것을 쓰든 그것은 편집자나 필자가 선택할 몫이지만 선택 이유가 타당해야 하고 그만큼 책임도 따르는 문제입니다.

문장 부호는 전 세계인이 함께 쓰는 공통어이기도 합니다. 만약 한 문장이 끝날 때 쓰는 마침표를 이것저것 여러 개 허용하고 각자 알아서 골라 쓰라고 한다면 얼마나 큰 혼란이 일어나겠습니까.

문장 부호는 한 가지 사항에 한 가지만 쓰도록 약속해야 혼란을 막을 수 있는데도 국립국어원은 도서명이나 작품명에 쓰는 부호를 세 가지나 허용함으로써 스스로 국어의 혼란을 야기하는 데 앞장서고 있습니다.

원래 낫표(『 』「 」)는 위아래를 막도록 만든 부호로서 위에서 아래로 내려쓰는 세로쓰기에는 어울리지만 왼쪽에서 오른쪽으로 써 가는 가로쓰기에는 적합하지 않습니다. 글은 가로쓰기를 하면서 부호는 위아래를 막는 것을 쓴다면 이것은 양복 입고 모자는 갓을, 신발은 짚신을 신은 것과 같습니다. 늘 가로쓰기만 하고 세로쓰기를 하지 않는 영어나 프랑스어 스페인어 등에서는 낫표가 아예 없고, 세로쓰기를 주로 하는 일본어에서나 쓰는 부호입니다.

따옴표(" " ' ')는 대화나 직접 인용이나 간접 인용 그리고 강조 등에 두루 써서 그 쓰임새가 너무 많아 이것들과 혼동할 수 있기 때문에 책명이나 작품명에다 또 쓰기에는 적합하지 않습니다.

오늘날처럼 가로쓰기가 일반화한 현실에서는 가로쓰기의 좌우 막기에 적합한 화살괄호(《 》〈 〉)를 책명이나 작품명에 쓰는 것이 합리적입니다. 이 부호는 다른 경우에는 쓰는 일이 없고 오직 책명이나 작품명에만 쓰는 것으로 특화되어 가기 때문에 다른 부호들과 확연히 구분된다는 장점도 있습니다.

모든 출판물이 세로쓰기를 하던 시절에 써 온 낫표가 눈에 익기 때문이라는 감성적 이유로, 화살괄호는 낯설다는 심정적 이유로 낫표를 쓰는 사람들이 많은데 이는 선택의 이유로는 비논리적일 뿐 아니라 일본어의 잔재를 이어받아 쓰는 부끄러운 모습이라고 할 수 있습니다.

한글맞춤법에서도 세로쓰기와 가로쓰기가 함께 쓰이던 시절에는 낫표는 세로쓰기에 화살괄호는 가로쓰기에 쓴다고 분리해서 규정하였지만, 2014년에 규정을 개정하면서 이 규정을 없애고, 많은 사람이 쓰는 현실을 인정해서 세 가지 부호를 다 허용하였는데 이는 욕먹을 일은 하지 않겠다는 비겁한 결정입니다. 한 가지 사항에 대해 이것을 써도 좋고 저것을 써도 좋다는 식으로 규정을 만든다면 그런 규정은 오히려 혼란만 가중시킬 뿐이기 때문입니다. 많은 사람이 쓰더라도 그것이 잘못된 것이면 바로잡아 주어야 하고, 여러 가지 부호를 각자 자기 멋대로 쓰고 있다면 그 여럿 중 가장 합리적인 부호를 골라 이것으로 쓰자고 제시하여 국민을 이끌어 가는 것이 국립국어원이 할 일이요 규정을 만드는 기본 정신일 것입니다.

쉼표를 쓰는 경우

우리는 문장 안에서 쉼표를 마치 호흡을 조절하는 부호처럼 기준 없이 너무 많이 쓰는 경향이 있습니다. 쉼표를 써야 하는 경우를 간추려 설명하면 다음과 같습니다.

①같은 자격의 단어나 어구를 열거할 때 씁니다.
"매화, 난초, 국화, 대나무를 사군자라 한다."
"충청도의 계룡산, 전라도의 내장산, 강원도의 설악산은 모두 국립공원이다."

②짝을 지어 구별할 때 씁니다.
"한국과 일본, 프랑스와 독일은 서로 경쟁심이 강하다."
'한국과 일본'이 짝을 이루고 '프랑스와 독일'이 짝을 이루어 이 두 짝을 나열할 때 구별하기 위해서 쉼표를 씁니다.

③바로 다음에 오는 말을 꾸미지 않고 건너뛰어 꾸밀 때 씁니다.
"성질 급한, 철수의 동생 영수가 벌컥 화를 냈다."
이 문장에서 성질 급한 사람은 '철수의 동생' 영수입니다. 만약 '성질 급한' 다음에 쉼표를 찍지 않았다면 '성질 급한 철수'가 성질 급한 사람이 되고, 쉼표를 찍으면 성질 급한 사람은 철수가 아니라 철수의 동생 영수가 됩니다. 이렇듯 쉼표 하나로 문장의 주체가 달라지기 때문에 쉼표는 문장 안에서 매우 중요한 역할을 합니다.

④ 대등하거나 종속적인 절이 이어질 때 절 사이에 씁니다.
"콩 심으면 콩 나고, 팥 심으면 팥 난다."
이 경우 쓰지 않아도 독해에 영향을 미치지 않는다면 "콩 심으면 콩 나고 팥 심으면 팥 난다."처럼 쉼표를 쓰지 않을 수도 있습니다.

⑤ 부르는 말이나 대답하는 말 뒤에 씁니다.
"철수야, 나 좀 보자." "네, 10분 후에 가겠습니다."

⑥ 제시어 다음에 씁니다.
"돈, 돈이 인생의 절대적인 목표는 아니다."

⑦ 도치된 문장에 씁니다.
"찌개 간 좀 봐 주세요, 어머님"

⑧ 감탄을 나타내는 말 뒤에 씁니다.
"어머, 너 왜 그렇게 예뻐졌니?"

⑨ 문장의 중간에 끼어든 구절 앞뒤에 씁니다.
"선생님은 미소를 띠고, 속으로는 화가 치밀었지만, 철수의 손을 잡았다."

⑩ 문맥으로 보아 끊어 읽어야 할 곳에 씁니다.
"승용차가, 중앙선을 넘어 마주 오는 버스와 충돌했다."

"승용차가 중앙선을 넘어, 마주 오는 버스와 충돌했다."

이 두 문장처럼 쉼표를 어디에 쓰느냐에 따라 사고의 원인이 되는 차가 승용차일 수도 있고 버스일 수도 있게 달라집니다. 앞 문장에서는 '중앙선을 넘어 마주 오는 버스'가 교통사고 유발자가 되고, 뒤 문장에서는 '승용차가 중앙선을 넘어' 갔으므로 승용차가 교통사고 유발자가 됩니다.

⑪ 수의 폭이나 개략의 수를 나타낼 때 씁니다.
"6, 7세기 무렵"

⑫ 문장 안에서 접속부사에는 쉼표를 쓰지 않습니다.
"그가 나에게 잘못했다고 사과했다. 그러나, 그의 본심은 잘못을 인정하지 않고 있었다."처럼 접속어 '그러나' 뒤에 쉼표를 찍기를 좋아합니다. 한글맞춤법에서는 쓰지 않음을 원칙으로 정했으므로 "그가 나에게 잘못했다고 사과했다. 그러나 그의 본심은 잘못을 인정하지 않고 있었다."처럼 접속부사 '그러나'에 쉼표를 쓰지 않습니다. 다음 예문들도 마찬가지입니다.

[예문] 소, 닭, 개 그리고 염소
[예문] 매화가 봉오리를 맺었다. 그러나 개구리는 아직 나오지 않았다.

'이다'와 '아니다'를 잘못 쓰는 병
저 동물이 호랑이예요 아니예요

접미사 '이다'와 조사 '이다'

[예문] 나는 그녀의 손을 잡을까 말까 망설이다 용기를 내서 살그머니 새끼손가락을 잡았다. 내가 지금 미투에 걸릴 짓을 하는 것은 아닐까, 좀 겁이 나기도 했다. 그녀는 살그머니 손을 빼려다 그만두고 모른 척한다. 아아, 성공이다.

이 예문에서 '망설+이다'의 '이다'는 접미사이고 '성공+이다'의 '이다'는 조사로서 문장 성분이 다릅니다. 이렇듯 '이다'의 쓰임새는 접미사로 쓸 때와 조사로 쓸 때, 두 가지가 있습니다. 접미사로 쓸 때는 동작이나 상태를 나타내는 말의 어근에 붙어 그 말을 동사로 만듭니다. '끄덕+이다' '망설+이다' '반짝+이다' 등이 그러합니다. 이 경우 접미사인 '이다'의 독립성을 무시하고 '끄더기다' '망서리다' '반짜기다'처럼 연철해서 쓰면 안 됩니다. 이 점만 조심한다면 접미사로 쓰는 '이다'는 크게 문제 될 것이 없습니다.

조사로 쓰는 '이다'는 조금 복잡합니다. 조사로 쓸 때는 체언에 붙어 그 체언이 하는 역할을 지정해 주는데, 접속의 의미로 쓸 때와 서술의 의미로 쓸 때가 있습니다.

접속 조사로 쓸 때는 둘 이상의 사물을 같은 자격으로 이어 줍니다. "피아노를 전공하는 이윤이는 '연습이다 레슨이다' 해서 시간이 없다고 늘 불평합니다."처럼 씁니다.

서술격 조사로 쓸 때는 체언에 붙어 그 체언이 서술어 역할을 하게 지정합니다. "아버지는 공무원이다."에서 명사인 '공무원'에 '이다'를 붙여 주어인 '아버지'의 직업이 공무원임을 지정합니다.

'이다'는 모음으로 끝난 말 아래서는 '이'를 생략하여 '나비이다 → 나비다' '호랑이이다 → 호랑이다' '사과이다 → 사과다' '배추이다 → 배추다' '모래이다 → 모래다'와 같이 쓰기도 합니다.

'이다'를 서술격 조사로 쓰는 다섯 가지 경우

첫째, 체언 뒤에 붙어 주어가 가리키는 대상의 속성이나 부류를 지정합니다.

[예문] 국민이 나라의 주인이다.

명사인 '주인' 뒤에 '이다'를 붙여, 주어인 '국민'이 가리키는 대상이 나라의 '주인'임을 지정합니다.

둘째, 접미사 '-적'이 붙은 단어 뒤에 붙어 주어의 속성을 나타냅니다.

[예문] 영수는 생각이 꽤 진보적이다.

접미사 '-적'이 붙은 단어 '진보적' 뒤에 붙어, 주어인 '영수'의 생각이 꽤 진보적 속성을 가지고 있음을 나타냅니다.

셋째, 일부 명사 뒤에 붙어 주어의 행동을 나타내거나 상태가 어떠한지를 나타냅니다.

[예문] 철수는 입만 열면 불평이다.

명사 '불평' 뒤에 붙어, 이 문장의 주어인 '철수'가 입만 열면 '불평'을 한다는 행동의 상태를 나타냅니다.

넷째, 부사 뒤에 붙어 주어의 행동이나 상태가 어떠한지를 나타냅니다.

[예문] 순희는 그림 솜씨가 제법이다.

부사 '제법'에 붙어 주어인 '순희'의 그림 솜씨가 어떠한지를 나타냅니다.

다섯째, 서술어의 연결 어미 '-서/-어서' 뒤에 붙어 주어의 행동에 관여하는 상황을 나타냅니다.

[예문] 선덕이는 요즘 일이 많아 점심을 먹은 시간이 오후 1시 지나서이다.

동사 '지나서' 뒤에 붙어, 주어인 '선덕'이 오후 1시 지나서 점심을 먹는다는 상황을 나타냅니다.

'이에요'인가 '이예요'인가

'이다'의 높임말은 '이에요'로 써야 할까요 '이예요'로 써야 할까요? 우리가 글을 쓸 때 자주 헷갈리는 것이 '그 사람이에요' 인지 '그 사람이예요'인지, '저것이 오이에요'인지 '저것이 오이예요'인지 하는 '이에요'와 '이예요'입니다.

표준어규정 제1부 26항에는 '이다'의 활용형인 '이에요'와 '이어요'를 복수 표준어로 지정하였습니다.

'이에요/이어요'는 체언과 결합하여 '책이에요/책이어요' '모란꽃이에요/모란꽃이어요' '호랑이이에요/호랑이이어요'처럼 씁니다.

그런데 받침이 있는 체언과 결합할 때와 받침이 없는 체언과 결합할 때의 쓰임새가 달라서 글 쓰는 이를 혼란에 빠뜨립니다.

첫째, 받침이 있는 체언과 결합할 때
  * 책+이에요=책이에요(○), 책예요(×), 책이예요(×)

＊ 책+이어요=책이어요(○), 책여요(×), 책이여요(×)

체언 아래 결합하는 '이에요/이어요'만 복수 표준어로 인정하였으므로 '이예요/이여요'는 쓰지 않습니다.

받침이 있는 말과 결합할 때는 '이어'를 줄여서 '예'로 발음하지 않으므로 '예'를 쓰지 않습니다. 이를테면 '한강예요/경복궁예요/수박예요/연필예요/사슴예요' 등처럼은 발음하지 않으므로 글에서도 쓰지 않습니다. '이에'를 '예'로 줄여 '책예요'로 쓰거나 '이어'를 '여'로 줄여서 '책여요'로 쓰는 오류를 범하지 않도록 주의해야 합니다.

요즈음에는 '이어요'보다는 '이에요'를 많이 쓰므로 '책이어요'보다는 '책이에요'로 기억해 두면 좋겠습니다.

둘째, 받침이 없는 체언과 결합할 때
＊ 나무+이에요=나무이에요(○), 나무예(이+에)요(○)
＊ 나무+이어요=나무이어요(○), 나무여(이+어)요(○)

'나무이에요'를 줄여서 쓸 때 '이에'를 '예'로 줄여 '나무예요'로 씁니다. 또 '나무이어요'는 '이어'를 '여'로 줄여서 '나무여요'로 씁니다. 요즈음은 '여요'는 잘 쓰지 않고 '예요'를 많이 쓰므로 받침이 없는 체언 아래서는 '예요'로 쓴다고 기억해 두면 좋습니다.

받침이 있는 체언과 결합할 때는 '이어'를 '여'로 '이에'를 '예'로 줄여 쓰지 않으나 받침이 없는 체언과 결합할 때는 줄여 쓰는 걸 허용하는 점이 다르므로 잘 구별해서 써야 합니다. 왜냐하면 받침이 없는 단어와 결합할 때 우리는 '사과예요/메뚜기예요/경주예요/동해예요/여우예요' 등처럼 '예'로 발음할 수 있기 때문에 글에서도 그렇게 씁니다.

위의 두 쓰임새를 다시 정리하면, '이에요'와 '이어요'는 받침이 없는 체언에 붙을 때는 '예요/여요'로 줄어들기도 합니다. '지우개' 뒤에 붙은 '지우개이에요'는 '지우개예(이+에)요'로, '지우개이어요'는 '지우개여(이+어)요'로 줄여서 쓸 수 있습니다. 그러나 받침이 있는 단어 뒤에 붙는 '이에요/이어요'는 줄어들지 않으므로 '연필이에요'를 '연필예요'로는 쓰지 않고 '연필이어요'도 '연필여요'로는 쓰지 않습니다. 이 점을 잊지 않아야 합니다.

셋째, 사람 이름과 결합할 때

사람 이름 끝 자에 '경해/선자/은미/정희'들처럼 받침이 없으면 '경해이에요/경해이어요'로 쓰고, '경해예(이+에)요/경해여(이+어)요'로 줄여서 쓰기도 합니다.

사람 이름 끝 자에 받침이 있는 경우에는 흔히 '이'를 덧붙여서 '예영 → 예영이, 종선 → 종선이, 은숙 → 은숙이'처럼 이름에 '이'를 더해서 부르므로 받침이 없는 이름과 같아져서 '예영이이에요 → 예영이예(이+에)요'처럼 쓰고, '예영예요/예영여요'로는 발음할 수 없기 때문에 이렇게는 쓰지 않습니다.

＊이름 끝 자에 받침이 없는 이름 :
　경해이에요 → 경해예요(○) /경해이어요 → 경해여요(○)

* 이름 끝 자에 받침이 있는 이름 :

　예영이이어요/예영이이에요 → 예영이예요(○)/예영예요(×)

'아니다'의 활용

첫째, '아니에요'인가 '아니예요'인가

'이다'는 조사이지만 '아니다'는 조사가 아니라 형용사로서 두 단어는 품사가 다릅니다. '아니다'는 부정을 나타내는 어간 '아니'에 어미 '다'가 결합하여 '아니+다'의 형태로 이루어진 형용사입니다. 그러므로 '이에요/이어요'는 결합할 수 없고, 어미인 '에요/어요'만 어간 '아니'에 결합하여 '아니+에요/아니+어요'가 됩니다.

이 말을 줄여서 쓸 때는 '아니에요'의 줄어든 말은 '아녜(니+에)요'가 되고, '아니어요'의 줄어든 말은 '아녀(니+어)요'가 됩니다.

흔히 '아니예요'로 쓰는데 이는 잘못이므로 쓰면 안 됩니다.

* 이것은 책이 아니어요 → 이것은 책이 아녀요.(○)
　이것은 책이 아니에요 → 이것은 책이 아녜요.(○)
　이것은 책이 아니예요.(×)

* 저 동물은 호랑이가 아니어요 → 저 동물은 호랑이가 아녀요.(○)
　저 동물은 호랑이가 아니에요 → 저 동물은 호랑이가 아녜요.(○)
　저 동물은 호랑이가 아니예요.(×)

둘째, '아니오'인가 '아니요'인가

 '아니오'와 '아니요'도 같은 단어가 아닙니다. '아니오'는 형용사이고, '아니요'는 감탄사입니다.

 '아니오'는 어떤 사실을 부정하는 뜻을 나타내는 형용사 '아니다'의 활용형으로 "이것은 책이 아니오." "나는 부자가 아니오."와 같이 한 문장의 서술어로만 씁니다. '오'는 동사나 형용사의 어미이므로 '오'가 없으면 온전한 문장이 되지 못합니다. 예를 들면 "규형이 따라서 산에 가려 하오." "영례에게 부탁하시오." 같은 문장에서 '오'를 빼면 "규형이 따라서 산에 가려 하" "영례에게 부탁하시"처럼 온전한 문장이 되지 않습니다.

 '아니요'는 '예'에 상대되는 말로 쓰는 감탄사입니다. 즉 '아니요'는 윗사람이 묻는 말에 부정하여 대답할 때 쓰는 말인데 '아뇨'로 줄여서 쓸 수 있습니다. 만약 묻는 사람이 아랫사람이거나 대등한 사람일 경우에는 "아니, 내가 먹지 않았어."처럼 '아니요' 대신 '아니'를 쓰기도 합니다. '아니'는 긍정의 대답인 "응, 내가 먹었어."에서 보듯이 '응'과 상대되는 말입니다.

 "갑주 씨, 어젯밤에 술 마시러 갔어요?" 하는 물음에 긍정하는 대답은 "예, 갔습니다."가 되고, 부정하는 대답은 "아니요, 가지 않았습니다." 또는 "아뇨, 가지 않았습니다."가 됩니다.

 "갑주야, 어젯밤에 술 마시러 갔었나?" 하는 물음에 긍정하는 대답은 "응, 갔어."이고 부정하는 대답은 "아니, 가지 않았어."가 됩니다.

 그 밖에 '이오/아니오'를 연결하는 뜻으로 쓸 때는 "이것은 감이요 이것은 사과입니다." 또는 "이것은 감이 아니요 사과입니다."처럼 '이요/아니요'를 씁니다.

'이다'를 생략한 문장

'이다'는 체언(명사, 대명사 등)에 붙어서 이 체언을 서술어로 만드는 서술격 조사로서 '책+이다/사람+이다/꽃+이다/행복+이다'처럼 쓰는데, 신문기사를 보면 '이다'를 생략해 버리고 쓰는 경우가 많습니다.

서술어의 특징은 변하지 않는 어간과 변하는 어미가 결합해 '먹+다=먹+고/먹+지/먹+으니/먹+네'처럼 쓰는데, 이 말에서 어미를 생략하면 '먹'만 남아서 단어로서 성립되지 않는 것과 같이 '책이다'에서 '이다'를 생략하면 '책'은 서술어로서 역할을 하는 데 그 기능을 다하지 못합니다. 물론 '이다'는 어미가 아니라 조사이기 때문에 생략한다고 해서 단어의 뜻이 훼손되는 것은 아니지만 문장 안에서 서술어로서 그 역할이 절름발이가 되고 맙니다.

"그가 아내의 모습을 마지막으로 본 것은 사고 전날인 15일 오전 출근길"

"특검은 새벽까지 이 부회장을 조사하고 돌려보냈으며, 이르면 이날 구속영장 재청구 여부를 결정할 방침"

이런 투로 쓴 문장은 마치 꼬리 없는 개나 고양이처럼 어딘지 어색하고 낯설어 보입니다. '이다'를 생략하더라도 문장을 이해하

217

는 데 지장이 있는 것은 아니지만 문장이 마무리되지 않은 듯해서 읽는 흐름이 끊기고 맙니다.

  신문기사처럼 시간에 쫓겨서 원고를 쓰거나, 한정된 지면 안에 할 말을 구겨 넣어야 하는 특별한 사정이 있는 경우가 아니라면 "그가 아내의 모습을 마지막으로 본 것은 사고 전날인 15일 오전 출근길이었다." "특검은 새벽까지 이 부회장을 조사하고 돌려보냈으며, 이르면 이날 구속영장 재청구 여부를 결정할 방침이다."처럼 서술어를 서술어답게 꼬리를 자르지 말고 갖추어 써야 합니다.

  시는 좀 다릅니다. 시의 리듬, 뜻의 함축, 감정의 여운 같은 이유 때문에 체언으로 구절을 마무리하는 시가 더러 있습니다. 박목월의 〈나그네〉를 읽어 보겠습니다.

    강나루 건너서
    밀밭 길을

    구름에 달 가듯이
    가는 나그네

    길은 외줄기
    남도 삼백 리

    술 익는 마을마다

타는 저녁놀

구름에 달 가듯이
가는 나그네

첫 연만 빼고 나머지 네 연은 모두 체언으로 끝냈습니다. 그런데도 이상하거나 어색하지 않습니다. 약간의 변형이 있기는 하지만 대부분 칠오조의 리듬을 타도록 설계되었고, 한 구절이 끝날 때마다 이미지의 잔영이나 감정의 여운이 남도록 의도적으로 썼기 때문입니다. 시가 이렇다고 해서 산문까지 체언으로 끝내면 안 됩니다. 산문에서는 서술어는 서술어답게 갖추어 써야 합니다.

접속어를 잘못 쓰는 병

점심을 먹었다. 그리고 나서 커피를 마셨다.

    제가 첫 직장에서 겪은 일입니다. 기자가 되어 처음으로 기사를 써서 부장에게 제출했을 때, 부장은 빨간 볼펜을 들고 내가 쓴 원고를 매의 눈으로 훑어보았습니다. 나는 마치 시험지를 제출하고 평가 점수를 기다리는 학생처럼 가슴이 조마조마했습니다.

    부장은 빨간 볼펜으로 원고 이곳저곳을 북북 긋거나 돼지꼬리표(삭제를 지시하는 교정 부호)를 그려 댔습니다.

    "김 기자, 이리 와 봐." 이윽고 부장이 나를 불렀습니다. "첫 기사치고는 잘 썼어. 그런데 말이야, 문장 첫머리마다 쓴 그리고, 그런데, 그러므로, 그러나 같은 '그'자 항렬 형제자매 접속사는 모두 빼고 읽어 봐. 이런 말이 없으면 뜻이 통하지 않을까? 뜻이 통한다면 과감히 버리고 써 봐. 문장이 훨씬 깔끔해질 거야."

부장이 되돌려준 원고에서 지워진 접속사를 빼고 읽어 보았습니다. 부장의 말처럼 뜻이 통하지 않는 것이 아니라 오히려 상큼하게 문장이 이어져 가는 간결한 맛을 느낄 수 있었습니다.

하나의 글월 안에서 단어와 단어, 구절과 구절, 문장과 문장을 이어 주는 역할을 맡은 말을 접속사 또는 접속어라고 하는데, 우리 문법에서는 부사의 한 종류인 접속부사로 처리합니다.

접속부사는 크게 네 가지 종류가 있습니다. ① '그리고'처럼 앞 문장에 뒤 문장을 이어 주는 첨가 또는 순접의 의미로 쓰는 것, ② '그래서'처럼 앞 문장을 원인 삼아 뒤 문장에서 결과를 서술하는 의미로 쓰는 것, ③ '그러나 그러므로'처럼 앞 문장과 다른 뜻을 가진 문장을 이어 주는 역접의 의미로 쓰는 것, ④ '그런데'처럼 앞 문장과 연관시키면서 뒤 문장에서 다른 방향으로 이야기를 끌어가기 위해 쓰는 것이 있습니다.

접속부사는 은근히 그 쓰임새가 까다로워서 적재적소에 써야 문장의 뜻이 매끄럽게 이어집니다. 만약 '그리고'를 써야 할 자리에 '그러나'를 쓴다든지, '그러나'를 써야 할 자리에 '그러므로'를 쓴다든지 하면 문장의 앞뒤 흐름이 어긋납니다.

앞과 뒤를 순차적으로 이어 주는 '그리고'

김외숙 소설 〈그 집, 너싱 홈〉에는 이런 문장이 나옵니다.
"으악, 무심코 병실 문손잡이를 잡는데 안에서 터져 나오는 비명이 먼저 정수리를 내리쳤다. 목구멍을 긁으며 비어져 나온, 피가 밴 괴성이었다. 문을 열어젖히고 돌진하듯 병실로 뛰어들었다. 그리고 고꾸라질 듯 침대 옆에 멈춰 섰다."

이 글에서 '그리고'는 주인공의 행동을 순차적으로 이어 주는 역할을 합니다. '주인공이 비명 소리를 듣고 문을 열어젖히고 병실로 뛰어들었다'는 행동에 이어 '고꾸라질 듯 침대 옆에 멈춰 섰다'는 행동을 '그리고'가 순접으로 이어 줍니다.

박경리 소설 〈토지〉에는 이런 문장이 나옵니다.

"바위 위로 올라가서 엉덩이가 바닥에 닿지 않게 쭈그리고 앉는다. 그리고 찬바람에 까칠까칠해진 얼굴을 두 손으로 빡빡 문질러 본다."

이 문장은 주인공의 행동을 둘로 나누어서 앞 문장에서는 쭈그리고 앉는 행위를, 뒤 문장에서는 두 손으로 얼굴을 문지르는 행위를 묘사합니다.

위의 문장에서 보듯 '그리고'는 단어와 단어, 구와 구, 절과 절, 문장과 문장을 똑같은 자격으로 이어 줄 때 첨가 또는 순접의 뜻으로 씁니다.

"사과 그리고 배를 선물했다."처럼 단어(사과)와 단어(배)를 이어 주기도 하고, "새 신 그리고 새 가방을 샀다."처럼 구(새 신)와 구(새 가방)를 이어 주기도 하고, "바람이 불면 그리고 비가 오면 나무가 쓰러지기 쉽다."처럼 절(바람이 불면)과 절(비가 오면)을 이어 주기도 하고, "겨울이 왔다. 그리고 첫눈이 내렸다."처럼 문장(겨울이 왔다)과 문장(첫눈이 내렸다)을 이어 주기도 합니다.

이런 예문에서 '그리고'를 빼면 어떨까요?

"사과, 배를 선물했다." "새 신, 새 가방을 샀다." "바람이 불고 비가 오면 나무가 쓰러지기 쉽다." "겨울이 왔다. 첫눈이 내렸다."처럼 쓰면 문장이 어색할까요?

내 첫 직장의 부장은 아마도 기사라는 글이 가져야 할 간결성, 정확성의 원칙을 살리기 위해서 쓰지 않아도 뜻이 통한다면 접속부사를 쓰지 않는 편이 좋다는 뜻으로 제게 말했을 것입니다. 하지만 섬세한 표현을 중요하게 여기는 문학 작품에서는 필자의 심리적 상황과 사건의 전개 상황을 자세히 표현하기 위해서는 접속부사를 꼬박꼬박 쓰는 편이 더 나을 수도 있습니다. 접속부사를 써야 할 것인지, 쓰지 말아야 할 것인지는 글의 종류와 성격을 판단해서 선택할 문제인 것 같습니다.

'그리고'를 쓸 때 잘못 쓰는 경우가 있으니 조심하기 바랍니다.

"밥을 먹었다. 그리고 나서 이를 닦았다."처럼 '그리고'에 '나서'를 결합하여 '그리고 나서'로 쓰는 것은 잘못입니다. 왜냐하면 '나서' 앞에는 언제나 동사의 연결형 어미인 '-고'(먹고, 울고, 자고, 가고 등)만이 오기 때문에 동사가 아닌 접속부사 '그리고'와 '나서'를 결합하여 쓰는 것은 잘못입니다. 이럴 때는 "밥을 먹고 나서 이를 닦았다"처럼 써야 합니다.

앞과 다른 내용으로 이어 주는 '그러나'

김동리 소설 〈역마〉에는 이런 문장이 나옵니다.

"성기는 잠자코 밥숟가락을 들었다. 그러나 밥은 반도 먹지 않고 상을 물려 버렸다."

주인공 성기의 행동이 앞 문장과 뒤 문장에서 서로 다르게 나타나는 상황을 묘사했습니다. 앞 문장에서는 성기가 밥을 먹기 위해 숟가락을 들었는데, 뒤 문장에서는 밥을 제대로 먹지 못하는 상황을 묘사하였습니다. '그러나'는 이렇듯 앞 문장의 내용과 뒤 문장의 내용이 다르게 나타나는 역접을 담당합니다.

김동인 소설 〈운현궁의 봄〉에는 이런 문장이 나옵니다.

"근심스러운 소식, 듣기 싫은 소식 그러나 또한 십중팔구는 반드시 나올 소식을 그들은 겁먹은 마음으로 기다리고 있는 것이었다."

'듣기 싫은 소식'이지만 '반드시 나올 소식'이라는 상반된 마음을 '그러나'로 이어 주었습니다.

김외숙 소설 〈그 집, 너싱 홈〉에는 이런 문장이 나옵니다.

"문득 벗어나고 싶다. 어깨에 얹힌 것 다 내려놓고 뛰쳐나가고 싶다. 그러나 죽은 듯이 잠든 정우가 사방엔 출구가 없고 아픔엔 끝이 없다는 것만 같다."

앞부분에서 묘사한 '모든 것 다 내려놓고 벗어나고 싶다'는 주인공의 심리와 달리 뒷부분의 '사방엔 출구가 없고 아픔엔 끝이 없다'는 절망적인 상황을 '그러나'로 이어 주었습니다.

'그러나'를 쓴 예문을 좀 더 들어 보겠습니다.

"나는 밥을 한 그릇 다 먹었다. 그러나 여전히 배가 고팠다."

"우리는 열심히 손을 흔들었다. 그러나 선수 중 아무도 돌아보는 사람이 없었다."

"아내는 조용히 그러나 단호하게 말했다."

이런 예문들과 달리 '그러하나'를 '그러나'로 쓰는 "동료들은 그러나(그러하나) 나는 따라 하지 않았다." "성질은 그러나(그러하나) 됨됨이는 괜찮은 사람일세."처럼 쓰는 경우도 있습니다.

앞과 다른 방향으로 이끄는 '그런데'

'그런데'는 '그러나'와는 조금 다르게 씁니다. '그런데'는 "영수는 벌써 갔어요. 그런데 저는 아직 못 가고 있어요." "아 그렇군요. 그런데 왜 그때는 말씀을 안 하셨습니까."처럼 앞 문장이 이끌어 간 화제를 뒤 문장에서 다른 방향으로 이끌 때 씁니다.

또 앞 문장의 내용과 다른 내용을 이끌어 뒤 문장에 이어 줄 때 "동생은 벌써 숙제를 하고 나갔어요. 그런데 저는 아직도 숙제가 많이 남아서 놀 수가 없어요."처럼 씁니다.

이정희 수필가의 〈설악초〉에는 이런 대목이 나옵니다.

"나는 꽃 이름을 들어도 금방 잊어버린다. 특히 야생화 이름은 물어보는 것이 미안할 정도다. 그만큼 꽃 이름 외우기가 쉽지 않다. 그런데 설악초는 내 기억 속에 각인되어 있다."

이 글에서 '그런데'는 앞에서 말한 '나는 꽃 이름을 잘 기억하지 못한다'와 뒤에서 말한 '설악초는 내 기억 속에 각인되어 있다'는 서로 상반되는 내용을 이어 주는 역할을 하였습니다.

'그런데'와 달리 '그러한데'를 줄여서 '그런데'로 쓰는 경우도 있습니다. "그 친구 말투가 원래 그런데 어떡하니. 네가 참아라." 같은 경우의 '그런데'는 '그러한데'를 줄여 쓴 것입니다.

앞이 뒤의 이유가 될 때 쓰는 '그러므로'

'그러므로'는 앞 내용이 뒤 내용의 이유, 원인, 근거가 될 때 쓰는데 '고로' '그래서'와 같은 뜻으로 "벼멸구가 창궐했다. 그러므로(고로, 그래서) 농약을 뿌려야 한다."처럼 씁니다.

황석영 소설 〈무기의 그늘〉에는 이런 문장이 나옵니다.
"인간은 말을 한다. 그러므로 동물과 구별된다."
"아무 책임도 지지 않겠다. 그러므로 아무것도 선택하지 않겠다."
이어령이 쓴 〈흙 속에 저 바람 속에〉는 이런 문장이 나옵니다.
"며느리는 시어머니가 걷던 그 길을 다시 되풀이하게 된다. 그러므로 그 며느리가 시어머니가 되면 또 똑같은 시집살이를 시키게 마련이다."
한수산 소설 〈유민〉에는 이런 문장이 나옵니다.
"마을 안 사람들의 소출을 가늠해 보기도 하는 이날은 그러므로 작은 잔치가 되게 마련이었다."

서로 다른 사실을 이어 주는 '하지만'

'하지만'은 서로 일치하지 아니하거나 서로 다른 사실을 나타내는 두 문장을 이어 줄 때 씁니다. "그는 수학을 싫어한다. 하지만 영어는 매우 좋아한다." "그의 행동에는 잘못된 점이 많다. 하지만 그럴 수밖에 없는 이유가 있다는 것도 인정해야 한다." 처럼 씁니다.

손영목 소설 〈여명의 새〉에는 이런 대목이 나옵니다.

"이때만 해도 그는 고수머리의 엄한 경고가 두려워, 자기가 당한 일을 사실대로 밝혀야 할지 두루뭉수리로 묻어 버리고 넘어가야 할지 마음을 못 정한 상태였다. 하지만 그의 실종 사건이 좁은 지역사회에 이미 알려질 만큼 알려진데다, 그 자신이 C성당 관할 한 공소의 회장 겸 가톨릭농민회 분회장 신분이기 때문에 교단의 입장과 관심을 가볍게 여길 수도 없었다."

인용한 이 부분에서 앞쪽은 '해야 할지 말아야 할지 망설이는 주인공의 심리'를 묘사하고, '하지만'으로 이어지는 뒤쪽은 '해야 한다'는 쪽으로 마음이 움직이는 이유를 설명합니다.

이동하 소설 〈장난감 도시〉에는 "아버지가 무엇을 묻고 있는가는 명백했다. 하지만 나는 얼른 대답하지 못했다." 하는 문장이 나옵니다. 그리고 유재용 소설 〈성역〉에는 "곽 형사는 당장 여관 구석구석을 뒤져 보고 싶은 충동을 느꼈다. 하지만 성급하게 굴다가는 오히려 일을 망쳐 버릴 것이다." 하는 문장이 나옵니다.

다른 상황을 말할 때 쓰는 '한편'

'한편'은 한 상황을 말하고 나서 다른 상황을 말할 때 씁니다. "아버지가 딸에게 편지를 썼다. 한편 어머니는 아들에게 편지를 썼다."처럼 씁니다. 앞 문장의 주어와 뒤 문장의 주어가 확연히 다를 때 흔히 씁니다. 앞 문장의 주어와 뒤 문장의 주어가 같을 때는 한 상황을 말하고 다른 상황을 말하더라도 '한편'을 쓰기보다 '그러나'를 써서 "아버지는 아들에게 편지를 썼다. 그러나 딸에게는 쓰지 않았다."처럼 쓰는 편이 낫습니다.

'한편'이 명사인 경우도 있습니다. '같은 편'을 뜻하여 "얼마 전까지만 해도 적이었던 사람을 한편으로 만들었다."처럼 쓰거나, '한쪽'을 뜻하여 "우리는 운동장 한편에서 씨름을 했다."처럼 쓰거나, 어떤 일의 측면을 뜻하여 "그의 친절은 한편으로 고맙기도 하고 한편으로 부담스럽기도 했다." "한편으로는 사신을 보내 조공을 바치면서 다른 한편으로는 성을 쌓고 군사를 길러 전쟁에 대비했다."처럼 쓰기도 합니다.

또 동사나 형용사의 어미 '-는' 뒤에 써서 두 가지 상황이 동시에 이루어질 때 한 상황을 말한 다음 다른 상황을 말하기 위해서 "장군은 부하들을 독려하는 한편 구원병을 요청했다." "그는 사과 농사를 짓는 한편 염소도 먹이느라 정신이 없다."처럼 쓰기도 합니다.

앞이 뒤와 다를 때 쓰는 '반면(반면에)'

'반면'은 접속부사가 아니라 명사로서 여기에 조사 '에'를 붙여 '반면에' 꼴로 쓰는데, 한 문장이 끝나고 뒤 문장을 이어 줄 때 "중학교 시절 하준규의 학업 성적은 그다지 우수하질 못했다. 그 반면 T는 수재였다."(이병주 소설 〈지리산〉)처럼 씁니다.

한 문장 안에서 뒤에 오는 말이 앞의 내용과 다를 때 '-ㄴ' '-은' '-는' 다음에 이어서 "손가락이 길고 날렵한 반면 손가락 마디는 굵고 억세어 보였다."(박영한 소설 〈머나먼 쏭바강〉)처럼 쓰기도 합니다.

좀 더 예를 들면 "그는 공부는 못하는 반면에 운동은 잘한다." "봉사 활동은 힘이 드는 반면에 보람이 있다." "그는 말은 빠른 반면에 동작은 무척 느리다." "사람들은 여름은 더워서 싫다고 한다. 반면에 뜨거운 햇볕이 정열적이라며 여름을 즐기는 사람도 있다."처럼 씁니다.

'반면' 또는 '반면에'는 '그러나'로 쓰는 편이 좋습니다. 반면反面은 물체가 향한 반대쪽의 면 또는 어떤 현상의 대립 관계나 모순 관계에 있는 측면을 뜻하기도 하므로 자칫하면 문장의 연결이 어색해질 수 있습니다.

위 예문들에 나오는 '반면'을 '그러나' 또는 '-지만'으로 바꾸어 쓰면 아래와 같습니다.

"중학교 시절 하준규의 학업 성적은 그다지 우수하질 못했다. 그러나 T는 수재였다."

"손가락이 길고 날렵하지만 손가락 마디는 굵고 억세어 보였다."
　　"그는 공부는 못하지만 운동은 잘한다."
　　"봉사 활동은 힘이 들지만 보람이 있다."
　　"그는 말은 빠르지만 동작은 무척 느리다."
　　"사람들은 여름은 더워서 싫다고 한다. 그러나 뜨거운 햇볕이 정열적이라며 여름을 즐기는 사람도 있다."
　　이렇게 바꾸어 쓰는 편이 더 자연스럽지 않은가요?

'-고 있다'와 '-에 있어서'를 마구 쓰는 병
나는 시에 있어서의 꽃에 대한 글을 쓰고 있다

2021년 7월 30일자 조선일보 연예 기사 "펜트하우스3 이지아, 결국 김소연 멱살 잡았다. 극강 대립"이라는 기사를 읽어 볼까요.

특히 천서진은 앞서 오윤희(유진 분)를 절벽으로 밀어 떨어뜨린 진범으로 밝혀졌지만, 심수련(이지아 분)은 오윤희를 죽인 진범을 주단태(엄기준 분)로 <u>알고 있을</u> 뿐만 아니라, 로건리의 생존 사실 역시 <u>모르고 있는</u> 상태. 과연 심수련이 오윤희에 이어 로건리까지 자신이 믿고 의지했던 인물들을 해한 천서진의 악행을 밝혀낼 수 있을지 귀추가 <u>주목되고 있다</u>. 이런 가운데 김소연과 이지아가 격양된 분위기 속에서 팽팽하게 눈빛을 주고받는 '멱살 대치' 현장이 시선을 <u>강탈하고 있다</u>. 극중 천서진이 심수련의 사무실을 찾아가 분노를 터트리는 장면. 서로 마주 보고 있는 천서진과 심수련의 일촉즉발 대치가 싸늘한 분위기를 조성하고 있는 가운데, 곧이어 심수련이 천서진의 멱살을 움켜쥐며 일격을 가한다.

밑줄 친 '-고 있다'가 여섯 군데나 나옵니다. 무심코 읽으면 하등 걸리적거리지 않지만 조금 신경을 쓰고 읽으면 '-고 있다'형의 표현을 남발했다는 걸 금방 알 수 있습니다. 밑줄 친 부분을 다음과 같이 다듬어 쓰면 어떨까요.

특히 천서진은 앞서 오윤희(유진 분)를 절벽으로 밀어 떨어뜨린 진범으로 밝혀졌지만, 심수련(이지아 분)은 오윤희를 죽인 진범을 주단태(엄기준 분)로 알 뿐만 아니라, 로건리의 생존 사실 역시 모르는 상태. 과연 심수련이 오윤희에 이어 로건리까지 자신이 믿고 의지했던 인물들을 해한 천서진의 악행을 밝혀낼 수 있을지 귀추가 주목된다. 이런 가운데 김소연과 이지아가 격양된 분위기 속에서 팽팽하게 눈빛을 주고받는 '멱살 대치' 현장이 시선을 강탈한다. 극중 천서진이 심수련의 사무실을 찾아가 분노를 터트리는 장면. 서로 마주 보는 천서진과 심수련의 일촉즉발 대치가 싸늘한 분위기를 조성한 가운데, 곧이어 심수련이 천서진의 멱살을 움켜쥐며 일격을 가한다.

어떤가요? 왜색 표현법인 '-고 있다'를 바꾸니까 훨씬 자연스럽지 않은가요?

우리말에서 어떤 움직임이 지속되거나 움직임이 끝난 상태가 지속되는 상황을 표현할 때는 동사의 어미를 현재진행형인 '는/ㄴ'으로 씁니다. 이를테면 "가다=가는/간다" "울다=우는/운다" "자다=자는/잔다" "먹다=먹는/먹는다" "놀다=노는/논다"처럼 씁니다.

움직임이나 상태는 아무리 짧은 시간일지라도 이어지는 것이므로 지속하는 움직임이나 상태를 뜻하는 말을 따로 더 덧붙일 필요가 없습니다.

그런데 요즘 글을 보면 '학교 가는 아이'를 '학교 가고 있는 아이'로 쓰거나 '아이가 학교에 간다'를 '아이가 학교에 가고 있다'로 쓰고, '우는 아이'를 '울고 있는 아이'로 쓰거나 '아이가 운다'를 '아이가 울고 있다'로 쓰고, '잠자는 아이'를 '잠자고 있는 아이'로 쓰거나 '아이가 잔다'를 '아이가 자고 있다'로 쓰는 사람이 매우 많습니다.

또 움직임이 끝난 상태가 지속되는 모습을 표현할 때도 '벽에 걸린 그림'을 '벽에 걸려 있는 그림'으로 쓰거나, '쓰러진 나무'를 '쓰러져 있는 나무'로 쓰거나 '구멍 난 양말'을 '구멍 나 있는 양말'처럼 쓰는 사람도 많습니다.

'-고 있다'는 일본어에서 온 말인데 어느 틈에 우리말 깊숙이 스며들어 이렇게 쓰지 않으면 지속하는 움직임이나 상태를 표현하는 데 성에 차지 않아서인지 너도나도 이렇게 쓰기를 좋아하고, 독자들마저 이 고질병에 중독되고 말았습니다.

자기도 모르게 이런 왜색병에 감염된 문장을 다음 예문에서 확인할 수 있습니다. 괄호 안은 정리한 말입니다.

[예문] 위의 시에서는 시인이 야전병원에서 부상병으로서 체험한 병원 생활을 구체적으로 묘사하고 있다(묘사한다). 시인은 간호사와 함께 스펀지를 만들고 거즈를 개면서 간호사와 함께 병원 체험을 하고 있다(한다). 그리고 시인이 간호사의 단순한 노동을 도와주고 있는(도와주는) 모습을 본 정보원에게 포로 경찰이 되라고 조롱당하고 있는(조롱당하는) 자신의 일상사를 호출하고 있다(호출한다).

[예문] 달님은 이 겨울의 마지막 추위 속에서도 지금 막 떠올라 서당골 민우네 마을 양지쪽 둠벙배미를 훤히 밝혀 주고 있습니다(줍니다). 둠벙배미 논에서는 아이들이 하루 내내 놀고도 저녁밥을 먹는 걸 잊은 채 어둠이 내리고 있는데도(내리는데도) 아직껏 얼음을 지치고 있습니다(지칩니다). 그들은 논둑에 관솔불을 지피고는 고구마를 구워 먹으며 스케이트를 타기도 하고 썰매로 얼음을 지치고 있습니다(지칩니다). 팽이도 치고 있습니다(칩니다). 달님은 넉넉한 마음으로 그들을 바라보고 있습니다(바라봅니다). 하루가 다르게 토실토실 살이 쪄 여물고 있는(여무는) 모습으로 벙싯벙싯 웃고 있는(웃는) 달님입니다.

어떤 사람들은 '-고 있다'로 쓰는 것도 성에 차지 않은지 '있다'

를 존칭어 '계시다'로 바꾸어 '-고 계시다'로 쓰는 이상한 진화 현상에 현혹되기도 합니다. "어머니가 버스를 기다리고 계십니다." "손님 어떤 물건을 찾고 계세요?"처럼 쓰는데 이런 말은 "어머니가 버스를 기다리십니다." "손님 어떤 물건을 찾으세요?"로 써야 합니다.

'-고 있다'는 이미 우리말에 깊숙이 스며들었기 때문에 '-고 있다'를 쓰는 것을 틀렸다고 단정할 수는 없습니다. 그렇더라도 우리말의 질서를 교란하는 외래종이기 때문에 가능하면 고쳐 쓰고, 의식적으로라도 덜 쓰려고 노력해야 합니다.

'있다'를 쓴 말 중에 '-에 있어서'도 왜색병에 걸린 표현입니다. '-에 있어서'는 일본어 '～に於いて(において)'를 직역한 기형어인데 특히 논문이나 평론 등에 자주 보이고 특히 논문 제목에서는 흔해 빠지게 보입니다. 심지어는 우리 헌법 전문에도 "자율과 조화를 바탕으로 자유민주적 기본질서를 더욱 확고히 하여 정치·경제·사회·문화의 모든 '영역에 있어서' 각인의 기회를 균등히 하고, 능력을 최고도로 발휘하게 하며" 같은 표현이 보입니다. '-에 있어서'는 '-에서'로 써야 그 뜻이 명료해집니다. 이 헌법 전문도 "자율과 조화를 바탕으로 자유민주적 기본질서를 더욱 확고히 하여 정치·경제·사회·문화의 모든 '영역에서' 각인의 기회를 균등히 하고, 능력을 최고도로 발휘하게 하며"로 써야 합니다.

'-에 있어서'는 "김소월에 있어서 이별의 정한"처럼 사람을 가리키기도 하고, "임진왜란에 있어서 조총의 위력"처럼 시간을 가리키기도 하고, "정치, 경제, 사회, 문화에 있어서"처럼 어떤 분야를 가리키기도 하고, "영어를 공부함에 있어서 왕도란 없다"처럼 어떤 행위를 가리키는 등 매우 광범위한 뜻으로 씁니다.

아래 예문들은 괄호 안처럼 바꾸어 써야 합니다.

* 기업의 구조를 조정해야 한다는 데는 의견이 일치했지만 그 대책에 있어서는(그 대책에는) 이견이 많습니다.
* 현대 여성들에 있어서(현대 여성들에게) 고등 교육은 필수적입니다.
* 실천 강령에 있어서는(실천 강령에는) 바른 규칙 바른 사회적 예절을 확립해서
* 비즈니스를 하는 데 있어서(비즈니스를 하는 데) 나라와 나라를 가르는 국경과 민족의 의미는 과연 무엇이며
* 접근 방법에 있어서는(접근 방법만은) 과거와 달라야 한다는
* 알 필요가 없다는 것은 정치사에 있어서일 뿐이지(정치사에서일 뿐이지) 복식의 역사에서는 그렇지 않을 것이다.
* 국민적 관심의 초점이 된 북한을 연구함에 있어서(연구하는 데) 정치학의 효용성은 어느 정도일까?

높임말 유혹에 빠진 병

읽어 주시고 뽑아 주신 심사위원님께 감사드린다

[예문1] 설익은 시들을 읽어 주시고, 그 행간을 읽어 주시고, 만년 시인 지망생에게 삶의 용기를 주기 위해 저의 시들을 당선작으로 뽑아 주신 심사위원님들께 감사드립니다.

[예문2] 뽑아 주신 심사위원님께 감사드린다. 그리고 항상 격려해 주시고 응원해 주신 교수님께도 진심으로 감사드린다.

이 예문들은 어느 문예지 신인상 당선 소감에서 따 온 글입니다.

과공비례過恭非禮라는 말이 있습니다. 맹자에 나오는 말로, 공손함이 지나치면 오히려 예가 아니라는 말입니다. 세상만사가 '적당함'의 선이 무너지면 꼭 말썽이 생기고 맙니다. 상대를 높여도 적당히 높여야 하고 나를 낮춰도 적당히 낮춰야 합니다. 내가 받들어 모셔야 할 스승이라고 해서, 부모라고 해서, 말끝마다 존칭어를 쓴 문장은 과공비례가 됩니다. 하물며 그분들 읽으라고 쓴 글이 아니고 독자들 읽으라고 쓴 글이라면 독자들을 자기 처지로 끌어내리는 글이 되기 때문에 독자에게 실례가 됩니다. 자기 스승이 독자의 스승은 아니고, 자기 글 심사위원이 독자의 글 심사위원은 아니기 때문입니다.

높임말은 한 문장 안에서는 맨 끝에 한 번만 써도 충분히 그분을 존중하는 셈이 됩니다.

[예문1]처럼 "설익은 시들을 읽어 주시고, 그 행간을 읽어 주시고, 만년 시인 지망생에게 삶의 용기를 주기 위해 저의 시들을 당선작으로 뽑아 주신"이라고 말끝마다 높임말을 쓰면, 독자들을 상대로 쓴 글이 아니라 심사위원을 상대로 쓴 글이 될 뿐만 아니라, 심사위원을 상대로 쓴 글이라 하더라도 말끝마다 높임말을 쓰는 것은 오히려 심사위원을 조롱하는 듯한 느낌을 줄 수도 있습니다.

이런 문장은 "설익은 시들을 읽고, 그 행간을 읽고, 만년 시인 지망생에게 삶의 용기를 주기 위해 저의 시들을 당선작으로 뽑아 주신"처럼 맨 뒤에 한 번만 써도 충분히 심사위원을 존중하는 뜻이 됩니다.

일상 언어도 마찬가지입니다. "어머니, 오늘 오시지 마시고 내일 오세요."보다는 "어머니, 오늘 오지 말고 내일 오세요."처럼 쓴다고 해서 어머니를 존중하지 않는 말이 되는 것은 아닙니다.

[예문2]는 "뽑아 주신 심사위원님께 감사드린다. 그리고 항상 격려해 주시고 응원해 주신 교수님께도 진심으로 감사드린다."고 썼는데, 앞에서는 '뽑아 주신' '격려해 주시고' '응원해 주신'이라고 높임말을 쓰고 바로 뒤에서는 '감사드립니다'가 아닌 '감사드린다'고 낮춤말로 써서 한 문장 안에서 높임과 낮춤이 서로 달라 문장을 어색하게 만들었습니다.

우리말에서 '감사感謝'는 고마움을 나타내는 인사, 고맙게 여김, 또는 고맙게 여기는 마음을 나타내는 명사입니다. '감사'에 '하다'를 붙여 '고맙다/고맙습니다'의 뜻으로 쓸 수 있습니다.

* 나는 새까맣게 구워진 참새를 집을 때 할 말이 생겼기 때문에 마음속으로 참새에게 감사하고 나서 얘기를 시작했다. (김승옥, 서울 1964년 겨울)
* 저주로 너희를 내쫓고, 채찍과 율법만 던져 준 그에게 너희는 무엇을 감사하고 무엇을 찬양해야 한다는 것일까? (이문열, 사람의 아들)
* 나는 지금까지도 엄마에게 그런 허술한 일면이 있었음을 감사하고 또한 그로 인해 엄마를 사랑한다. (박완서, 그 많던 싱아는 누가 다 먹었을까)

위에 든 용례들처럼 우리는 '감사하다/감사합니다'라는 말을 무척 많이 씁니다. 그런데 문제는 이 말을 극존칭어로 쓰는 '감사드리다/감사드립니다'가 우리말의 어법에 맞는가 하는 것입니다.

'도와주셔서 감사합니다'나 '도와주시면 감사하겠습니다'가 적절한 어법인데, '도와주셔서 감사드립니다'나 '도와주시면 감사드리겠습니다'로 쓰는 것은 문제가 있는 용법인데도 '감사드립니다'라고 써야 예의에 어긋나지 않다고 생각하는 사람이 많습니다.

　'드리다'는 '주다'의 높임말입니다. 그러므로 '주다'가 호응하지 않는 말에 '주다'의 높임말인 '드리다'를 쓰면 어색해집니다.

　예를 들면 "용돈을 주다/드리다" "선물을 주다/드리다"처럼 '주다'를 쓸 수 있는 말에는 '드리다'를 써도 자연스럽습니다. 하지만 "감사를 주다"라는 말은 '감사'와 '주다'가 호응하지 않으므로 "감사드리다"라고 쓰면 어색합니다.

　"축하드리다"도 마찬가지입니다. '축하'는 '하다'를 붙여 '축하하다/축하합니다'로 씁니다. "축하를 주다"라는 말은 쓰지 않으므로 "축하드리다"라고 쓰면 어색합니다.

　'드리다'는 '주다'의 높임말로 쓰는 외에 윗사람에게 그 사람을 높여 말이나 인사, 부탁, 약속 따위를 하는 말로 쓰는 경우가 있습니다.

　"부모님께 문안을 드리다." "선생님께 말씀을 드리다." "신부가 폐백을 드리다." "선생님께 청을 드리다." "부모님께 인사를 드리다."처럼 쓰기도 하는데 이때의 '드리다'는 '올리다'의 대체어입니다. 즉 "부모님께 문안을 올리다." "선생님께 말씀을 올리다." "신부가 폐백을 올리다." "선생님께 청을 올리다."처럼

'올리다'로 쓸 수 있습니다. 또한 신에게 비는 일을 하는 뜻으로 "하느님께 기도를 드리다." "부처님께 불공을 드리다." "엄마는 매일 밤 장독대에다 정화수를 떠 놓고 치성을 드렸다."처럼 극존칭으로 쓰기도 하는데 이때도 '올리다' 대신 '드리다'를 쓰는 경우입니다.

그리고 극히 제한된 몇몇 명사 뒤에 붙여 공손한 행위의 뜻을 더하는 동사로 만드는 접사로도 씁니다. 접사로 쓸 경우에는 목적어를 생략합니다. 즉 '불공을 드리다'는 '불공드리다'로, '공양을 드리다'는 '공양드리다'로, '말씀을 드리다'는 '말씀드리다'로 씁니다. 이때의 접사 '드리다'도 '올리다'의 대체어입니다.

다음의 몇 가지 예문을 다듬어 보겠습니다.
* 오늘 참석해 주신 내외국 귀빈 여러분들께 감사드립니다.
  ⇨ 오늘 참석한 국내외 귀빈 여러분 감사합니다.
* 이번 고아원 방문 때 여러 학형이 적극적으로 도와주신 데 대해 두루 감사드립니다.
  ⇨ 이번 고아원 방문 때 적극적으로 도와준 학형 여러분 두루 감사합니다.
* 팬들의 뜨거운 격려와 성원에 감사드립니다.
  ⇨ 팬들의 뜨거운 격려와 성원 참으로 감사합니다.
* 오늘 이 결혼식장을 가득 채워 주신 하객 여러분들께 진심으로 감사드립니다.
  ⇨ 오늘 이 결혼식장을 가득 채워 준 하객 여러분 감사합니다.

* 병중에도 불구하고 이렇게 찾아와 주시니 정말로 감사드립니다.
⇨ 병중임에도 불구하고 이렇게 찾아주니 감사합니다.

피동형 바이러스 '되다/되어지다'에 감염된 병
대통령으로 선거될 수 있는 자

문장의 주체를 자기 정체성이 없는 피동적 존재로 만들어 버리는 아주 못된 바이러스가 피동형 서술어입니다. 수많은 피동형 서술어 중에서도 가장 많이 번진 바이러스가 '되다'입니다.

'되다'는 명사에 '하다'를 붙여 사용+하다, 배치+하다, 연기+하다 등과 같이 동사로 만드는 '하다' 자리를 빼앗아 사용+되다, 배치+되다, 연기+되다 등과 같이 피동형으로 만듭니다.

'되다'가 우리말의 쓰임새에서 점점 세력을 넓혀 가는 원인은 우리의 사고가 주체성을 잃고 책임을 회피하는 데 익숙해져 버렸기 때문입니다. '되다'는 사람들이 점점 많이 쓰는 만큼 의미도 복잡해져서 그 의미를 분명하게 알고 쓰기가 어려워 아무 데나 마구 쓰는 악순환에 빠졌습니다.

우리가 문장에서 '되다'를 얼마나 많이 쓰는지, 최근 문예지에서 본 수필 중 한 부분을 읽어 보겠습니다(필자, 출처 등은 생략).

[예문] 130여 년 전 한 중령이 이 만의 위치를 보고는 태평양 연안 지역의 항구로 제일 적합할 것 같다고 판단하여 정부에 허가신청을 냈다고 한다. 연방정부의 승인을 얻게 되자 항만 시설을 갖추게 되었다고 설명했다. 진주만은 오랫동안 작은 만으로 사용되어 오다가 1940년부터 많은 함대가 주둔하게 되면서 전략상 중요한 요충 지대로 변하게 되었다. 규모가 커진 항구에는 에리조나호를 비롯한 오클라마호 등 많은 군함이 배치되었다. 1941년 12월 6일 앤터플라이즈호도 입항할 예정으로 되어 있었으나 당일 기상 조건이 좋지 않다는 기상예보 때문에 입항을 연기한 상태였다고 한다.

이 예문에 '되다'가 일곱 군데나 보입니다. '되다'는 문장의 주체가 한 일을 저절로 그렇게 되었다거나 누가 그렇게 하라고 해서 했다는 뜻으로 씁니다. 피동을 피하려면 먼저 문장마다 문장의 주체가 누구인지를 분명히 세워야 합니다. 그래야 그 주체가 자기 의지로 사고하고 행동하는 능동형의 살아 있는 주체로 설 수 있습니다.

이 글의 앞쪽은 '중령'이 주체입니다. 이 중령이 진주만의 위치를 보고 태평양 연안 지역의 항구로 적합하다고 판단하여 정부에 허가신청을 냅니다. 여기까지는 그 중령이 자기 의지로 행동하는 문장입니다. 그런데 뒤쪽으로 가면서 "그는 연방정부의 승인을 '얻게 되자' 항만 시설을 '갖추게 되었다'."고 자기 의지가 없는 피동형으로 썼습니다. 그는 연방정부의 승인을 '얻게 된' 것이 아니라 승인을 '얻은' 것이고, 항만 시설을 '갖추게 된' 것이 아니라 '갖춘' 것입니다. 그래야 살아 숨 쉬는 능동형 문장이 됩니다.

이 진주만을 사용한 주체는 '주민이거나 해군'이기 때문에 진주만은 오랫동안 작은 만으로 '사용되어' 온 것이 아니라 주민이나 해군이 '사용해' 왔다고 써야 합니다.

그러다 1940년부터 많은 함대가 '주둔하게 되면서'가 아니라 많은 함대가 '주둔하면서' 요충 지대로 '변하게 된' 것이 아니라 '변한' 것입니다.

1941년 12월 6일 앤터플라이즈호도 '입항할 예정으로 되어 있었으나'가 아니라 '입항할 예정이었으나'로 써야 합니다. 이 문장에서 주체는 앤터플라이즈호이기 때문입니다.

이렇게 정리한 예문을 다시 읽어 보겠습니다.

130여 년 전 한 중령이 이 만의 위치를 보고는 태평양 연안 지역의 항구로 가장 적합하다고 판단하여 정부에 허가신청을 냈다고 한다. (그는) 연방정부의 승인을 '얻어' 항만 시설을 '갖추었다고' 설명했다. 진주만은 오랫동안 작은 만으로 '사용해 오다' 1940년부터 많은 함대가 '주둔하면서' 전략상 중요한 요충 지대로 '변했다'. 규모가 커진 항구에는 에리조나호를 비롯한 오클라마호 등 많은 군함을 '배치했다'. 1941년 12월 6일 앤터

247

플라이즈호도 입항할 '예정이었으나' 당일 기상 조건이 좋지 않다는 기상예보 때문에 입항을 연기한 상태였다고 한다.

따옴표로 묶은 말들이 '되다'를 능동형으로 바꾸어 쓴 것입니다. 비교해 읽어 보니 어떤가요? '되다'를 한 군데도 쓰지 않았는데도 문장이 군더더기 없이 오히려 깔끔하지 않은가요?

우리말에서 '되다'를 쓰는 유형을 몇 가지로 나누어 보면 다음과 같습니다.

첫째, 개막+하다, 해산+하다, 시작+하다 등 일부 명사에 '하다'를 붙여 만든 동사에서 '하다'를 '되다'로 바꾸어 개막+되다, 해산+되다, 시작+되다 등으로 쓰는 병입니다.
이런 병은 이미 우리나라 헌법 조항에까지 스며들었습니다.
우리나라 헌법 제8조 제4항은 "정당의 목적이나 활동이 민주적 기본질서에 '위배될' 때에는 정부는 헌법재판소에 그 해산을 제소할 수 있고, 정당은 헌법재판소의 심판에 의하여 '해산된다'."고 규정하였습니다.
이 헌법 조항도 위배되다, 해산되다 같은 피동병에 걸렸습니다. 이 조항은 "정당의 목적이나 활동이 민주적 기본질서를 '위배할' 때에는 정부는 헌법재판소에 그 해산을 제소할 수 있고, 정당은 헌법재판소의 심판에 따라 '해산한다'."처럼 써야 건강한 문장이라 할 수 있습니다.

또 헌법 제67조 제4항 "대통령으로 '선거될' 수 있는 자는 국회의원의 피선거권이 있고, 선거일 현재 40세에 달하여야 한다."는 조항은 "'대통령 피선거권자는' 국회의원 피선거권이 있고, 선거일 현재 40세에 달하여야 한다."로 써야 합니다.

예문을 두엇 더 보겠습니다. 이 예문들은 신문 기사에서 옮겨 온 것입니다.

[예문] "진심으로 남북 동포의 화해를 원하거든 남북 양쪽의 내부에서 은폐되고 조작되었던 역사의 바로잡음이 필요하다."
⇨ 진심으로 남북 동포의 화해를 원하거든 남북 양쪽이 내부에서 은폐하고 조작했던 역사를 바로잡아야 한다.

[예문] "30층짜리 아파트가 붕괴되었습니다."
⇨ 30층짜리 아파트가 무너졌습니다.

둘째, 문장을 피동으로 만드는 것도 성에 차지 않아서인지 피동에 피동을 더해 곱빼기 피동을 쓰는 경우입니다. '되다'에 피동형 접미사 '지다'를 덧붙여 '되어+지다'로 쓰기까지 합니다.

'되다'는 "나는 커서 시인이 되겠다." "얼음이 녹아 물이 되었다." 처럼 자동사로 쓰기도 하고, "나는 그녀를 만나고 나서부터 웃게 되었다."처럼 보조동사로 쓰기도 하고, "나라가 걱정되어 참된 마음으로 기도하였다."처럼 접미사로 쓰기도 하는데, 여기에 피동형 어미 '지다'를 덧붙여 "나는 커서 시인이 되어지겠다." "얼음이 녹아 물이 되어졌다." "나라가 걱정되어져 참된 마음으로 기도하였다."처럼 이중 피동을 쓰는 사람이 많습니다.

'되어지다' 형의 이중 피동은 다음 예문처럼 흔히 볼 수 있습니다.

* 지식인이라고 하는 사람들의 무분별한 외국어 사용은 자제되어져야 한다.
  ⇨ 지식인이라고 하는 사람들은 무분별한 외국어 사용을 자제해야 한다.
* 현장 교육은 정권에 의해서 결정되어진 목표에 의해서 실시됩니다.
  ⇨ 현장 교육은 정권이 결정한 목표에 따라 실시합니다.
* 이런 문제들은 지금껏 민주적 방법으로 해결되어지지 못했기 때문에 갈등과 불안이 누적되어져 왔다.
  ⇨ 이런 문제들은 지금까지 민주적 방법으로 해결하지 못했기 때문에 갈등과 불안이 쌓여 왔다.

셋째, '되다'는 문장에서만 많이 쓰는 것이 아니라 우리의 일상 언어에까지 번져서 우리말의 질서를 깨기도 합니다.

얼마 전에 쇤 설 명절을 전후해서 우리는 덕담을 많이 주고받았습니다.

"호랑이 기운으로 다시 일어나는 한 해 되세요."
"온 가족이 모여 행복한 설 되세요."
"건강하시고 행복하신 설 명절 되세요."

이런 인사말에서 '되세요'가 왜 잘못 쓴 말인지 인터넷에서

퍼 온 글로 대신하겠습니다.

　저녁 뉴스를 보다가 '즐거운 저녁 되십시오.' 하는 아나운서의 인사에 나도 모르게 헛웃음이 나왔다. 바른말로 세상을 전해야 하는 뉴스에서 잘못 쓰는 인사말을 전하는 게 볼썽사나워서였다.
　말이 생명인 뉴스에서, 말이 직업인 아나운서가 직무 유기와 다름없이 엉터리 말을 하는 건 도저히 용납할 수 없다.
　아나운서의 인사말인 '즐거운 저녁 되십시오'는 우리가 흔히 사용하는 '행복한 하루 되세요'와 함께 중대한 오류가 있는 말이므로 사용해서는 안 된다. 왜 사용하면 안 되는지 그 이유는 '즐거운 저녁 되십시오'를 구체적으로 분석해 보면 쉽게 알 수 있다. '시청자 여러분(생략한 주어) 즐거운(형용사) 저녁(보어) 되십시오(서술어)'로 구성된 이 말은 시청자 여러분에게 하루가 되라는 뜻이다. 이것은 논리적으로 맞지 않는 엉터리 덕담이다. '되세요' '되다'는 어떤 무엇이 되길 바라거나 됐다는 의미인데 사람에게 사람으로서는 결코 될 수가 없는 '저녁'이 되라고 하는 것은 문법적으로 적합하지 않을뿐더러 서로가 귀신 씻나락 까먹는 소리를 주고받는 셈이다. 그러므로 이 아나운서가 말한 '(시청자 여러분) 즐거운 저녁 되십시오'는 '(시청자 여러분) 즐거운 저녁 보내십시오.'나 '(시청자 여러분) 저녁 시간 즐겁게 보내십시오.' 해야 올바르다는 것을 유념했으면 좋겠다.

　이 예문에서 지적했다시피 우리는 누군가에게 "커서 대통령이 되어라.” “올해 돈을 많이 벌어 부자 되세요.”처럼 미래에 대한 소망을 말해 줄 때 '되어라/되세요' 같은 '되다'의 명령형/청유형을 쓸 수 있습니다. 이런 경우에는 사람이 이룰 수 있는 대통령이나 부자가 되라는 뜻이므로 조금도 이상하지 않습니다. 이런 말의 영향을 받아서인지 사람에게 "하루가 되세요" "설이 되세요" 하고 아무 데나 '되세요'를 붙여 사람으로서는 결코 될 수 없는 것으로 되라고 요구하거나 명령하는 억지병에 걸려 있습니다.

'즐거운 저녁이 되다' '행복한 하루가 되다'만으로는 잘못 쓴 말이 아닙니다. 문제는 생략한 주어 때문입니다. 주어가 사람일 경우 사람이 저녁이 되고 하루가 될 수는 없으므로 잘못 썼다는 것입니다.

비슷한 말인 것 같으면서도 다른 "당신이 있어서 즐거운 저녁이 되었다." "오래 뵙지 못했던 어머니를 만나 행복한 하루가 되었다." 같은 말은 잘못 한 게 아닙니다. 왜냐 하면 사람인 누구에게 무엇이 되라는 명령형이 아니라, 당신과 함께해서 저녁 시간이 즐거웠다거나, 어머니를 만나서 오늘이 행복했다는 뜻으로 쓴 '되다'는 서술형이기 때문입니다.

'-하도록'을 잘못 쓰는 병
지금부터 회의를 시작하도록 하겠습니다

　박석현 씨가 쓴 글 중 '사랑하는 아이들에게 보내는 편지'에서 한 부분 읽어 보겠습니다. ①에서 ⑦까지 밑줄 친 부분에 주의하면서 읽기 바랍니다.

　사랑하는 아들딸아 항상 외모를 <u>단정히 하도록 해라</u>①. 사람의 내면은 외면에 걸맞게 나타나는 법이다.
　구두를 깨끗이 관리하여라. 구두는 네가 어떤 사람인지를 비춰 주는 거울이다. 흙과 먼지로 얼룩진 것보다는 광이 날 정도까지는 아니더라도 깔끔하게 잘 관리된 구두를 신고 다니는 것이 좋을 것이다. 적당히 깨끗하게, 더럽지 않도록 <u>관리를 하도록 하는</u>② 것이 좋겠다. 가끔은 구둣방에서 구두를 깔끔하게 닦는

253

다면, 내 신발과 같이 내 마음도 깨끗하게 정화되는 기분을 느낄 수 있을 것이다. 그러니 가끔은 그런 소소한 재미도 <u>느껴 보도록 하여라</u>③.

　손발톱을 잘 관리하거라. 너무 긴 손톱은 위생상 좋지도 않을뿐더러 보기에도 좋지 않다. 특히 남자라면 수염과 코털을 관리하는 것에 <u>신경을 쓰도록 하여라</u>④. 단, 족집게나 손을 사용하여 뽑는 것은 <u>삼가도록 하여라</u>⑤. 코에는 뇌로 직결되는 혈관들이 있어서 만일 운이 나쁘면 상처를 동반한 염증이 생겨 뇌수막염이나 뇌종양으로 이어질 가능성도 있다. 그러니 평소 습관처럼 잘 <u>관리하도록 하여라</u>⑥.

　사람의 내면은 외면에 걸맞게 나타나는 법이다. 외모를 단정히 한다면 그것과 더불어 나의 언행이 올바르게 바뀌고 스스로가 미연에 조심을 하게 되니 나쁠 것이 없을 것이다. 그러니 늘 외모를 단정하게 <u>유지하도록 해라</u>⑦.

　이 예문에서 보듯 '–도록 하다' 꼴의 비문을 습관처럼 쓰는 병이 번지고 있습니다. '–도록 하다'가 왜 비문인지 살펴보기 위해 먼저 국립국어원의 《표준국어대사전》은 '–도록'을 어떻게 설명했는지 찾아보겠습니다.

　'–도록'은 동사나 일부 형용사의 어간에 붙어 앞의 내용이 뒤에서 가리키는 사태의 목적이나 결과, 방식, 정도 따위가 됨을 나타내는 연결 어미라고 설명하면서 다음과 같은 예문들을 예시했습니다.

"나무가 잘 자라도록 거름을 주었다."

"손님이 편히 주무시도록 조용히 하여야 한다."

"아이들이 길을 안전하게 건널 수 있도록 보살펴야 한다."

이 예문에 나오는 '−도록'들은 우리가 일상에서 쓰는 '−도록'과는 다른 점을 발견할 수 있습니다. 우리가 일상적으로 쓰는 '−도록'은 예문에 쓴 밑줄 친 말처럼 "①단정히 하도록 해라, ②관리를 하도록 하는, ③느껴 보도록 하여라, ④신경을 쓰도록 하여라, ⑤삼가도록 하여라, ⑥관리하도록 하여라, ⑦유지하도록 해라"처럼 모두 다 '−도록'을 연결 어미로 쓰고 '하다'를 종결 서술어로 쓰는 형식입니다.

이와 달리 《표준국어대사전》이 예시한 예문들은 '−도록'을 연결 어미로 쓸 때는 하나같이 '−도록'과 '하다' 사이에 모두 부사어나 목적어 등을 넣었습니다.

"나무가 잘 자라도록 '거름을' 주었다."에서 목적어인 '거름을' 생략하고 "나무가 잘 자라도록 주었다."고 쓰면 나무가 잘 자라도록 무엇을 주었는지 알 수 없기 때문에 비문이 됩니다.

"손님이 편히 주무시도록 '조용히' 하여야 한다."에서 부사어인 '조용히'를 생략하면 "손님이 편히 주무시도록 하여야 한다."가 되어 손님이 편히 주무시게 하려면 어떻게 해야 하는지 그 방법이 빠지기 때문에 비문이 됩니다.

다른 예문인 "아이들이 길을 안전하게 건널 수 있도록 '보살펴야' 한다."에서 부사어인 '보살펴야'를 생략하면 아이들이 길을 안전하게 건널 수 있도록 하려면 어떻게 해야 하는지에 대한 수단이 빠지기 때문에 비문이 되고, 연결 어미 '-도록'과 '하다' 사이에 목적어나 부사어가 들어가야 바른 문장이 됩니다.

《표준국어대사전》은 또 다른 '-도록'의 쓰임새를 "동사 어간 뒤에 바로 붙어 '해라' 할 자리에 쓰여 명령의 뜻을 나타내는 종결 어미"라고 설명하면서 "해산했다가 열두 시까지 이 자리에 다시 모이도록."이라는 예문을 예시하고 '해라' 할 자리인 '모여라' 자리에 '모이도록'을 쓸 수 있다고 했습니다.

앞에 든 예문을 보면 "①단정히 하도록 해라, ③느껴 보도록 하여라, ④신경을 쓰도록 하여라, ⑤삼가도록 하여라, ⑥관리하도록 하여라, ⑦유지하도록 해라"처럼 모두 '-도록'을 종결 어미로 쓰지 않고 연결 어미로 쓰면서 뒤에 '하여라/해라'를 명령어로 덧붙여 비문이 되었습니다.

이 말들은 ①"단정히 하도록 해라"는 '단정히 해라'로, ③"느껴 보도록 하여라"는 '느껴 보아라'로, ④"신경을 쓰도록 하여라"는 '신경을 써라'로, ⑤"삼가도록 하여라"는 '삼가라'로, ⑥"관리하도록 하여라"는 '관리하여라'로, ⑦"유지하도록 해라"는 '유지해라'로 써야 비문이 되지 않습니다.

위의 예문을 정리하면 다음과 같습니다.

사랑하는 아들딸아 항상 외모를 <u>단정히 해라</u>. 사람의 내면은 외면에 걸맞게 나타나는 법이다.

구두를 깨끗이 관리하여라. 구두는 네가 어떤 사람인지를 비쳐 주는 거울이다. 흙과 먼지로 얼룩진 것보다는 광이 날 정도까지는 아니더라도 깔끔하게 잘 관리된 구두를 신고 다니는 것이 좋을 것이다. 적당히 깨끗하게, 더럽지 않도록 관리하는 것이 좋겠다. 가끔은 구둣방에서 구두를 깔끔하게 닦는다면 내 신발과 같이 내 마음도 깨끗하게 정화되는 기분을 느낄 수 있을 것이다. 그러니 가끔은 그런 소소한 재미도 느껴 보아라.

손발톱을 잘 관리하거라. 너무 긴 손톱은 위생상 좋지도 않을 뿐더러 보기에도 좋지 않다. 특히 남자라면 수염과 코털을 관리하는 것에 신경을 써라. 단, 족집게나 손을 사용하여 뽑는 것은 삼가라. 코에는 뇌로 직결되는 혈관들이 있어서 만일 운이 나쁘면 상처를 동반한 염증이 생겨 뇌수막염이나 뇌종양으로 이어질 가능성도 있다. 그러니 평소 습관처럼 잘 관리하여라.

사람의 내면은 외면에 걸맞게 나타나는 법이다. 외모를 단정히 한다면 그것과 더불어 나의 언행이 올바르게 바뀌고 스스로가 미연에 조심을 하게 되니 나쁠 것이 없을 것이다. 그러니 늘 외모를 단정하게 유지하여라.

우리는 다짐의 뜻으로 '-도록 하겠다'는 말을 많이 씁니다. 인터넷에서 퍼 온 아래의 예문들을 보면 우리가 일상에서 쓰는 말과 글이 '-도록 하겠다'는 전염병에 얼마나 많이 걸렸는지 그 심각성이 한눈에 보입니다. 다음 예문들에서 괄호 안처럼 '-도록' 대신 '-겠다'를 어간에 바로 연결해 쓰면 아주 간단하게 치료할 수 있습니다.

* 홍길동 씨를 소개해 드리도록 하겠습니다.
  ⇨ 홍길동 씨를 소개하겠습니다.
  ⇨ 홍길동 씨를 소개합니다.
* 오늘은 회의를 이만 마치도록 하겠습니다.
  ⇨ 오늘은 회의를 이만 마치겠습니다.
  ⇨ 오늘은 회의를 이만 마칩니다.
* 중계방송을 여기서 마치도록 하겠습니다.
  ⇨ 중계방송을 여기서 마치겠습니다.
  ⇨ 중계방송을 여기서 마칩니다.
* 이상의 시 오감도를 감상해 보도록 하겠습니다.
  ⇨ 이상의 시 오감도를 감상해 보겠습니다.
* 보상 범위를 확대하여 다양하게 보상을 받을 수 있게 조정하도록 하겠습니다(조정하겠습니다).
* 문예창작학과란 어떤 학과인지 알아보도록 하겠습니다(알아보겠습니다).
* 박지훈: 경기도지사는 왜 김동연이어야 하는지 포부 같은 거 말씀 주시고 마무리하도록 하겠습니다(마무리하겠습니다).
* 김동연: 저는 대한민국 경제를 책임지는 자리에 있었고 국정을 34년이나 운영했습니다. 열심히 해서 대한민국을 바꾸는 역할을 하도록 하겠습니다(역할을 하겠습니다).
* 우리가 앞으로 해 나가야 할 과제를 간단히 말씀드렸습니다. 저의 노력을 또 모든 노력을 기울여서 우리 행정부와 입법부 그리고 국민들과 협조해 가면서 좋은 결과를 낼 수 있게끔

혼신의 힘을 다하도록 하겠습니다(다하겠습니다).
* 울 아들 장가보내고 달라진 점이 뭐가 있을까요? 어느덧 한 달의 시간과 계절의 변화를 맞이하며 축하해 주신 모든 분들께 깊은 감사 인사를 드리며 아직은 미흡하지만 시아버지의 역할을 충실하게 잘 하도록 하겠습니다(잘 하겠습니다).
* 회의 끝나고 지인분에게서 연락이 왔습니다. KF94 마스크 후원하고 싶다 하여 오후 한시에 다녀왔습니다. 본인 성함과 회사 이름은 밝히지 말아 달라고 하셨습니다. 감사합니다. 어르신들께 마스크 잘 전달하도록 하겠습니다(잘 전달하겠습니다).
* 대통령 후보자 청문회 방식은 공통 질문과 개인 질문으로 진행하도록 하겠습니다(진행하겠습니다/진행합니다). 개인 질문 시 관련 없는 내용, 공격적인 내용 등 부적절한 내용 등은 과감하게 삭제하도록 하겠습니다(삭제하겠습니다). 공통 질문은 새로 게시글을 작성하여 댓글로 공통 질문에 대해 의견 받도록 하겠습니다(받겠습니다). 청문회 일시는 추후 다시 공지하도록 하겠습니다(공지하겠습니다).

일반인은 말할 것도 없고 교수, 아나운서, 연예인, 정치인, 기자, 문인 등 수준 높은 지식인들까지 '-도록 하겠습니다'를 마구 씁니다. 모임이나 회의를 진행하는 사회자들도 하나같이 "지금부터 회의를 시작하도록 하겠습니다." 또는 "국민의례를 올리도록 하겠습니다."하는 말로 시작합니다. 이런 비문을 버리고 "회의를 시작하겠습니다." "국민의례를 올리겠습니다." 같은 바른말과 글을 써야겠습니다.

정서법 자료 창고

1. 우리말의 짜임새를 알자
2. 맞춤법 핵심 정리
3. 띄어쓰기 핵심 정리
4. 잘못 적기 쉬운 말
5. 서로 다른 뜻을 가진 말

정서법 자료 제1창고

우리말의 짜임새를 알자

짜임새1. 우리말의 기본 문형

우리말의 기본 문형은 네 가지다. 이 네 가지 문형에 어미 변화, 사동과 피동, 시제, 그리고 존대법, 수식법 등을 적절히 활용하면, 아무리 복잡한 생각도 다 표현할 수 있다.

특히 각 문형의 어순을 잘 지켜서 쓰면 아무리 복잡한 복문도 이해하기 쉽게 표현할 수 있다. 외국어의 표현 형태를 흉내 내면 우리말의 문형이 깨져서 이해하기 어려운 문장이 되고 만다.

이 기본 문형을 반드시 익혀 두어야, 우리 문장을 바르게 쓰는 지름길이 된다.

문형	짜임	서술어의 형태	예문
문형 1	주어+서술어	완전자동사	바람이 분다.
		완전형용사	꽃이 아름답다.
		체언+서술격조사	나는 사람이다.
문형 2	주어+보어+서술어	불완전자동사	철수가 반장이 되었다.
		불완전형용사	그놈은 사람이 아니다.
문형 3	주어+목적어+서술어	완전타동사	목수가 집을 짓는다.
문형 4	주어+부사어+목적어+서술어	불완전타동사	엄마가 아기에게 젖을 먹인다.

짜임새2. 단어가 하는 일

1. 주어

　문장 안에서 주체가 되는 성분으로, 술어가 나타내는 동작이나 상태의 주체가 되는 말. 주격조사(이/가/께서/에서)와 주격조사 역할을 하는 보조사(은/는)를 동반한다. ①명사/대명사, ②동사나 형용사의 명사형(ㅁ/음)들이 주어로 쓰인다.

　＊ <u>사람이</u> 산다. (명사)
　＊ <u>그것이</u> 진실이다. (대명사)
　＊ <u>슬픔은</u> 감상이다. (형용사의 명사형)

2. 서술어

문장 안에서 주어의 움직임, 상태, 성질 따위를 서술하는 말. ①동사/형용사, ②명사+서술격조사(다/이다)로 나타난다.

* 사람이 <u>산다</u>. (동사)
* 하늘이 <u>파랗다</u>. (형용사)
* 저것이 <u>구름이다</u>. (명사+서술격조사)

3. 수식어

뒤에 오는 말을 수식하거나 한정하기 위하여 첨가하는 문장 성분으로, 체언을 수식하는 관형어와 서술어를 한정하는 부사어가 있다.

(1) 관형어

체언 앞에서 체언의 뜻을 꾸며 주는 문장 성분. ①관형사, ②동사/형용사의 관형형(은/는), ③체언+관형격조사(의), ④동사/형용사의 명사형+관형격조사(의) 따위가 있다.

* <u>두</u> 사람 (관형사)
* <u>우는</u> 아이 (동사의 관형형)
* <u>슬픈</u> 얼굴 (형용사의 관형형)
* <u>꽃의</u> 향기 (체언+관형격조사)
* <u>아름다움의</u> 극치 (형용사의 명사형+관형격조사)

(2) 부사어

용언의 내용을 한정하는 문장 성분. ①부사, ②동사나 형용사의 부사형 어미(아/어/게/지/고), ③체언+부사격조사(에/에게/에서/에게서/으로) 등이 있다.

* 어머니에게 드려라. (명사+여격조사)
* 꽃에서 꿀을 딴다. (명사+탈격조사)
* 너무 높다. (부사)
* 막아 놓아라. (동사의 부사형 어미)
* 뛰게 하라. (동사의 부사형 어미)
* 울지 마라. (동사의 부사형 어미)
* 웃고 간다. (동사의 부사형 어미)

4. 목적어

문장에서 동사의 동작 대상이 되는 말. ①명사/대명사+목적격조사(을/를), ②동사/형용사의 명사형 어미(ㅁ/음/기)+목적격조사로 나타난다.

* 개가 닭을 물었다. (명사)
* 내가 그것을 먹었다. (대명사)
* 이 슬픔을 어찌하랴. (형용사의 명사형)

5. 보어

주어와 서술어만으로는 뜻이 완전하지 못한 문장에서, 그 불완전한 부분을 보충하여 뜻을 완전하게 하는 수식어. 우리말에서는 '되다' '아니다' 앞에 조사 '이/가'를 취하여 나타나는 문장 성분을 말한다.

＊아이가 자라 <u>어른이</u> 된다.

＊토마토는 <u>과일이</u> 아니다.

6. 독립어

문장의 다른 성분과 밀접한 관계 없이 독립적으로 쓰이는 말. ①감탄사, ②호격조사가 붙은 명사, ③제시어, ④대답하는 말, ⑤접속부사 따위가 이에 속한다.

＊<u>아아</u>, 님은 떠나갔습니다. (감탄사)

＊기차가 떠났다. <u>그리고</u> 우리는 헤어졌다. (접속부사)

＊<u>한결아</u>, 유치원에 가자. (호격조사가 붙은 명사)

＊<u>네</u>, 알았어요. (대답)

＊<u>청춘</u>, 그것은 듣기만 해도 가슴 설레는 말이다. (제시어)

짜임새3. 문장의 종류

1. 홑문장

한 문장 안에 주어와 서술어가 각각 하나씩 있어 둘 사이의 관계가 한 번만 이루어지는 문장을 말한다.

＊<u>기러기가</u> 하늘로 <u>날아간다</u>.

＊<u>그가</u> 얼굴에 미소를 <u>띠었다</u>.

2. 겹문장

두 개 이상의 절로 이루어진 문장. 한 개의 절이 다른 문장 속에 한 성분으로 들어가 있거나, 둘 이상의 절이 서로 이어지거나 하여 여러 겹으로 된 문장을 말한다.

＊하늘이 파랗고, 들녘이 푸르다.
('하늘이 파랗다.'와 '들녘이 푸르다.'라는 두 개의 홑문장이 이어진 겹문장)

＊우리는 이모가 돌아가셨다는 소식을 들었다.
('이모가 돌아가셨다.'라는 홑문장이, '우리는 소식을 들었다.' 속에 들어 있는 문장)

조심!

이중 서술은 문장을 모호하게 만든다.

＊하늘과 들녘이 높고 푸르다.
'하늘'과 '들녘'이 둘 다 '높고' '푸르다'는 뜻일까, 그렇다면 '들녘'이 '높다'는 서술은 바르지 않다. 아니면 '하늘은 높고' '들녘은 푸르다'는 말일까? 아마도 이런 뜻으로 썼을 것이다. 하지만 '높고 푸르다'는 이중 서술이 문장의 뜻을 애매하게 만들었다. 이중 서술은 앞에 오는 말까지 아울러 서술하는지, 뒤에 오는 말만 서술하는지 판단하기 어렵게 만든다.

(1) 겹문장 종류

① 대등 관계

대등한 자격으로 이어지는 겹문장. 대부분 '-고/-며/-나/-지만'과 같은 나열, 중첩, 반대를 의미하는 연결어미로 이어진다.

 ＊하늘이 파랗고, 들이 푸르다. (나열)
 ＊나는 기타를 치며, 노래를 불렀다. (중첩)
 ＊봄이 왔으나, 날씨가 쌀쌀하다. (반대)

② 종속 관계

앞 문장이 뒤 문장에 종속된 겹문장. '-니/-도록/-니까/-면/-거든/-려고/-고자/-을수록/-더니'처럼 이유, 조건, 전제, 목적, 의도 등을 나타내는 연결어미로 이어져, 앞 문장이 뒤 문장에 종속되는 뜻을 가진다.

 ＊꽃이 피니, 벌나비가 모여든다.
 ＊벼가 잘 자라도록, 비가 많이 왔다.
 ＊밥을 먹으니까, 배가 부르다.
 ＊바람이 불면, 나무가 흔들린다.
 ＊첫눈이 내리거든, 그곳에서 만나자.
 ＊국화가 피려고, 무서리가 저리 내리고
 ＊이순신 장군은 왜적을 섬멸하고자, 물살이 거센 울돌목으로 갔다.
 ＊벼는 익을수록, 고개가 숙여진다.
 ＊하늘이 캄캄해지더니, 비가 온다.

> **조심!**
>
> 종속 관계인 문장은, 앞 문장이 뒤 문장 안으로 들어갈 수 있지만, 이렇게 쓰면 어색해지므로 쓰지 않는 것이 좋다.
>
> * 벌나비가 '꽃이 피니' 모여든다.
>   ⇨ 꽃이 피니, 벌나비가 모여든다.
> * 비가 '벼가 잘 자라도록' 많이 왔다.
>   ⇨ 벼가 잘 자라도록, 비가 많이 왔다.
> * 배가 '밥을 먹으니까' 부르다.
>   ⇨ 밥을 먹으니까, 배가 부르다.
> * 나무가 '바람이 불면' 흔들린다.
>   ⇨ 바람이 불면, 나무가 흔들린다.
> * 비가 '하늘이 캄캄해지더니' 온다.
>   ⇨ 하늘이 캄캄해지더니, 비가 온다.

(2) 안긴 문장

한 문장이 절의 형태로 바뀌어서 큰 문장 속에 안기는 겹문장. 한 문장이 다른 문장에 안길 때는 ①명사절, ②관형절, ③서술절, ④부사절, ⑤인용절로 바뀐다.

① 명사절을 안은 문장
* <u>달이 밝기가</u> 대낮처럼 환하다.

② 관형절을 안은 문장
＊<u>향기가 짙은</u> 꽃이 피었다.

③ 서술절을 안은 문장
＊이 그림은 <u>붉은색이 짙다</u>.

④ 부사절을 안은 문장
＊오빠는 <u>기분이 좋아서</u> 웃었다.

⑤ 인용절 : 문장 안에 인용문이 들어 있는 문장
＊그가 <u>자기는 가고 싶지 않다</u>고 말했다. (간접 인용)
＊그가 "<u>나는 가고 싶지 않다</u>."고 말했다. (직접 인용)

조심!

겹문장에서 연결 어미 '-고'와 '-며' 가려서 쓰는 법

① '-고'는 한 주체가 두 가지 동작을 동시에 하지 못할 때 쓰고 '-며'는 한 주체가 두 가지 동작을 동시에 할 때 쓴다.

＊여기서 밥을 <u>먹고</u> 공부하자.
 (밥을 먹는 동작과 공부하는 동작이 별도인 개별 동작)

＊여기서 밥을 <u>먹으며</u> 공부하자.
 (밥을 먹으면서 동시에 공부하는 복합 동작)

조심!

* 컴퓨터를 켜고 전화를 받았다.
(컴퓨터를 켜는 동작과 전화를 받는 동작이 별도인 개별 동작)
* 컴퓨터를 켜며 전화를 받았다.
(컴퓨터를 켜면서 동시에 전화를 받는 복합 동작)

② 동시에 일어나는 동작이라도 행위의 주체가 서로 다르면 '-고'를 쓴다.
* 나는 밥을 먹고 상희는 국수를 먹는다.
(먹는 동작은 동시에 하고 있지만, 먹는 주체가 다르다)
* 바람이 불고 비가 온다.
(바람이 불면서 동시에 비도 오고 있지만, 바람과 비라는 주체가 다르다)

③ '-며'는 동시에 할 수 있는 동작이 아닌 두 동사를 나열하지 못한다.
* 가며 오는 사람이 많다. ⇨ 가고 오는 사람이 많다.
(가기도 하고 오기도 하는 사람이 아니라, 가면서 동시에 오는 사람만 가리킨다)
* 마음껏 먹으며 마시자. ⇨ 마음껏 먹고 마시자.
(먹기도 하고 마시기도 하는 두 동작이 아니라 먹으면서 동시에 마시는 하나의 동작만 가리킴)

정서법 자료 제2창고

맞춤법 핵심 정리

1. 된소리

① 유성음(ㄴ, ㄹ, ㅁ, ㅇ) 받침 뒷소리가 된소리로 나면 된소리로 적는다.

　＊산뜻, 살짝, 듬뿍, 몽땅, 번쩍, 꼼짝, 꿀꺽, 굴뚝, 땅딸보, 뭉뚝

　[예외] 눈곱(눈+곱), 울적(한자어 鬱寂), 울상(울+相)

② 유성음(ㄴ, ㄹ, ㅁ, ㅇ) 아닌 받침 아래서는 된소리로 발음되더라도 된소리로 적지 아니한다.

　＊깍두기, 시끌벅적, 덥석, 몹시, 색시, 갑자기, 잎사귀, 쭉정이, 맵시, 옆구리

③ 한 단어 안에서 같은 음절이나 비슷한 음절이 겹쳐 나는 부분은 같은 글자로 적는다.

＊딱딱, 똑딱, 씁쓸, 짭짤

④ 다음 어미는 된소리로 적지 아니하고 예사소리로 적는다.

＊-ㄹ거나 : 갈거나(×갈꺼나)

＊-걸 : 말할걸(×말할껄)

＊-ㄹ게 : 내가 할게(×내가 할께)

＊-ㄹ세 : 나쁜 사람일세(×나쁜 사람일쎄)

＊-ㄹ세라 : 쥐면 깨어질세라(×쥐면 깨어질쎄라)

＊-ㄹ수록 : 먹을수록(×먹을쑤록)

＊-ㄹ지 : 가야 할지 말아야 할지(×가야 할찌 말아야 할찌)

＊-올시다 : 반대올시다(×반대올씨다)

다만, 의문을 나타내는 다음 어미들은 된소리로 적는다.

＊-ㄹ까? : 말할까?(×말할가?)

＊-ㄹ꼬? : 왜 마음이 아플꼬?(×왜 마음이 아플고?)

＊-ㄹ쏘냐? : 내가 너에게 질쏘냐?(×내가 너에게 질소냐?)

⑤ 다음과 같은 접미사는 된소리로 적는다.

심부름꾼	익살꾼	일꾼	장꾼	장난꾼	지게꾼
때깔	빛깔	성깔	귀때기	볼때기	판자때기
뒤꿈치	팔꿈치	이마빼기	코빼기	객쩍다	겸연쩍다

2. 구개음화

ㄷ, ㅌ 받침 뒤에 종속적 관계를 가진 '-이-' '-히-'가 올 적에는 그 ㄷ, ㅌ이 ㅈ, ㅊ으로 소리나더라도 ㄷ, ㅌ 받침을 살려 적는다.

맏이(×마지)   해돋이(×해도지)   굳이(×구지)
같이(×가치)   끝이(×끄치)   걷히다(×거치다)
닫히다(×다치다) 묻히다(×무치다)

3. 중모음

① 계, 례, 몌, 폐, 혜의 'ㅖ'는 'ㅔ'로 소리나는 경우가 있더라도 'ㅖ'로 적는다.

계수(×게수)   사례(×사레)   폐품(×페품)
혜택(×헤택)   계집(×게집)   핑계(×핑게)
계시다(×게시다)

다만 다음 말은 본음대로 적는다
게송(×계송)   게시판(×계시판)   휴게실(×휴계실)

② '의'나 자음을 첫소리로 가지고 있는 음절의 'ㅢ'는 'ㅣ'로 소리나는 경우가 있더라도 'ㅢ'로 적는다.

무늬(×무니)   오늬(×오니)   하늬바람(×하니바람)

닐리리(×닐리리)   닝큼(×닝큼)   띄어쓰기(×띠어쓰기)
씌어(×씨어)   틔어(×티어)   희다(×히다)

4. 두음법칙

① '냥兩, 년年, 리里, 리理' 같은 의존 명사는 두음법칙을 따르지 아니한다.
 * 단돈 한 냥
 * 십 년째 여기서 산다.
 * 서울까지는 백 리가 넘는다.
 * 그럴 리가 없다.

② 접두사처럼 쓰이는 한자어가 붙어서 된 말이나 합성어에서 뒷말의 첫소리가 'ㄴ' 'ㄹ' 소리로 나더라도 두음법칙에 따라 적는다
  신여성(×신녀성)   공염불(×공념불)
  남존여비(×남존녀비)   역이용(×역리용)
  연이율(×연리율)   열역학(×열력학)
  해외여행(×해외려행)   상노인(×상로인)
  중노동(×중로동)   비논리적(×비론리적)

③ 외자로 된 이름을 성에 붙여서 쓸 경우에는 두음법칙에 따르지 않고 본음대로 적는다.
 * 신립, 최린, 채륜, 하륜

5. 겹쳐 나는 소리

한 단어 안에서 같은 음절이나 비슷한 음절이 겹쳐 나는 부분은 같은 글자로 적는다.

딱딱	쌕쌕	씩씩	똑딱똑딱	쓱싹쓱싹
유유상종	누누이	꼿꼿하다	눅눅하다	밋밋하다
싹싹하다	쌉쌀하다	씁쓸하다	짭짤하다	

6. 준말

① 준말과 본말이 널리 쓰이면서 준말의 효용이 뚜렷이 인정되는 것은 두 가지를 모두 표준어로 삼는다.

* '머무르다/머물다' '서두르다/서둘다' '서투르다/서툴다' 등

② 다만 모음 어미가 연결될 때는 준말의 활용형을 인정하지 아니하고, 자음 어미 앞에서는 허용한다.

* 가지다/갖다 : '갖인, 갖은, 갖아'로 활용하지 않음. '갖고, 갖되'는 허용함.
* 디디다/딛다 : '딛인, 딛은, 딛어'로 활용하지 않음. '딛고, 딛는' 등은 허용함.
* '머물어, 머물은' '서둘어, 서둘은' '서툴어, 서툴은' 따위로 활용하지 않음. '머물고, 서둘되, 서툴고' 등으로 자음이 오면 허용함.

7. ㅂ불규칙 용언

ㅂ불규칙 용언의 어미 첫음절 모음이 'ㅏ, ㅗ'일 때는 모두 '워'로 쓰고, '곱다, 돕다'만 '와'로 쓴다.
  * 새롭다→새로워, 괴롭다→괴로워, 안타깝다→안타까워
  * 곱다→고와, 돕다→도와

8. 율, 열/률, 렬

① 모음이나 'ㄴ' 받침 뒤에 이어지는 '률, 렬'은 '율, 열'로 적는다.
  * 모음 아래서→나열, 자율, 비열, 규율, 비율, 투표율
  * 'ㄴ'받침 아래서→백분율, 분열, 선열, 전율

② 그 밖의 모든 받침 아래에서는 '률, 렬'로 적는다.
  * 확률, 성공률, 손실률, 경감률, 배합률, 강렬, 극렬, 병렬

9. 웃, 윗, 위

① '웃'으로 발음되는 말이라도 위아래가 대립되는 말은 '윗'으로 적는다.

윗도리/아랫도리　　　윗니/아랫니
윗목/아랫목　　　　　윗배/아랫배
윗입술/아랫입술

② 발음이 '웃'으로 굳은 말 가운데 위아래 대립이 없는 말은 '웃'으로 쓴다.
　＊웃어른, 웃돈, 웃거름, 웃통

③ 된소리와 거센소리 앞에서는 '위'로만 적는다.
　＊위턱, 위쪽, 위치마, 위짝

④ '윗옷'과 '웃옷'은 구분해서 쓴다.
　＊윗옷 : 바지와 대립되는 상의를 가리킬 때
　＊웃옷 : 두루마기, 코트 등 겉에 입는 옷을 가리킬 때

10. 아니오/아니요

① '응/예' 반대말인 '아니'의 존댓말은 '아니요'로 쓴다.
　＊점심 먹었니? → 아니, 아니요.
　＊손 씻었니? → 아니, 아니요.

② 문장 속에서 연결하는 역할을 할 때는 '아니요'로 쓴다.
　＊이영애는 친구가 아니요 애인입니다.
　＊사랑은 소유요, 사랑은 존재요, 사랑은 질투요, 사랑은 마약입니다.

③ 설명하면서 문장을 끝낼 때, '아닙니다'는 '아니오'로 쓴다.
　＊영화 〈실미도〉는 픽션이 아니오(아닙니다).

*나는 거짓말쟁이가 아니오(아닙니다).

④ 의문문에는 '아니오?'를 쓴다.

*작년에 입었던 옷 아니오?
*당신 꿈꾸고 있는 것 아니오?

11. 암수를 구별하는 '수'와 '숫'

① 수컷을 이르는 접두사는 '수'로 통일한다.

수개구리	수개미	수거미	수고양이	수곰
수구렁이	수꿩	수나비	수나사	수노루
수놈	수독수리	수두루미	수말	수매미
수벌	수범	수벼룩	수비둘기	수사돈
수사슴	수사자	수소	수오리	수원숭이

② 다음의 경우는 '숫'으로 쓴다.

*숫쥐, 숫양, 숫염소

③ 다음 단어에서는 '수' 다음에 나는 거센소리를 인정한다.

수강아지→수캉아지   수개→수캐
수것→수컷   수기와 →수키와
수닭→수탉   수당나귀→수탕나귀
수돼지→수퇘지   수돌쩌귀→수톨쩌귀
수병아리→수평아리

12. '-쟁이'와 '-장이'

① 직업을 나타낼 때는 '-장이'로 쓰고, 직업이 아닐 때는 '-쟁이'로 쓴다.
＊미장이, 옹기장이
＊개구쟁이, 연애쟁이, 요술쟁이

② 낮추어 말할 때는 '-쟁이'로 쓴다.
＊월급쟁이, 글쟁이, 환쟁이

13. 부사를 만드는 어미 '-이'와 '-히'

① '하다'를 붙일 수 있는 말은 대부분 '-히'로 쓴다.
＊쓸쓸하다→쓸쓸히, 당당하다→당당히, 꼼꼼하다→꼼꼼히

② '하다'를 붙일 수 있더라도 앞말 받침이 'ㅅ'이면 '-이'

깨끗이	나붓이	뚜렷이	꼿꼿이	다소곳이
따뜻이	뚜렷이	반듯이	버젓이	어렴풋이
지긋이	의젓이	싱긋이		

③ 첩어와 ㅂ불규칙용언이 변한 꼴은 무조건 '-이'로 쓴다.
＊첩어

| 일일이 | 낱낱이 | 곰곰이 | 푼푼이 | 쫄쫄이 |
| 켜켜이 | 틈틈이 | 번번이 | 겹겹이 | 나날이 |

＊ㅂ불규칙

즐겁다→즐거이   새롭다→새로이
안타깝다→안타까이 부끄럽다→부끄러이
외롭다→외로이   번거롭다→번거로이
새삼스럽다→새삼스레

④ 앞말 받침이 'ㄱ'이면 '-이'를 쓰는 말도 있고 '-히'를 쓰는 말도 있다

＊'-이'를 쓰는 말

가뜩이	깜찍이	빽빽이	그윽이	깊숙이
나직이	너부죽이	느지막이	더부룩이	더욱이
묵직이	비죽이	뾰족이	수북이	시무룩이
야트막이	우뚝이	일찍이	자욱이	적이
진득이	촉촉이	축축이	큼직이	텁수룩이
히죽이				

＊'-히'를 쓰는 말

극히	속히	익히	족히	딱히
가득히	까마득히	넉넉히	똑똑히	그득히
솔직히	아득히	엄격히	익숙히	정확히
톡톡히	아늑히			

⑤ '-이'로만 발음되는 말은 '-이'로 적는다.

| 가붓이 | 깨끗이 | 나붓이 | 느긋이 | 둥긋이 |
| 따뜻이 | 반듯이 | 버젓이 | 산뜻이 | 의젓이 |

가까이	고이	날카로이	대수로이	번거로이
많이	적이	헛되이	겹겹이	번번이
일일이	첩첩이	틈틈이		

⑥ '-히'로만 발음되는 말은 '-히'로 적는다.

| 극히 | 급히 | 딱히 | 속히 | 작히 |
| 족히 | 특히 | 엄격히 | 정확히 | |

⑦ '-이'로도 발음되고 '-히'로도 발음되는 말은 '-히'로 적는다.

솔직히	가만히	간편히	나른히	무단히
각별히	소홀히	쓸쓸히	정결히	과감히
꼼꼼히	심히	열심히	급급히	답답히
섭섭히	공평히	능히	당당히	분명히
상당히	조용히	간소히	고요히	도저히

14. 사이시옷

① 우리말로 된 합성어로서 앞말이 모음으로 끝난 경우

＊뒷말의 첫소리가 된소리로 나는 것

나룻배	나뭇가지	냇가	못자리	바닷가
고랫재	귓밥	맷돌	머릿기름	모깃불
뱃길	부싯돌	선짓국	쇳조각	아랫집
잇자국	잿더미	조갯살	찻집	쳇바퀴
핏대	햇볕	혓바늘		

* 뒷말의 첫소리 'ㄴ' 'ㅁ' 앞에서 'ㄴ' 소리가 덧나는 것
  　아랫니　　텃마당　　뒷머리　　잇몸　　　빗물
  　아랫마을　깻묵　　　냇물
  * 뒷말의 첫소리 모음 앞에서 'ㄴㄴ' 소리가 덧나는 것
  　뒷일　　　두렛일　　뒷입맛　　베갯잇　　나뭇잎
  　깻잎　　　댓잎　　　도리깻열

② 우리말과 한자어로 된 합성어로서 앞말이 모음으로 끝난 경우
  * 뒷말의 첫소리가 된소리로 나는 것
  　귓병　　　아랫방　　자릿세　　전셋집　　찻잔
  　샛강　　　콧병　　　탯줄　　　텃세　　　핏기
  　햇수　　　횟가루
  * 뒷말의 첫소리 'ㄴ' 'ㅁ' 앞에서 'ㄴ' 소리가 덧나는 것
  　곗날　　　제삿날　　훗날　　　툇마루　　양칫물
  * 뒷말의 첫소리 모음 앞에서 'ㄴㄴ' 소리가 덧나는 것
  　가욋일　　사삿일　　예삿일　　훗일

③ 두 음절로 된 다음 한자어 6개
  　곳간庫間　　　셋방貰房　　　　숫자數字
  　찻간車間　　　횟수回數　　　　툇간退間
  　(위의 여섯 단어 외에는 붙이지 않는다 : 내과, 외과, 효과, 총무과)

④ 통일되지 않은 말들
  * '-가루'가 붙는 말
  　미숫가루　　계핏가루　　　횟가루　　　쇳가루

송홧가루   조개껍데기가루   시멘트가루

* '-날(日)'이 붙는 말

 단옷날   한가윗날   제삿날   무싯날
 어린이날   어버이날   쥐날   토끼날

* '-날(刃)'이 붙는 말

 대팻날   가윗날   괭잇날   도끼날   면도날

* '-말'이 붙는 말

 바닷말   귀엣말   머리말   혼잣말   인사말
 노랫말   나라말   흉내말   풀이말   반대말

* '-물'이 붙는 말

 낙숫물   시냇물   바닷물   비눗물   세숫물
 양칫물   개숫물   허드렛물   국수물   석회물
 설거지물   소다물   창포물

* '-일'이 붙는 말

 가욋일   사삿일   예삿일   두렛일   허드렛일
 농사일   나랏일

* '-줄'이 붙는 말

 빨랫줄   전깃줄   물렛줄   밧줄   철사줄
 고무줄   줄넘기줄

* '-길'이 붙는 말

 기찻길   찻길   뱃길   흙모래길
 자동차길   아스팔트길

15. 한자 단어의 본음과 속음

한자음에서 본음으로 나는 것은 본음으로, 속음으로 나는 것은 속음으로 적는다.

* 낙諾 : 승낙, 수락, 쾌락, 허락
* 난難 : 만난, 곤란, 논란
* 녕寧 : 안녕, 의령, 회령
* 노怒 : 분노, 대로, 희로애락
* 론論 : 토론, 의논
* 륙六 : 오륙십, 오뉴월, 유월
* 목木 : 목재, 모과
* 십十 : 십일, 시방정토, 시월
* 팔八 : 팔월, 초파일

16. 한자 '句'

한자 '句'로 이루어진 단어는 '구'로 쓴다.

구절句節→×귀절　　　결구結句→×결귀

경구警句→×경귀　　　대구對句→×대귀

문구文句→×문귀　　　시구詩句→×시귀

어구語句→×어귀　　　인용구引用句→×인용귀

절구絶句→×절귀

정서법 자료 제3창고

띄어쓰기 핵심 정리

1. 조사

① 조사는 앞말에 붙여 쓴다.

부산까지	황소같이	그나마
먹기는커녕	멋대로	너더러
퍽도	배추든지 무든지	너라야만
사람마다	그 사람 말마따나	그것마저
이만큼	그것말고	너밖에
돈보다	방에설랑 뛰지 마라	너야말로
임이시여	통일이야말로	일인즉슨
너조차	너처럼	학생치고
공부커녕	나하고 너하고	선생님한테

287

돈으로만	밥이나마	꽃이다	칼입니다
거기도	멀리는	웃고만	

② 조사가 둘 이상 겹치거나 조사가 어미 뒤에 붙는 경우에도 붙여 쓴다.

집에서처럼	어디까지입니까	아시다시피
학교에서만이라도	나가면서까지도	좋습니다그려
여기서부터입니다	들어가기는커녕	

③ '만큼'은 이유를 나타낼 때는 붙여 쓰고, 정도나 분량을 나타낼 때는 띄어 쓴다.

　＊이유 : 소설이니만큼, 선거 때인만큼
　＊정도, 분량 : 먹은 만큼, 먹을 만큼

④ '이다'는 서술격 조사로서 다른 조사와 달리 '이고, 이랑, 이며, 이어서'처럼 어미 변화를 한다.

　＊이것은 책이고, 저것은 공책이며, 저기 저것은 연필이다.
　＊복숭아는 여름 과일이고, 감은 가을 과일이다.

2. 의존 명사

① 의존 명사는 띄어 쓴다.

　열 사람 가량　　　　　　한 가지

그 건에 대해 아는 것이 힘이다
나 나름대로 말할 나위 없이
나아갈 따름 제 딴에는
가는 데가 어디냐 비가 오는 둥 마는 둥
우리가 이길 듯하다 그럴 리가 있나
열흘 만에 어찌할 바를 모른다
공부할 무렵에 하라는 바람에
적삼 바람으로 한두 번
훌륭한 분이시다 나아갈 뿐
나도 할 수 있다 학자인 양
잘난 이 먼 쪽
내가 말할 참이었다 옷을 벗은 채
떠난 지 며칠인가 그게 할 짓이냐
학교에 갈 즈음에 잠자는 척했다
아는 체했다 공부를 잘하는 축에 든다
내가 잘못한 탓이다 내가 갈 터이다
그럴 턱이 있나 너희가 싸우는 통에
너는 어느 편이냐

② **윗말과 굳어 버린 의존 명사는 붙여 쓴다.**
＊사물을 가리키는 말 : 이것, 그것, 저것, 아무것
＊방향을 가리키는 말 : 동쪽, 서쪽, 위쪽, 앞쪽, 양쪽, 한쪽, 반대쪽, 오른쪽, 왼쪽, 맞은쪽, 바깥쪽, 안쪽, 옆쪽

* 시간을 가리키는 말 : 이번, 저번, 요번
* 사람을 가리키는 말 : 이편, 저편, 그이, 이이, 저이, 늙은이, 젊은이, 어린이
* 기타 : 날것, 들것, 별것, 생것, 탈것

③ 체언에 붙는 '뿐'은 접미사이므로 붙여 쓰고, 용언에 붙는 '뿐'은 의존 명사이므로 띄어 쓴다.
* 체언에 붙는 '뿐' : 이것뿐
* 용언에 붙는 '뿐' : 말할 뿐

3. 단위를 나타내는 명사

① 단위를 나타내는 명사는 띄어 쓴다.

사과 한 개	오이 한 거리	나무 한 그루
고기 두 근	열 길 물속	한 끼를 굶었다
아침 나절	두 냥	동전 한 닢
파 한 다발	나무 두 단	자동차 한 대
섭씨 백 도	금 서 돈	쌀 닷 되 서 홉
소 한 마리	밭 두 마지기	콩 너 말
물 한 모금	대포 한 문	청어 한 뭇
일 미터	나무 한 바리	노끈 두 발
대포 한 방	옷 한 벌	국수 한 사리
나이 열 살	석 새 삼베	곡식 백 석
쌀 한 섬	조기 한 손	밥 한 솥
시 한 수	연필 한 자루	술 한 잔

백지 한 장	흙 한 줌	사과 반 쪽
집 한 채	배 한 척	오징어 다섯 축
신 두 켤레	북어 한 쾌	밤 한 톨
김 네 톳	풀 한 포기	단돈 서 푼
비단 세 필		

② 단위를 나타내는 명사가 순서를 나타내거나 숫자와 어울리는 경우에는 붙여 쓸 수 있다.
  ＊순서를 나타내는 경우 : 기미년, 제일과, 삼학년
  ＊숫자와 어울리는 경우 : 1936년 1월 16일, 2시, 35분, 6층, 2대대, 16동, 80원, 7미터, 10개

③ 접미사 '여'가 들어간 '년간, 분간, 초간, 일간'의 '간'은 띄어 쓴다.
  ＊10여 일 간, 20여 년 간, 10여 초 간, 30여 분 간

④ 수를 적을 적에는 '경, 조, 억, 만' 단위로 띄어 쓴다.
  ＊4567경 8912조 3456억 7891만 2345원

4. 보조용언

① 보조용언은 띄어 씀을 원칙으로 하되, 붙여 씀도 허용한다.
  ＊견뎌 내다/견뎌내다

* 불이 꺼져 간다/불이 꺼져간다
* 논을 갈아 놓다/논을 갈아놓다
* 자꾸 먹어 댄다/자꾸 먹어댄다
* 신문을 읽어 드린다/신문을 읽어드린다
* 일러 바친다/일러바친다
* 썩어 빠졌다/썩어빠졌다
* 먹어 버리다/먹어버리다
* 읽어 보아라/읽어보아라
* 웃어 쌓다/웃어쌓다
* 날이 밝아 오다/날이 밝아오다
* 때려 주다/때려주다
* 좋은가 보다/좋은가보다

② **다음 경우에는 띄어 쓴다.**
* 앞말에 조사가 붙은 경우 : 잘도 놀아만 나는구나, 책을 읽어도 보고
* 합성 동사인 경우 : 네가 덤벼들어 보아라, 강물에 떠내려가 버렸다
* 중간에 조사가 들어간 경우 : 그가 올 듯도 하다, 잘난 체를 한다

5. '아니하다, 못하다'와 '아니 하다, 못 하다'

① 용언의 어미 '-지' 다음에 와서 부정을 나타내는 경우에는 붙여 쓴다.
   * 먹지 못하다, 곱지 못하다, 걷지 못하다, 알지 못하다

② 용언의 어미 '-지' 다음에 조사가 오더라도 부정을 나타낼 때는 붙여 쓴다.
   * 먹지를 못하다, 곱지는 아니하다, 울지는 아니하다, 차마 웃지는 못하다

③ 질량의 우열을 나타내는 경우에는 붙여 쓴다.
   * 동생만 못하다, 이보다 못하다, 머리가 나빠 공부를 못한다

④ 그 밖의 경우에는 띄어 쓴다.
   * 공부를 아니 한다, 시끄러워서 공부를 못 한다

6. 관형사

① 관형사는 띄어 쓴다.
   각 학교   갖은 고생   고 김대중 대통령
   그 아가씨   근 달포 동안   단 하나
   이 작품   맨 처음   몇 사람

몹쓸 놈	무슨 소리	뭇 백성
새 학교	순 한국식	아무 말씀이나
여러 가지	요 근처	웬 소리
저 사람	전 학생이	옛 친구
현 도지사		

② 다음 경우 '새'는 뒷말과 붙어 굳어 버린 것으로 보고 붙여 쓴다.

＊새달, 새댁, 새봄, 새색시, 새싹, 새아기, 새해, 새서방

③ 다음 경우 '첫'은 뒷말과 붙여 쓴다.

첫가을	첫걸음	첫겨울	첫길	첫나들이
첫날	첫눈	첫더위	첫딸	첫마디
첫머리	첫봄	첫사랑	첫새벽	첫소리
첫솜씨	첫술	첫아기	첫아들	첫여름
첫인상	첫추위	첫행보	첫혼인	

④ 다음 경우 '한'은 관형사가 아닌 접두사이므로 붙여 쓴다.

한가운데	한가을	한가지	한길	한고비
한걱정	한겨울	한동생	한동안	한밑천
한밤중	한복판	한숨	한집안	한통속
한중간	한종일	한풀	한패	한허리

⑤ 관형사 '맨'과 접두사 '맨'

＊'온통, 더할 수 없이, 가장'의 뜻을 가진 '맨'은 관형사이므로 띄어 쓴다.
  맨 처음, 맨 끝, 맨 꼴찌, 맨 나중
＊'비다(空)'의 뜻을 가진 '맨'은 접두사이므로 붙여 쓴다.
  맨주먹, 맨대가리, 맨입, 맨손

⑥ '한 번'과 '한번'

＊두 번, 세 번에 대응하는 '한 번'은 띄어 쓴다.
  이번 한 번만 먹어 봐?
  나는 턱걸이를 한 번밖에 못 한다.
＊막연한 '일차, 일단'의 뜻일 경우 붙여 쓴다.
  어디 한번 먹어 봐?
  영수네 집에 한번 가 봐라.
  한번 엎지른 물은 어찌할 수 없다.

7. 접미사

① 접미사는 붙여 쓰지만, 붙여 써서 이해하기 어렵거나 불완전 명사로 인정되는 것은 띄어 쓴다.
  ＊문명인들 간에, 어떻든 간에, 19세기 말

② 명사 아래 '입음'을 나타내는 '받다' '당하다'는 붙여 쓴다.
　＊봉변당하다, 오해받다, 사랑받다

8. '하다'가 붙은 말

① '하다'가 붙을 수 있는 명사에 붙는 '되다' '시키다' '당하다'는 붙여 쓴다.
　＊결정하다 → 결정되다
　＊사퇴하다 → 사퇴시키다
　＊결박하다 → 결박당하다

② 어미가 '-워, -어'로 끝나는 말에 붙는 '하다'는 붙여 쓴다.
　그리워하다　　괴로워하다　　미워하다　　사랑스러워하다
　힘들어하다　　기뻐하다　　　슬퍼하다

③ 명사에 '하다'가 붙어 동사가 된 말 앞에 꾸밈말이 오면 '하다'를 띄어 쓴다.
　＊이야기하다 → 남의 이야기 하기는 쉽다.
　＊운동하다 → 힘든 운동 하지 마십시오.
　＊싸움하다 → 쓸데없는 싸움 하지 마십시오.
　＊생각하다 → 무슨 생각 하느라고 말이 없나?
　＊일하다 → 좋은 일 하였구나.

9. 첩어와 준첩어

① 첩어와 준첩어는 붙여 쓴다.

곤드레만드레	그럭저럭	들락날락	머나먼
얼룩덜룩	엉큼성큼	여기저기	두고두고
왈가닥달가닥	요리조리	이러나저러나	이리저리
이모저모	일기죽얄기죽	찌그락찌그락	

② '-디-'가 들어간 말은 첩어로 보고 붙여 쓴다.

가깝디깝다	예쁘디예쁘다	높디높다
차디차다	짜디짜다	크디크다

③ 대립적 뜻을 가진 두 낱말이 하나로 굳어진 것은 붙여 쓴다.

오나가나   가타부타   오다가다

④ 첩어 형태를 취한 용언의 부사형은 붙여 쓰지 아니한다.

곱게 곱게	높게 높게	높고 높다
곧게 곧게	흘러 흘러	싸고 싼

10. 이름과 고유 명사와 전문 용어

① 성명에 붙는 '가, 씨, 공, 군, 양, 옹'

＊우리말 성에 붙는 '가, 씨'는 윗말에 붙여 쓰고, 나머지는

297

다 띄어 쓴다.

이가　　김씨　　이 공　　김 군　　박 양　　정 옹
이영자 씨　　　김철수 공　　　박영남 군
정춘향 양　　　토마스 씨　　　제임스 양

② 성과 이름은 붙여 쓰고 호칭어, 관직명 등은 띄어 쓴다.
＊김말동 씨, 최치원 선생, 이순신 장군, 이승만 박사

③ 이름에 접미사 '전傳'을 붙여 작품 이름이 될 경우 붙여 쓴다.
＊홍길동전, 심청전, 흥부놀부전, 춘향전

④ 성명 외의 고유 명사는 단위별로 띄어 씀을 허용한다.
＊한국 대학교 사범 대학 부속 고등학교
　→ 한국대학교 사범대학 부속고등학교

⑤ 동식물명의 분류학상 단위는 붙여 쓴다.
＊사과나무, 푸른개고사리, 가는개발나물, 양치식물,
　이른봄애호랑나비, 원생동물

⑥ 역사적인 서적명, 사건명은 붙여 쓸 수 있다. 단 뚜렷이 별개 단어로 인식되는 것은 띄어 쓴다.
＊경국대전, 갑오경장, 계림유사, 임진왜란, 훈민정음, 동국여지승람

＊의암 선생 행장기

⑦ **전문 용어는 단어별로 띄어 쓴다. 단 붙여 쓰는 것도 허용한다.**
＊만성 골수성 백혈병 → 만성골수성백혈병
＊중거리 탄도 유도탄 → 중거리탄도유도탄
＊만국 음성 기호 → 만국음성기호
＊탄소 동화 작용 → 탄소동화작용
＊해양성 기후 → 해양성기후

⑧ **지역 이름에 붙는 '도, 시, 구, 읍, 면, 동, 리, 주, 섬, 강, 산, 역, 만, 해, 산맥' 등은 붙여 쓴다. 다만 외국 이름에는 띄어 쓴다.**
＊경기도, 고양시, 덕양구, 화정동, 장산면, 안좌읍, 도창리, 청산도, 갈매기섬, 섬진강, 지리산, 서울역, 발해만, 태백산맥
＊아프리카 주, 마드리드 항, 블라디보스토크 역

11. '-기'로 끝나는 말

① **'-기'로 끝나는 말은 붙여 쓴다.**

가지고르기	거름주기	노래부르기	높이뛰기
듣고부르기	벌치기	씨뿌리기	이어짓기
채소가꾸기	벽돌쌓기		

② 두 말에 걸리거나 꾸미는 말이나 한정하는 말이 앞에 올 경우에는 띄어 쓴다.

  여름 채소 가꾸기   닭 돼지 치기
  아름다운 노래 부르기 아기 양말 뜨기

③ 여러 구절로 된 경우에는 동작이나 작업의 단계를 기준으로 붙여 쓴다.

  손짚고 엎드려 다리굽히기 두팔들어 가슴절하기
  나무에 못박아 굽히기   목 뒤로젖히기

12. 기타

① 두 말을 이어 주거나 열거할 때 쓰는 '겸, 또, 또는, 내지, 및, 등, 대'는 띄어 쓴다.

  ＊우리 아버지는 의사 겸 교수이시다.
  ＊할아버지는 하루 내지 이틀 후에 퇴원하실 예정이다.
  ＊청군 대 백군의 점수 차이가 매우 크다.
  ＊교실에는 책상, 걸상, 칠판 등이 있다.
  ＊이사장 및 국장들

② 한문으로 이루어진 고사성어나 숙어는 붙여 쓴다.

  돈수재배   사고무친   조삼모사
  일패도지   조변석개   진퇴유곡

③ '놀이'가 붙는 말

   시소놀이   불놀이   거울놀이   비누방울놀이

④ 단음절로 된 단어가 연이어 나타날 적에는 붙여 쓸 수 있다.

   그때 그곳   좀더 큰것   이말 저말
   한잎 두잎   이곳 저곳   내것 네것
   이집 저집   한잔 술

정서법 자료 제4창고

잘못 적기 쉬운 말

〔ㄱ〕

가랭이 → 가랑이
가리마 → 가르마
가벼히 → 가벼이
가스라기 → 가시랭이
가정난 → 가정란
간막이 → 칸막이
간지르다 → 간질이다
갑작이 → 갑자기
값높다 → 값비싸다
강남콩 → 강낭콩

개다리밥상 → 개다리소반
개이다 → 개다
개피 → 개비
객적다 → 객쩍다
거무틱틱 → 거무튀튀
거시키 → 거시기
거칠은 → 거친
거풀 → 꺼풀
걷우다 → 거두다
검지손가락 → 집게손가락

게발새발/개발쇠발 → 괴발개발
-게시리 → -게끔
-겨웁다 → -겹다
겸연적다 → 겸연쩍다
경귀 → 경구
고샅 → 고샷
고지곧대로 → 곧이곧대로
고지듣다 → 곧이듣다
고히 → 고이
곤난 → 곤란
골돌히 → 골똘히
곰곰히 → 곰곰이
곰살곱다 → 곰살갑다
곱수머리 → 곱슬머리
광능 → 광릉
광우리 → 광주리
괴임 → 굄
괴팍하다 → 괴팍하다
굅돌 → 고임돌
구들고래 → 방고래
구럭 → 망태
구렛나루 → 구레나룻
-구료 → -구려

구비구비 → 굽이굽이
구슬사탕 → 알사탕
구태어 → 구태여
군달 → 윤달
굳치다 → 굳히다
굶줄이다 → 굶주리다
귀가 트이다 → 귀가 뜨이다
귀개 → 귀이개
귀걸이 → 귀고리
귀먹어리 → 귀머거리
귀방울 → 귓불
귀에지 → 귀지
귀엣고리 → 귀고리
귀절 → 구절
귓대기 → 귀때기
귓볼 → 귓불
극적극적 → 긁적긁적
금슬 → 금실
기급하다 → 기겁하다
기리 → 길이
-기 마련 → -게 마련
기여히 → 기어이/기어코
기지개를 펴다 → 기지개를 켜다

-길래 → -기에
길앞잡이 → 길잡이
까치다리 → 까치발
깍둑이 → 깍두기
깍정이 → 깍쟁이
깔대기 → 깔때기
깔딱깔딱 → 딸꾹딸꾹
깡총깡총 → 깡충깡충
깡충하다 → 깡총하다
꼬창이 → 꼬챙이
꼭둑각시 → 꼭두각시
끄나불 → 끄나풀
끔직히/끔지기 → 끔찍이
끝발 → 끗발

〔ㄴ〕
나무래다 → 나무라다
나발꽃 → 나팔꽃
나백이 → 나배기
나부랑이 → 나부랭이
나흘날/나흣날 → 나흘날
날라가다(飛) → 날아가다
날으는 새/나는 새

날자(日) → 날짜
남비 → 냄비
납짝하다 → 납작하다
낭떨어지 → 낭떠러지
나즈막하다 → 나지막하다
내노라하다 → 내로라하다
내뻗히다 → 내뻗치다
넉넉치 → 넉넉지
넉두리 → 넋두리
널판대기 → 널판때기
널판지 → 널빤지
넓다랗다 → 널따랗다
넓직하다 → 널찍하다
넙쩍하다 → 넓적하다
네째 → 넷째
노다지 → 언제나
녹슬은 → 녹슨
녹쓸다 → 녹슬다
높따랗다 → 높다랗다
뇌졸증 → 뇌졸중
눈꼽 → 눈곱
눈쌀 → 눈살
눈에가시 → 눈엣가시

늙수구레 → 늙수그레
늙으막 → 늘그막
늦으감치 → 느지감치
닐리리 → 늴리리
닝큼 → 닁큼

〔ㄷ〕
다달아 → 다다라
다리다(약을) → 달이다
닥달하다 → 닦달하다
단촐하다 → 단출하다
대귀 → 대구
대싸리 → 댑싸리
대중요법 → 대중요법
댓가 → 대가
댓가비 → 댓개비
더우기 → 더욱이
덩쿨 → 넝쿨/덩굴
덮히다 → 덮이다
도리여 → 도리어
돋우보이다 → 도두보이다
돌뿌리 → 돌부리
돍 → 돌

-동이 → -둥이
동진달 → 동짓달
두루막이 → 두루마기
두루말이 → 두루마리
두째 → 둘째
둘러리 → 들러리
뒤미쳐 → 뒤미처
뒤안 → 뒤꼍
뒤치닥거리 → 뒤치다꺼리
뒷굼치 → 뒤꿈치
뒷발톱 → 며느리발톱
-드라도 → 더라도
드립다 → 들입다
딱다구리 → 딱따구리
떨어먹다 → 털어먹다
뗄래야 → 떼려야
또아리 → 똬리
뙈놈 → 되놈
뙤악볕 → 뙤약볕

〔ㅁ〕
마춤옷 → 맞춤옷
만듬 → 만듦

말미아마 → 말미암아

말숙하다 → 말쑥하다

망서리다 → 망설이다

맵쌀 → 멥쌀

머릿말 → 머리말

머물어 → 머물러

먹음은 → 머금은

먼지털이 → 먼지떨이

메시껍다 → 메스껍다

몇일 → 며칠

모밀 → 메밀

모지다 → 모질다

목맷히다 → 목메다

목메이다 → 목메다

몫돈 → 목돈

몹씨 → 몹시

무릅 → 무릎

무우 → 무

문귀 → 문구

물끄럼이 → 물끄러미

미다지 → 미닫이

미류나무 → 미루나무

미싯가루 → 미숫가루

〔ㅂ〕

바람꾼 → 바람둥이

바래다 → 바라다

바램 → 바람

반짓고리 → 반짇고리

발자욱 → 발자국

방돌 → 구들장

밭때기 → 밭떼기

배개 → 베개

배앝다 → 뱉다

번지르하다 → 번지르르하다

벼개 → 베개

벼란간 → 별안간

벽지다 → 외지다

볼태기 → 볼때기

봉숭화 → 봉숭아

부비다 → 비비다

부시다 → 부수다

부시시하다 → 부스스하다

불그락푸르락 → 붉으락푸르락

붓뚜껑 → 붓두껍

비게(돼지) → 비계

비들기 → 비둘기

비러먹다 → 배라먹다/빌어먹다   색갈 → 색깔
비로서 → 비로소   생각컨데 → 생각건대
빈자떡 → 빈대떡   서슴치 → 서슴지
빈털털이 → 빈털터리   서울나기 → 서울내기
빛갈 → 빛깔   설겆이 → 설거지
빼았다 → 빼앗다   설레이다 → 설레다
뻐꾹이 → 뻐꾸기   설음/서름 → 설움/서러움
뻑다귀 → 뼈다귀   설합 → 서랍
뽄새 → 본새   섥히다 → 설키다
　　　　섯달 → 섣달
　　　　성냥개피 → 성냥개비
〔ㅅ〕   성냥곽 → 성냥갑
사둔 → 사돈   성대묘사 → 성대모사
사사일 → 사삿일   세째 → 셋째
사흩날 → 사흗날   소꼽질 → 소꿉질
삯 → 삯   소리개 → 솔개
삭월세 → 사글세   손벽 → 손뼉
산수갑산 → 삼수갑산   송두리채 → 송두리째
삼가하다 → 삼가다   수근거리다 → 수군거리다
삼춘 → 삼촌   술푸대 → 술고래
삿바씨름 → 샅바씨름   숨박꼭질 → 숨바꼭질
상치 → 상추   숫가락 → 숟가락
새벽별 → 샛별   슬몃이 → 슬며시
새앙쥐 → 생쥐

신출나기 → 신출내기
실날 같은 → 실낱 같은
실락원 → 실낙원
실증 → 싫증
싫컷 → 실컷
싸립문 → 사립문
쌍동이 → 쌍둥이
쌍판대기 → 상판대기
썩히다(속을) → 썩이다
쏜살로 → 쏜살같이
쑥맥 → 숙맥

안절부절하다 → 안절부절못하다
알맞는 → 알맞은
알박이 → 알배기
알아맞춰 → 알아맞혀
알타리무 → 총각무
애기 → 아기
애닯다 → 애달프다
애비 → 아비
야단법썩 → 야단법석
야밤도주 → 야반도주
얇다랗다 → 얄따랗다
양수겹장 → 양수겸장

〔ㅇ〕
아구찜 → 아귀찜
아니꼬와 → 아니꼬워
아니예요 → 아니에요
아둥바둥 → 아등바등
아람들이 → 아름드리
아뭏든 → 아무튼
아지랭이 → 아지랑이
안깐힘 → 안간힘
안밖 → 안팎
안슬프다 → 안쓰럽다

어거지 → 억지
어귀 → 어구
어떻해 → 어떡해
어리숙하다 → 어수룩하다
어린벌레 → 애벌레
어질머리 → 어질병
얼룩이 → 얼루기
없신여기다 → 업신여기다
엇그저께 → 엊그저께
에이다(살을) → 에다
여늬 → 여느

여닐곱 → 예닐곱
여직 → 여태
연거퍼 → 연거푸
열심으로 → 열심히
영판 → 아주
예사일 → 예삿일
옛부터 → 예부터
옛스럽다 → 예스럽다
오곡백화 → 오곡백과
오금탱이 → 오금팽이
오돌오돌 → 오들오들
오뚜기/오똑이 → 오뚝이
오래비 → 오라비
오랫만 → 오랜만
오무리다 → 오므리다
오얏 → 자두
오이소배기 → 오이소박이
오지랍 → 오지랖
오합잡놈 → 오사리잡놈
온갓 → 온갖
-올씨다 → -올시다
옳바르다 → 올바르다
옴쭉달싹 → 옴짝달싹

왠일 → 웬일
외토리 → 외톨이
요컨데 → 요컨대
우두머니 → 우두커니
우둘우둘 → 우들우들
우뢰 → 우레
울궈먹다 → 우려먹다
웃으워 → 우스워
웅쿰 → 움큼
웬지 → 왠지
으례 → 으레
으시대다 → 으스대다
으젓하다 → 의젓하다
-읍니다 → -습니다
이맛배기 → 이마빼기
이예요 → 이에요
익숙치 → 익숙지
일다 → 일구다
일찌기 → 일찍이
잇솔 → 칫솔
있오 → 있소
잎파리 → 이파리

〔ㅈ〕

자그만치 → 자그마치
자욱 → 자국
작난 → 장난
잔전 → 잔돈
잠간 → 잠깐
장졸임 → 장조림
재털이 → 재떨이
저으기 → 적이
저지난밤 → 지지난밤
전선대 → 전봇대
절대절명 → 절체절명
조그만하다 → 조그마하다
졸이개 → 조리개
좀체로 → 좀해/좀처럼
주낚 → 주낙
주착 → 주책
죽은깨 → 주근깨
지개 → 지게
지꺼리다 → 지껄이다
지리하다 → 지루하다
지저기다 → 지저귀다
짓눈깨비 → 진눈깨비

짓물다 → 짓무르다
짓굳다 → 짓궂다
짚북세기 → 짚북데기
짧다랗다 → 짤따랗다
짭잘하다 → 짭짤하다
쪽밤 → 쌍동밤
쪽 진 머리 → 쪽 찐 머리
찌게 → 찌개
찟다 → 찢다

〔ㅊ〕

차돌배기 → 차돌박이
찬땀 → 식은땀
천정 → 천장
철때기 → 철딱서니
첫물 → 맏물
쳐부시다 → 쳐부수다
추스리다 → 추스르다
치닥꺼리 → 치다꺼리
치루다 → 치르다

〔ㅋ〕

칼치 → 갈치

311

케케묵다 → 케케묵다
코노래 → 콧노래
코맹녕이 → 코맹맹이
콧배기 → 코빼기

〔ㅌ〕
턱받기 → 턱받이
통채로 → 통째로
통털어 → 통틀어
퇴깐 → 툇간
트기 → 튀기
티각태각 → 티격태격

〔ㅍ〕
팔굼치 → 팔꿈치
펀뜻 → 언뜻
펴락쥐락 → 쥐락펴락
편역들다 → 역성들다
평양감사 → 평안감사
푸나무 → 풋나무
푸른콩 → 청대콩/푸르대콩
푼전 → 푼돈
풋나기 → 풋내기

풋머슴 → 선머슴
핑게 → 핑계

〔ㅎ〕
하게시리 → 하게끔
하마트면 → 하마터면
하옇든 → 하여튼
한켠에 → 한쪽에
핥작핥작 → 할짝할짝
해꼬지 → 해코지
해도지 → 해돋이
햇님 → 해님
허구헌 날 → 허구한 날
허위대 → 허우대
허위적허위적 → 허우적허우적
헌겁 → 헝겁
호라비/호래비 → 홀아비
호루루기 → 호루라기
홑겹실 → 외겹실
홑벌 → 단벌
휴게실 → 휴게실
흩으러지다 → 흐트러지다

정서법 자료 제5창고

> # 서로 다른 뜻을 가진 말

〔ㄱ〕

가령   가령 내가 교장이 된다면
가량   열 사람 가량 된다.

가르다   청군 백군으로 가르다.
가리다   ① 치마로 앞을 가리다. ② 좋은 것만 가려 내다.
가루다   ① 시비를 가루다. ② 맞서 견주다.

가르치다   글을 가르치다. [敎]
가리키다   방향을 가리키다. [指]

갈기갈기   여러 가닥으로 찢어진 모양
발기발기   속엣것이 드러나게 연이어 찢는 모양

갈무리　① 정돈하여 간수함 (저장) ② 마무리
갈문이　논밭을 갈아엎어 묵은 그루터기를 묻는 일

갈음　이것으로 축사를 갈음합니다. [代身]
가름　둘로 가름하였다. [分]

갑절　갑절 많다. (수량의 2배)
곱절　세 곱절, 네 곱절 (수량의 3배, 4배)

갖다　없는 것 없이 다 갖다. '가지다'의 준말
갔다　집에 갔다.
같다　연필 두 자루가 똑같다. (동일)

갖은　갖은 고생을 다 하였다. (온갖)
가진　가진 것이 아무것도 없다. (소유)

갯벌　바닷물이 드나드는 모래톱. 개흙으로 된 벌판
개펄　개흙

거룩하다　거룩한 세종대왕
갸륵하다　갸륵한 어린이

거름　밭에 거름을 주다. (비료)
걸음　걸음이 빠르다. (보행)

거저　아무런 노력이나 대가 없이. 공짜
그저　그대로 줄곧. 특별한 목적이나 까닭이 없이

걷잡다　걷잡을 수 없이 패해 달아났다.
겉잡다　겉잡아 이틀 걸린다. (대충 헤아려)

걷히다　외상값이 잘 걷히다. 안개가 걷히다.
거치다　서울을 거쳐 왔다.

것다　원인, 조건 등이 충분함을 나타내는 조사. 부자것다 신
　　　사것다 무엇이 부족하냐?
-것다　다짐하거나 원인, 조건이 충분함을 나타내는 어미. 네
　　　마음대로 하였것다, 열심히 공부하였것다, 건강하것
　　　다, 시험에 떨어질 리 있나?
-겠다　미래나 추측을 뜻하는 어미. 내일은 비가 오겠다.

겨루다　서로 실력을 겨루다.
겨누다　총을 겨누다.

결단　찬성하기로 결단했다.
결딴　집안이 결딴났다.

고초　갖은 고초를 겪었다.
고추　작은 고추가 맵다.
곧추　구부러지거나 휘어지지 않게, 똑바로

곧　곧 다녀오너라.
곳　우리가 사는 곳

골다　코를 골다.
곯다　① 배를 곯다. ② 속이 곯다.

곱다　① 아름답다. ② 굵지 않다.
굽다　추워서 손이 굽다.
꼽다　손꼽아 기다린다.

315

-구려　마음대로 하구려.
-그려　갑시다그려.

굳다　의지가 굳다.
궂다　날씨가 궂다.
긋다　① 금을 긋다. ② 비를 긋기 위해 원두막으로 갔다.

귀걸이　귀에 거는 안경다리나 귀마개
귀고리　귓불에 다는 장식품

그러므로　연필 두 자루에 20원, 그러므로 한 자루에는 10원
그럼으로　일을 한다. 그럼으로 낙을 삼는다.

그럭저럭　이렇다고 할 만한 것 없이
그렁저렁　어떻게 되어 가는지 모르게

그렇기　네 행실이 그렇기 때문에 사람들에게 욕을 먹는 것이다.
그러기　네가 정말 그러기냐?

그리고　문장이나 구, 절, 단어 등을 연결시킬 때에 씀.
그러고　'그렇게 하고'의 뜻. 앞뒤에 상태를 나타내는 말이 옴.

그스르다(그슬리다)　불에 그슬리다.
그을다(그을리다)　연기에 그을다.

그저　① 그저 잠을 자고 있다. ② 그저 그렇지
거저　① 거저 가져가라. ② 거저 먹이다.

그치다　비가 그치다.
끝이다　이것이 끝이다.
끊이지　사람들의 발길이 끊이지 않았다.

긷다   물을 긷다.
깁다   양말을 깁다.

까불다   행동을 가볍게 한다.
까부르다   곡식을 키에 까부르다.

깍듯이   어른께 깍듯이 인사를 드리다.
깎듯이   칼로 연필을 깎듯이 깎았다.

깨끗하다   맑고 정하다.
끼끗하다   구김살 없이 깨끗하다. 끼끗하게 생긴 사람

껍데기   소라 껍데기, 조개 껍데기. 속살과 분리되는 것 [殼]
껍질   사과 껍질, 참외 껍질. 속살과 분리되지 않는 것 [皮]

꼬리   짐승의 꽁무니에 달린 부분
꽁지   새의 꽁무니에 달린 부분

끗   아홉 끗은 가보다.
끝   여기가 서울의 끝이다.

끼어(끼다)   안개가 끼다. 때가 끼다. 장갑을 끼다.
끼여(끼이다)   틈에 끼이다.
끼우다   단추를 끼우다.

〔ㄴ〕

나가   밖으로 나가다. [出]
나아가   우리는 더 나아가 통일을 위하여… [進, 向上]

난   난알 (곡식)
낫   낫으로 풀을 베다. (연장)

낮   낮은 밝다. (해가 있는 동안)
낯   낯을 씻다. (얼굴)
낱   ① 낱개 ② 낱알 (낱개로 된 알)

날다   비행기가 날아가다. [飛]
나르다   수레에 짐을 실어 나르다. [運搬]

낫다   ① 병이 낫다. [治愈] ② 이것이 더 낫다. (비교 우위)
났다   ① 불이 났다. [發火] ② 병이 났다. [發病]
낮다   산은 높고 들은 낮다.
낳다   아기를 낳다.

낫잡다   넉넉하게 치다.
낮잡다   낮게 치다. 지닌 값보다 낮잡다.
얕잡다   남을 하찮게 대접하다.

내리긋다   아래쪽을 향하여 줄을 긋다. 천장부터 내리그어라.
내려 긋다   자리를 아래로 잡아서 긋다. 3cm 내려 그어라.

너머   산 너머 남촌에는 누가 살기에
넘어   산을 넘어 들로 간다.

넓다   면적이 크다. ↔좁다
너르다   광활하다. ↔비좁다

넓이   운동장의 넓이 [面積]
너비   천의 너비 [幅]

−노라고   범을 그리노라고 그렸는데 개가 되었다.
−느라고   독서를 하느라고 정신이 없다.

놀라다   그 일에 그만 놀랐다.
놀래다   그 사람을 놀래 주었다.

놀음   즐거운 놀음 (유희)
노름   노름판이 벌어졌다. (도박)

누룽지   솥 바닥에 눌어붙은 밥
눌은밥   솥 바닥에 눌어붙은 밥에 물을 부어 불려서 긁은 것

느긋하다   ① 마음에 흡족하다. ② 속이 좀 느끼하다.
누긋하다   ① 메마르지 않고 부드럽다. ② 성질이 유순하다.

늘이다   ① 줄을 늘이다. [伸, 擴, 延] ② 발을 늘이다. [垂]
늘리다   소득을 늘리다. [增]

늦다   시간적으로 빠르지 않다. [晩]
느리다   빠르지 못하다. 행동이 느리다. [遲]

닢   동전 한 닢
잎   낙엽이 한 잎 두 잎 떨어진다.

〔ㄷ〕

다니다   학교에 공부하러 다니다.
당기다   줄을 앞으로 당기다.
댕기다   초에 불을 댕기다.

다리다   다리미로 옷을 다리다.
달이다   간장을 달이다.

다치다   손을 다치다.
닫치다   문을 세게 닫치고 나가 버렸다. (닫다를 강조하는 뜻)

닫히다　바람에 문이 닫히다. (닫다의 피동형)

달라다　용돈을 달라다. (용돈을 달라고 하다.)
달랬다　용돈을 달랬다. (용돈을 달라고 했다.)
달래다　우는 아이를 달래다.

달리다　힘이 달리다. (힘이 부치다.)
딸리다　딸려 있는 식구가 열이다.

담다　① 그릇에 담다. ② 입에 못 담을 욕
담그다　① 간장을 담그다. ② 세숫대야에 발을 담그다.

닷새　어머님 생신이 이 달 초닷새이다. (5일)
댓새　한 댓새 놀고 오겠다. (다섯 날)

닿다　손이 서로 닿다.
닫다　문을 닫다.

당기다　그물을 당기다. 입맛이 당기다. 날짜를 당기다.
댕기다　등잔에 불을 댕기다. (옮아 붙게 하다.)

덜컥　겁에 질려 가슴이 내려앉는 모양. 겁이 덜컥 나다.
덜커덩(덜컹)　빈 물건이 부딪치어 나는 소리
덜커덕(덜컥)　크고 단단한 물건이 부딪치어 나는 소리

대로　① 마음대로 하여라. ② 달라는 대로 다 주다.
데로　밝은 데로 가자. (장소)

-던(던지)　먹던 밥. 어찌나 예쁘던지
-든(든지)　가든 말든 마음대로 해라. 가든지 말든지

덥다　날씨가 덥다.

덮다　이불을 덮다.

도리다　돌려서 베어 내다. 환부를 도려 내다.
오리다　칼이나 가위로 베다. 종이를 오리다.

돋구다　안경 도수를 돋구다.
돋우다　흙을 돋우다.

돌듯이　지구가 태양을 돌듯이 달은 지구를 돈다.
돌 듯이　팔을 치켜 들고 빙그르르 돌 듯이 춤을 춘다.

돼　열 살은 돼 보인다. ('되어'의 준말)
되　쌀 한 되

되돌아보다　과거를 되돌아보다.
뒤돌아보다　떠나 온 고향 쪽을 뒤돌아본다.

두드리다　문을 두드린다.
두들기다　두들겨 패어 준다.

두텁다　신앙심이 두텁다. (믿음, 관계 따위가 굳고 깊다.)
도탑다　형제간의 우애가 도탑다.
두껍다　책이 두껍다.

드러내다　속마음을 드러내다. [露, 顯]
들어내다　방 안의 물건을 들어냈다.

드리다　① 밧줄을 드리다. ② 인사를 드리다.
들이다　① 손님을 모셔들이다. ② 재미를 들이다. ③ 힘을 들이다.
들리다　소리가 들리다.
들르다　아저씨 댁에 들르다. (들러 가다)

321

등살 등에 있는 근육
등쌀 몹시 귀찮게 굴고 야단을 부림.

때깔 이 비단 옷감은 때깔이 곱다.
태깔 숙녀로서 제법 태깔이 난다.

또 '거듭하여, 다시 더, 그래도'의 뜻
또는 '그렇지 않으면, 혹은'의 뜻
또한 '마찬가지로, 그 위에 더'의 뜻

뜨개질 실 따위로 장갑 등을 짜는 일
뜯게질 빨래할 옷의 솔기를 뜯는 일
뜨께질 남의 마음 속을 떠 보는 일

띠다 ① 붉은색을 띠다. ② 사명을 띠다.
띄다 '뜨이다'의 준말. 눈에 띄다.
떼다 ① 사이를 떼어 놓다. ② 시치미를 떼다. ③ 손을 떼다.
뜨이다 눈에 보이다.
띄우다 ① 배를 띄우다. ② 메주를 띄우다.

〔ㄹ〕

-ㄹ는지 비가 올는지 모르겠다.
-ㄹ런가 이것이 꿈일런가 생시일런가?

-라야 너라야 이 일을 해낼 수 있다.
-래야 월급이래야 겨우 하숙비 낼 정도이다.

렷다 그러할 것을 추정하는 조사. 명색이 갑부렷다.
-렷다 그러할 것을 추정하는 어미. 내일은 비가 오렷다.
-렸다 얼굴이 가렸다. (-리+었다)

〔ㅁ〕

마는　하기는 하지마는 될는지
만은　너만은 알아야 한다.

만나다　친구를 만나다.
맛나다　음식이 맛나다.

맏　맏딸, 맏손자
맛　맛이 좋다.

맞추다　① 부속을 맞추다. ② 입을 맞추다. ③ 양복을 맞추다.
마치다　① 일을 마치다. ② 말뚝이 바위에 마치다.
맞히다　① 주사를 맞히다. ② 답을 알아맞히다.

매무시　옷을 입을 때에 매고 여미고 하는 뒷단속
매무새　매무시를 한 모양새. 옷매무새

먹먹하다　귀가 먹먹하다.
멍멍하다　정신이 멍멍하다.

먹이다　① 술을 먹이다. ② 종이에 기름을 먹이다.
메기다　① 소리를 메기다. ② 톱을 메기다. ③ 화살을 메기다.
매기다　값을 매기다.

목　목을 움츠리다.
몫　네 몫은 네가 가져라.

목거리　목이 붓는 병
목걸이　목에 거는 장신구

몹쓸   아주 몹쓸 놈이다.
못 쓸   아무 쪽에도 못 쓸 재목이다.

묵다   여러 해를 묵다.
묶다   짐을 묶다.

묻히다   돌이 땅에 묻히다.
무치다   나물을 무치다.

〔ㅂ〕
바치다   ① 세금을 바치다. ② 나라를 위해 몸을 바치다.
받치다   ① 기둥을 받치다. ② 악에 받치다.
받히다   차에 받히다.

박이   차돌박이, 점박이
배기   나이배기, 세 살배기

배기다   ① 등이 배기다. ② 그 사람 등쌀에 배기기 힘들다.
박이다   버릇이 몸에 깊이 박이다.
박히다   ① 다이아몬드가 박힌 반지 ② 찍히다

반드시   약속은 반드시 지켜야 한다.
반듯이   책상을 반듯이 놓아라.

받걷이   돈이나 물건을 여기저기 걷는 일.
밭걷이   밭에서 채소나 곡식을 거둬들이는 일.

발자국   눈 위에 발자국이 남았다. (족적)
발짝   한 발짝 두 발짝 천천히 걸어갔다. (걸음)

밭고랑   밭이랑 사이의 홈이 진 곳
밭이랑   밭의 흙을 올려서 만든 긴 이랑
밭도랑   밭가로 돌려 있는 도랑

밭장다리   두 발끝이 밖으로 벌어지게 걷는 사람 ↔안짱다리
뻗정다리/뻗정다리   구부렸다 폈다 하지 못하는 다리

배다   ① 아이를 배다. ② 고추 모가 배다(좀좀하다).
베다   풀을 베다.

배 속   배의 안
뱃속   마음을 속되게 이르는 말

벋다   칡덩굴이 한없이 벋다.
뻗다   ① '벋다'의 힘줌말 ② 다리를 뻗다. ③ 힘이 뻗어 나가 있다.

벌이다   일을 벌이다.
벌리다   팔을 벌리다.

벼르다   반드시 합격하고야 말겠다고 벼르다.
벼리다   무뎌진 낫을 벼리다.

봉오리   꽃봉오리
봉우리   산봉우리

부딪치다   '부딪다'의 힘줌말
부닥치다   난관에 부닥치다.

부리   새 부리, 물부리, 총부리, 돌부리
뿌리   나무뿌리, 칡뿌리

부수다　쳐부수다 [碎]
부시다　① 물로 부시다. [洗]　② 눈이 부시다. [煇/眩]
부서지다　걸상이 부서지다.

부치다　① 편지를 부치다. ② 힘에 부치다. ③ 빈대떡을 부치다.
　　　　④ 부채를 부치다. ⑤ 회의에 부치다.
붙이다　① 풀로 붙이다. ② 흥정을 붙이다. ③ 조건을 붙이다.
　　　　④ 따귀를 올려 붙이다. ⑤ 취미를 붙이다.

부터　지금부터 시작이다.
붙어　광고가 붙어 있다.

붓다　① 부기로 살갗이 부풀어오르다. ② 물건을 쏟다.
붇다　젖어서 부피가 커지다.
붙다　떨어지지 않는 상태가 되다.

비치다　① 햇빛이 비치다. ② 속살이 비치다.
비추다　① 얼굴을 비추다. ② 양심에 비추어 본다.

비키다　저리로 비켜 가다.
비끼다　저녁놀이 비낀 하늘

빛　광채나 색채를 형용하는 말. 빛의 속도. 빛 좋은 개살구
볕　해의 내리쏘는 뜨거운 기운, 볕에 그을다.

빚다　쌀과 누룩으로 술을 빚다.
빗다　빗으로 머리를 빗다.

빠르다　↔느리다 [速]
이르다　↔늦다 [早]

〔ㅅ〕

산모롱이　산모퉁이의 휘어져 들어간 곳
산모퉁이　산기슭의 쑥 내민 귀퉁이

살지다　살진 암소 (매우 살져 보인다.)
살찌다　요즘 자꾸 살찌는 거 같다. (살이 많아지다.)

새기다　① 도장을 새기다. ② 마음에 새기다.
삭이다　① 음식을 삭이다. ② 분을 삭이지 못한다.

세, 네　3, 4. 세 마리, 네 개. 세 가마, 네 명
서, 너　서 근, 너 푼, 서 말, 너 홉(근, 돈, 말, 발, 푼, 홉 등의 앞에 쓰임)
석, 넉　석 냥, 넉 되, (냥, 동, 되, 섬, 줄, 짐 등의 앞에 쓰임)

세우다　기둥을 세우다.
새우다　밤을 새우다.

성애　흥정이 된 증거로 옆에 있는 사람에게 술 등을 대접하는 일
성에　수증기가 허옇게 얼어붙은 것

세다　① 머리털이 생리적으로 희어지다. ② 힘이 세다.
희다　눈빛과 같다. ↔검다

−소　있소. 없소. (받침 아래)
−오　가오. 보오. (모음 아래)

속곳　속속곳과 단속곳의 총칭
속옷　내복. ↔겉옷

숫하다　순박하고 어수룩하다.
숱하다　① 부피나 분량이 많다. ② 흔하다

슬다　① 배춧잎이 슬다. ② 녹이 슬다. ③ 벌레가 알을 슬다.
쓸다　① 비로 방을 쓸다. ② 줄로 쇠를 쓸다.

시간　어느 때부터 어느 때까지의 사이
시각　시간대 위의 한 점

시키다　일을 시키다.
식히다　물을 식히다.

싶게　사는가 싶게 살았다.
시피　'그 동작이 사실과 마찬가지로'의 뜻. 보다시피 틀림없다.

싸이다　산으로 둘러싸인 우리 마을 [圍]
쌓이다　낙엽이 쌓여 있다. [積]

〔ㅇ〕

아득하다　멀거나 높다. 오래 되었다. 어찌해야 좋을지 막연하다.
아뜩하다　정신을 잃고 까무러칠 듯하다.

안치다　솥에 쌀을 안치다.
앉히다　자리에 앉히다.

알갱이　낱개. 미립자 [粒]
알맹이　속. 핵심. 중심 [核]

알음　전부터 알음이 있는 사이다.
아름　나무 둘레가 한 아름이 넘는다.

알음알음   서로 아는 관계. 친분. 알음알음으로 취직을 하다.
알음알이   ① 약삭빠른 수단 ② 서로 아는 사이

앙가슴   두 젖 사이
앞가슴   ① '가슴'의 힘줌말 ② 가슴의 전반부 [前胸] ↔뒤 가슴

애끊다   마음이 몹시 슬퍼서 창자가 끊어질 듯하다.
애끓다   몹시 걱정이 되어서 속이 끓는 듯하다.

어느   어느 누구
여느   여느 때처럼

어스름   날이 어스름하다. (어두워지다)
으스름   으스름한 골목길 (무서운 느낌이 들 만큼 후미지다.)

얼음   날씨가 추워 얼음이 언다.
어름   ① 두 물건 사이 ② 어느 장소 근처

얽매어   밧줄로 몸을 얽매어 놓았다.
얽매여   빚에 얽매여 꼼짝을 못 한다.

업다   아기를 업다.
엎다   물그릇을 엎다.

엉기다   한데 뭉쳐 굳어지다. [凝]
엉키다   엉클어지다 [縈]
얽히다   ① 얽음을 당하다. ② 꼬이다

여위다   몸이 점점 여위다.
여의다   아버지를 여의다.

예　'옛적, 오래 전'의 뜻을 나타내는 명사. 예부터, 예스럽다
옛　'지나간 때'의 뜻을 나타내는 관형사. 옛 추억, 옛 친구

올막졸막　초가가 올막졸막 들어서다.
올망졸망　아이들이 올망졸망 모여 있다.

웃거리　옷을 입은 모양새
옷걸이　옷을 거는 기구

용트림　거드름을 부리느라고 일부러 하는 트림
용틀임　이리저리 비틀거나 꼬면서 움직임

우거지다　우거진 수풀 (무성한)
욱어지다　욱어진 양철판 (휘어지거나 오그라든)

우기다　자기 고집만 우기다.
욱이다　함석의 가를 안으로 욱이다.

웃　웃어른, 웃돈 (위, 아래의 대립이 없는 단어)
윗　윗도리, 윗입술, 윗자리

웬　웬일, 웬 말 (어떠한, 어찌 된의 뜻)
왠　왠지 (왜인지의 준말)

-(으)러　① 공부하러 간다. ② 너 보러 왔다.
-(으)려　① 서울 가려 한다. ② 무엇이나 먹으려 한다.
-(으)로서　학생으로서는 못할 짓이다. (지위, 신분, 자격)
-(으)로써　닭으로써 꿩을 대신했다. (-을 가지고)

이오　이것이 돈이오.
이요　이것은 책이요 저것은 붓이요 또 저것은 먹이다.

이제　이제 집으로 가도 좋다. [今]
인제　① 인제 안 그러겠다. ② 인제 시작이다. ③ 인제야 가니?

일그러지다　한쪽이 틀리어 비뚤어지다. 일그러진 얼굴
이지러지다　한쪽이 떨어지거나 차지 않다. 이지러진 달

일절　일절 말하지 않았다. (아주, 전혀, 도무지의 뜻)
일체　안주 일체, 일체의 집무를 거부한다. (모든 것, 전부의 뜻)

일찍　빨리 [부]
일찍이　① 이르게 ② 전에 한번. 이왕에 [曾]

입바르다　바른말을 잘하다.
입빠르다　입이 가볍다.

잇다　끊어진 줄을 잇다.
있다　돈이 있다.
있다가　돈은 있다가도 없는 것이다.
이따가　이따가 오너라.

잇달다　뒤를 이어 달다.
잇따르다　뒤를 이어 따르다.

잊다　숙제를 잊어버리고 못 했다.
잃다　돈을 잃어버렸다.

〔ㅈ〕

자갈　잔돌
재갈　말의 입에 가로 물리는 쇠

작다   몸집이 작다. ('크다'의 반대)
적다   분량이 적다. ('많다'의 반대)

장사   사과 장사가 잘 된다. (상행위)
장수   사과 장수 노릇을 하기 힘들다. (상인)

잦히다   ① 밥을 잦히다. ② 목을 뒤로 잦히다. ③ 문을 잦히다.
젖히다   몸을 젖히다. 옷자락을 젖히다.
제치다   앞 사람을 제치고 앞으로 나아갔다.
제키다   살갗이 조금 다쳐서 벗어지다.
젖뜨리다   창문을 열어 젖뜨리다. (힘을 써서 젖히다.)

절이다   김장 배추를 절이다.
저리다   다친 다리가 저리다.

젓다   노를 젓다.
젖다   비에 젖다.

젖   엄마의 젖을 먹다.
젓   조기젓을 담그다.

조르개   물건을 졸라매는 데 쓰는 줄
조리개   사진기의 조리개

조리다   고기를 간장에 조리다.
졸이다   ① 햇간장을 졸이다. (다리다) ② 마음을 졸이다.

좇다   선배의 뜻을 좇아 열심히 공부하다. (따르다)
쫓다   개를 쫓아 버리다. 영희의 뒤를 쫓아가다.

주검   주검 앞에서 한없이 울었다. (시체)
죽음   죽음으로써 나라를 지키자. (죽는 일)

주워   길에 떨어진 종이를 주웠다. [拾]
주어   돈을 그 사람에게 주어라. [授]

줄이다   경비를 줄이다.
주리다   주린 배를 채우다.

지긋이   나이가 지긋이 들었다. (많은 듯하다의 뜻)
지그시   눈을 지그시 감았다. (살그머니의 뜻)

지나다   집 앞을 지나다.
지내다   사이좋게 지내다.

지어   규정지어, 웃음지어 [作]
지워   ① 글씨를 지우다. [抹消] ② 책임을 지우다.

지피다   불을 지피다.
짚이다   짚이는 곳이 있다.

집   우리 집은 양옥이다.
짚   짚으로 가마니를 짜다.

짖다   개가 짖다.
짓다   집을 짓다.
짙다   안개가 짙다.

짚다   ① 맥을 짚다. ② 지팡이를 짚다.
집다   손으로 집다.

짬짜미   남몰래 둘이서만 짜고 하는 약속
짬짬이   틈틈이

-째   통째로, 일주일째
채   산 채로, 눈을 뜬 채로, 채 식지 않았다.
체   죽은 체하다.

찢다   옷을 찢다.
찧다   벼를 찧다.

-째번   열째 번 사람 (차례)
-번째   두 번째의 일 (횟수)

〔ㅊ〕

차마   차마 못 때리겠다.
참아   참아 보아라.

채   옷을 입은 채 잠이 들다.
체   모르는 사람이 아는 체하다.

〔ㅍ〕

파닥거리다   새끼 참새가 날개를 파닥거리다.
팔딱거리다   심장이 팔딱거리다.

푸드덕   새가 날개를 푸드덕거리다.
푸드득   푸드득 똥을 싸다.

〔ㅎ〕

하매   형이 열심히 공부하매 동생들도 그를 본받았다.
함에   그가 열심히 일하는 것도 국가를 위함에 있었다.

하므로   공부를 잘하므로 상을 준다. (…때문에)
함으로   일함으로써 본분을 삼는다. (…하는 것으로)

한목   한 차례에 죄다. 한목에 넘기다.
한몫   한 사람 앞에 돌아가는 분량. 한몫 끼다.

한창   어떤 상태가 가장 무르익은 때. 한창 일할 나이다.
한참   시간이 상당히 지나는 동안. 한참 쉬어 간다.

핫옷   솜을 두어서 지은 옷
홑옷   안을 두지 않은 홑겹의 옷

헷갈리다   ① 정신을 차리지 못하다. ② 갈피를 잡지 못하다.
섞갈리다   갈피를 잡지 못하게 여러 가지가 뒤섞이다.

햇볕   해가 내리쬐는 기운
햇빛   해의 빛

헌칠하다   키나 몸이 크고 함께 어울리다. 허우대가 헌칠하다.
훤칠하다   ① 길고 미끈하다. ② 막힘없이 시원스럽다.

홀몸   '홀'은 짝이 없이 하나뿐이라는 뜻.
홑몸   '홑'은 한 겹, 외톨의 뜻. 딸린 사람이 없는 사람.

희나리   덜 마른 장작
희아리   얼루기가 진 고추

이 책 읽기 전에 글 쓰지 마라

초판 인쇄 | 2024년 8월 25일
초판 발행 | 2024년 8월 30일

지 은 이 | 김창완
회　　장 | 서정환
발 행 인 | 정종명
편집주간 | 차윤옥

펴낸곳 | 도서출판 **계간문예**
주　　소　03132 서울 종로구 삼일대로 30길 21 종로오피스텔 1209호
전　　화　(02) 3675-5633 팩스 (02) 766-4052
이 메 일　munin5633@naver.com
홈페이지　http://cafe.daum.net/quarterly2015
등　　록　2005년 3월 9일 제300-2005-34호
연 락 처　03132 서울 종로구 삼일대로 32길 36 운현신화타워 305호
인　　쇄　54991 전북 전주시 완산구 공북1길 16, 신아출판사
ISBN 978-89-6554-303-9 03800

값 27,000원

잘못 만든 책은 바꾸어 드립니다.